JN025807

図説

金融規制の潮流と銀行ERM

続・金融工学とリスクマネジメント

吉藤 茂

著

一般社団法人 金融財政事情研究会

はじめに

　前著『図説　金融工学とリスクマネジメント～市場リスクを考える視点～』を執筆してから、もう10年以上の月日（正確には15年）が流れた。その間に、金融を取り巻く環境は激動の時代を迎えた。2008年９月、米国の名門投資銀行であるリーマン・ブラザーズは「サブプライム問題」で経営が行き詰まり破綻へと追い込まれ、百年に一度といわれるグローバルな金融危機へと突入した。この未曾有の金融危機を受けて、「ドット・フランク法（米国金融規制改革法）」をはじめとする欧米各国における金融規制強化、より厚くかつ質の高い自己資本や流動性に対する新たな規制を求める「バーゼルⅢ（前半戦）」、資産も負債もすべてを時価で評価することを目指す「IFRS（国際会計基準）」など金融を取り巻く制度や環境は大きく変わり始めた。その最中、2011年には欧州債務危機が発生し、従来はリスクを沈静化する役割を担っていた公的機関が逆にリスクの源泉へと変わり、また2012年にはCDS（クレジット・デフォルト・スワップ）を使った「ロンドンの鯨」トレーディング損失事件やLibor指標の不正操作問題等が発覚し、リスクの源泉はさらなる広がりをみせた。金融機関救済のために二度と税金を注ぎ込まないという強い社会的要請を受け、コンプライアンスの概念を越えたコンダクト・リスクへの対応を求める規制、ゼロトレランスを旨とするアンチ・マネー・ロンダリング規制の強化、民間が開発したリスク計測モデルの使用を制限する「バーゼルⅢ（後半戦）」等、実にさまざまな厳しい規制が金融機関に課せられてきた。

　本書では、筆者自身がこの間に経験した、財務企画の立場で危機対応の最前線に携わったこと、CDS等を使いクレジットリスクをコントロールしたCPM（クレジット・ポートフォリオ・マネジメント）業務、再び着任したリスク管理部署でRAF（リスクアペタイト・フレームワーク）を構築し適切なリス

クテイクで持続的成長を目指したこと、そして内部監査（執筆当時）として最後の防衛線機能を強化していることなどをふまえ、現在も進行中の規制強化や制度改正のねらいやその功罪、結果として金融業がどう変わるのか、といった点をリスクマネジメントの視点で整理する。本書にも「金融工学」というサブタイトルをつけたが、それは良きにつけ悪しきにつけ、これらのすべてに金融工学が色濃く影響を与えているからであり、この視点を加えることで議論に深みをもたせたいとねらった。また、前著では図が視覚的でわかりやすいとの好評を得る一方、言葉を端折りすぎ、書き振りが不親切とのご批判もいただいたので、本書では図をふんだんに使いつつも適宜「BOX」を設け、言葉による用語の解説や整理を加えた。すでに十分な知識を有する読者は、その部分を読み飛ばしてかまわない。

本書は5章構成としたが、まず第1章でリーマンショックを振り返る。金融危機の引き金となった「サブプライム問題」発生の経緯と背景を整理したうえで、その後の規制強化の起点となる2つの流動性危機（市場流動性と資金流動性）と時価会計、資本の質の問題などを取り上げる。

続く第2章で、CPM業務を概観する。CPMとは、「貸出を中心としたクレジット・ポートフォリオのリスクとリターンを評価し、信用リスクの移転取引等を通じて、その健全性や収益性を高めていく活動」のことであり、リーマンショック前にはCDSや証券化商品等のクレジット市場が順調に拡大し、邦銀の収益性や信用リスクのマネジメント力が強化されると期待されていたが、金融危機を受けてその動きはいったん頓挫した。しかしながら、「バーゼルⅢ」や「IFRS」を受けた金融業の今後の変化を考えると、CPMには再び重要な役割が求められると思われ、CPM業務が抱える課題や将来像を提示したい。

第3章では、危機を受けた後の規制強化の流れを概観する。バーゼルⅢに向けた議論（序盤戦）は、当初、資本の質や流動性に対する新たな規制を課すことに焦点が当てられ、いくつかの紆余曲折を経ながらも議論は着地し、

現在、段階実施の途上にある。しかしながら、その後、各金融機関が開発した内部モデルにより計測されるRWA（リスクアセット）の大きなバラツキや銀行勘定が抱える金利リスクへの資本賦課に焦点が移り、内部モデルの使用を制限する等より厳しい「バーゼルⅢ（中盤戦〜終盤戦）」の議論が続いた。その間に、米国ではトランプ政権が誕生し、反グローバリズムの動きが加速した。国際金融エリートがつくるバーゼル規制はグローバリズムの象徴ともいえ、今後も変質する可能性がある。この金融規制をめぐる潮流のなかで著者が最も懸念しているのは、欧米各国がいくつかの業務規制を伴うドット・フランク法や、外国の大手銀行に中間持株会社の設立を求め、かつより厳しい資本規制を課す「EPS（米国プルデンシャル規制）」「欧州版のEPS提案」等の厳しい規制を各国が独自に定め域外適用するという、従前のグローバルな規制からマルチナショナルな規制に変質しつつあることである。通商分野において懸念されるグルーバルな枠組みであるTPPから二国間交渉へと変わる際の問題と同様、本邦金融機関にとってはきわめて不利な状況に追い込まれる可能性がある。本章では、それぞれの規制を概観した後に、さまざまな規制が乱立することの弊害を整理し、バーゼルⅡ構築の際に志向していた“規制と監督と市場規律”のベストミックスを取り戻すべきことを提言する。

　第4章では、金融を取り巻く環境が劇的に変化するなかで、銀行自身が取り組んでいるERM（統合リスク管理）を紹介する。その根幹となる枠組みがRAF（リスクアペタイト・フレームワーク）である。RAFとは、「財務の健全性を維持しつつ、長期的な収益の安定化と企業価値の向上を実現するための枠組み」であり、引き受けるリスクの種類や量を定量・定性両面からあらかじめ特定することで、経営の透明性を高める効果がある。その枠組みのなかで重要な役割を果たすのがストレステストである。ただ、一口にストレステストといっても実にさまざまなものが存在するので、目的に応じた整理をしたうえで、活用方法やいまだ残る課題を述べる。また、金融危機とその後の規制強化を受けて、バック・トゥ・ベーシック（Back to Basic）へと向かうリスクマネジメントの土台となるリスク・カルチャーについても触れる。

最後の第5章では、3つのディフェンス・ライン構築に向けた取組みを取り上げる。1990年代、金融機関では市場リスクに対して、フロント・ミドル・バックの相互牽制による管理フレームワークを構築、その後このミドル（リスク管理部署）の機能を信用、オペレーショナルリスクへと拡張・強化し、銀行全体のリスク管理態勢を整備してきた。しかしながら、リスクの源泉が多様化するなか、リスク・カテゴリーごとのリスク管理体制だけでは限界があることが認識され、第1の防衛線（ビジネス部門）、第2の防衛線（リスク管理部署）、第3の防衛線（内部監査）という3つの防衛線（ディフェンス・ライン）によるリスク管理の再構築が進んでいる。この取組みを紹介した後に、最後の防衛ラインとなる内部監査の重要性と課題、今後に向けた提言をまとめる。

　本書を執筆するにあたって、2つの問題意識がある。その1つは「金融工学」の光と影である。古くはブラックマンデー、LTCMショック、そして今回取り上げたリーマンショックと、ひとたび大きな金融危機が起こると、「金融工学」は悪者として脚光を浴びる。オプションやスワップなどのデリバティブ商品、VaRなどのリスク計測技術、リスク分担を可能にする証券化商品など、いずれも金融の発展に大きく貢献する一方で、危機の原因となったことも事実であろう。技術そのものよりも利用の仕方の問題ともいえるが、開発者はその長所も短所も知り尽くしていることに鑑みれば、開発者の倫理観、製造者責任が強く求められるであろう。

　そして、もう1つはグローバリゼーションとローカリゼーションの調和である。経済がグローバル化した結果、ひとたび危機が起きるとそれは瞬く間に世界に伝播する。そのため、グローバルな視点での規制が必要になってくるが、一方で各国の金融構造やビジネスモデルの違いに着目したローカルな視点も必要である。本書の随所で指摘するが、アングロサクソン系の投資銀行と本邦の商業銀行ではビジネスモデルが大きく異なり、一律の規制はそぐわない面もある。その一方で、トランプ政権誕生以降は、反グローバリズム

の動きが加速し、グローバルな規制からマルチナショナルな規制へと変質しつつある。いかに両者のバランスをとるかは重要な課題である。この2つの問題意識が、金融関係者（にとどまらず学生を含め金融に関心を寄せる方々）の間で共有され、今後の金融業の健全な発展に資することを願う。

　なお、本書で著した内容は著者の私見であり、所属する金融グループの公式見解ではないことをお断りしておく。

2020年6月

三菱UFJ銀行

吉藤　茂

目　次

第1章

リーマンショックの振り返り

第2章

CPM（クレジット・ポートフォリオ・マネジメント）の挑戦

第 3 章

金融規制の潮流

第4章

銀行ERM（統合リスク管理）

第5章

3つのディフェンス・ライン

第1章

リーマンショックの振り返り

本章は、少し古いが『週刊金融財政事情』（2009）に掲載された自身の論文「自己資本規制強化議論と邦銀」[1]をベースに記述する。当時の雰囲気、議論を再現するため、あまり手を加えずに掲載するが、その後の実証分析で明らかとなった事実等は、BOXにまとめる。

　2007年8月のパリバ・ショックを契機とするいわゆる「サブプライム問題」が引き金となり、いま現在百年に一度といわれる金融危機、景気後退の真只中にいる。そのなかで、金融システムが抱える古くて新しい「リスク管理の課題」「会計制度の課題」「バーゼル規制の課題」の3つが再びクローズアップされている。

　あらかじめ本章の構成を示すと、以下のとおりである。第1節では、まずサブプライム問題発生の経緯や背景を振り返るが、プロシクリカリティ（景気循環の増幅効果）をもたらす負のスパイラルが幾重にも発生していることがわかる。サブプライム問題発生のプロセスは大きく2つの局面に分けることができる。2000～2006年当時の米国内においてバブルが生成される第1局面と、2007年から今日に至るサブプライム問題の影響が全世界に波及し、金融危機から世界同時不況につながる第2局面の2つである。第1局面で証券化商品が登場し、それに伴うリスク管理上の不備が、第2局面における危機の世界的波及の原因となっている。第2局面では、証券化商品を運用対象とするSIV（Structured Investment Vehicle）のような高レバレッジが商品流動性と資金流動性という2つの流動性危機をシンクロさせ、流動性プレミアムをかつてないレベルへと急騰させている。さらに、高騰した流動性プレミアムを反映した時価による時価会計やプロシクリカリティを内包するバーゼル規制が、負のスパイラルを大きく拡大し世界同時不況に陥る要因の一つになっている。この経緯を整理することで、「リスク管理」「会計制度」「バーゼル規制」の課題を浮き彫りにする。

1　『週刊金融財政事情』（2009）「自己資本規制強化議論と邦銀」には、この要約版が掲載された。

第2節では、大きな負のスパイラルを生む要因となった2つの流動性危機と時価会計に焦点を当てる。時価会計には、価格のシグナル効果を利用することで、リスクの把握を容易にする、透明性を向上させる等の「光（＝功）」の部分がある一方、一度リスクが発生すると異なる地域や業態にリスクを飛び火させる「陰（＝罪）」の部分がある。さらに、「流動性危機」が発生している局面では、価格に流動性プレミアムが織り込まれることで負のスパイラルを拡大させる側面もある。本稿では、流動性の違いに基づき資産を分類し開示することを提案する。あわせて、流動性危機のコストを社会的に負担する仕組みについても考察する。

　続く第3節では、資本の質に焦点を当てる。今回の金融危機では、多くの銀行が資本の質と量において問題を抱えていることが明らかになり、損失の吸収バッファーとしてのコアTier1、あるいはTCE（タンジブル・コモン・エクイティ）が注目を集めている。こういった議論は、相対的に投資銀行業務の比率が高くサブプライム等の証券化商品による損失が巨大で公的資金の注入を余儀なくされた欧米行を念頭に置いたものであるが、今回のグローバルな金融危機の反省としての規制強化の流れのなかで、各国の金融制度や金融機関ごとのビジネスモデルの違いは考慮されずに主流の考え方となりつつある。しかしながら、伝統的な銀行中心の間接金融体制下、粘着性のある個人預金（コア預金）を多く抱える邦銀と、高度かつ複雑に発展した市場型間接金融の仕組みのもと、資金調達を含め投資銀行・市場業務の比重の高い欧米銀とでは、リスクのプロファイルが大きく異なっており一律の議論には慎重であるべきである。本節では、資本の意義を損失の吸収バッファーとしての役目だけでなく預金者保護の視点も含めて見直し、預金の多寡による流動性リスクの違いと自己資本比率の関係を考察する。

　最後に第4節で、本章での議論を再度整理し、サブプライム危機に始まる金融危機への反省としての規制強化の流れとは一線を画した、流動性リスクへの対応、あるべき資本の考え方、プロシクリカリティを緩和するための試案を提示する。

「サブプライム危機」発生の経緯と背景

　本節では、小林／大類（2008）、倉橋／小林（2008）などを参考に、サブプライム危機発生の経緯や背景を振り返り、そのなかで「リスク管理」「会計制度」「バーゼル規制」の課題を浮き彫りにする。

　図表 1 - 1 にサブプライム危機発生の経緯と背景を整理したが、そのプロセスは大きく 2 つの局面に分けることができる。2000〜2006年頃の米国内においてバブルが生成される第 1 局面と、2007年から今日に至るサブプライム問題の影響が全世界に波及し、金融危機から世界同時不況につながる第 2 局面の 2 つである。いわゆる「サブプライム問題」は、2007年 8 月のパリバ・ショックを契機として広く世間一般に知られることとなるが、その発生原因は第 1 局面において住宅バブルが生成され崩壊したことにある。これは、本邦において1980年代後半から1990年代初頭にかけて経験したことと同じであるが、池尾／池田（2009）が指摘しているように日本では伝統的な銀行中心の間接金融体制下で発生したのに対し、米国では高度かつ複雑に発展した市場型間接金融の仕組みのもとで発生したことに違いがある。この違いが、サブプライム危機の第 2 局面において、プロシクリカリティ（景気循環の増幅効果）をもたらす負のスパイラルを幾重にも発生させ、金融危機から世界同時不況へとつながる背景となっている。

　2000〜2006年頃の米国では、移民を含む人口の増加が続き住宅価格が継続的に上昇、かつての日本と同様の「土地神話（土地の値段は下がらない）」が生じていたと思われる。そうした機運を背景にサブプライムローン[2]は2004年頃から急増[3]するが、主因は 4 つに整理することができる。第 1 に過剰流

2　サブプライムローンは、「低所得者向け」と表現されることも多いが必ずしも正しくない。米国はカード社会であり、その支払履歴等から債務者の信用力を点数化したFICOスコアを与信審査に利用している。サブプライムはこのスコアが620点（もしくは660点）以下であったといわれている。

動性の発生。中国はじめ途上国の過剰貯蓄やそれに伴うグローバル・インバランス（世界的な経常収支不均衡）、ロシアなど産油国・資源国の外貨準備急増がグローバルな過剰流動性発生の根本原因であるが、FRBによる金融緩和もこれに拍車を掛けた。ITバブルの崩壊や2001年9月11日の同時多発テロによる景気後退懸念からFRBは断続的に金利を引き下げ、6％超の水準にあったFF金利は2004年には1％まで低下。資本市場からの調達が容易となり、住宅市場に多くの資金が流れこむこととなる。

　第2に新型住宅ローンの登場。米国では30年間固定金利タイプの住宅ローンが圧倒的に多いが、この時期、IOやARMなど当初の支払負担を低く抑えた新型ローン[4]が登場。2／28と呼ばれる当初2年間のみ固定、残り28年間が変動となるハイブリッドARM（2／28ローン）の場合、FRBの金融緩和により金利が低い状況下、サブプライムの顧客であっても（当初は）プライム並みの金利でローンが組めるため、人気を博した。フレディマック（米連邦住宅貸付抵当公社）の調査（2006年）によれば、プライムの顧客の7割が30年固定を選択しているのに対し、サブプライムの顧客ではその比率が1割に満たないとされている（倉橋／小林（2008））。

　第3に移民の増加による信用力（FICOスコア）の低い層の増加である。米国ではFICOスコアにより信用力が測られるが、小林／大類（2008）・倉橋／小林（2008）は、サブプライムローン急増の要因として、（2／28ローンの場合）当初2年間の低い金利の間にきちんと返済を続ければ信用履歴が改善（→FICOスコアの上昇）されて、2年後にはプライムの低金利ローンに借り替えられるメリットがあったことを指摘している。移民を含む米国民の多くが住宅をもてるということは、まさにアメリカンドリームの実現であり、リスクの高い人にも資金を提供するサブプライムローンは社会的にも意義のあるものであったと思われる。

3　1割程度であった市場シェアが、2004年頃から急速に増加、2割程度にまで達する（倉橋／小林（2008））。
4　IO（Interest Only）：元金の支払を一定期間先延ばしし、当初は金利のみを支払えばよい商品。ARM（Adjustable Rate Mortgage）：変動金利型商品。

図表1−1　サブプライム危機発生の経緯と背景

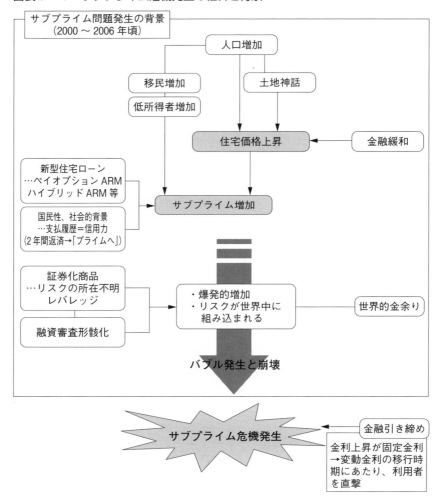

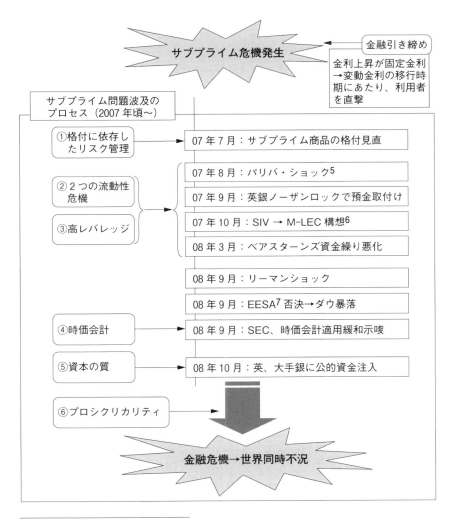

5　大手仏銀のBNPパリバが同行傘下のミューチュアル・ファンドの顧客からの換金請求に応じなかったことが、欧米の金融市場の緊張を一気に高めた。ECB（欧州中央銀行）は、8月9日、948億ユーロという巨額のオペを行い、インターバンク市場に潤沢な流動性を供給した。

6　米大手行が幹事行となり、欧州や日本の銀行からの資金協力を得て、サブプライム関連商品を買い上げ、市場を支えようという構想。

7　緊急経済安定化法（Emergency Economic Stabilization Act）。一度否決されるが、後に修正のうえ成立する。

第4に証券化商品の存在（証券化商品の仕組みは第2章第2節で詳述する）。池尾／池田（2009）が指摘するように、これが日本での土地バブルとは大きく異なる点で、金融危機から世界同時不況につながる第2局面へと導くことになる。米国では住宅ローンの約6割が証券化されているが、サブプライムローンは特にその比率が高くおおむね7～8割が証券化されていると推計されている（小林／大類（2008））。住宅ローンは返済が長期にわたるためリスクが高く、投資家が住宅ローン証券化商品（RMBS）を引き受けるためには、信用補完が必要である。信用補完の仕組みは大きく2つあり、その1つがエージェンシー（ファニーメイ、フレディマック、ジニーメイ)[8]やモノライン保険会社[9]など外部からの保証であり、もう1つが資産から生じるキャッシュフローを組み替え優先劣後構造をつくることで内部的な信用補完を行う手法である。具体的には、SPC（特別目的会社）をつくりその内部でRMBSを「エクイティ」「メザニン」「シニア」とクラス分けし、債務者が延滞・デフォルトし入金が停止した場合に、下のクラス（エクイティ）から順に配当を停止することで、最上位のクラス（シニア）の支払を確保するというスキームである。こういったスキームで信用補完された証券化商品は「AAA」という格付が付与され、バーゼル規制等で有利な取扱い[10]を受けたこと、格付に比し利回りが高かったこと等から「ローリスク・ハイリターン」な商品として、世界的な金余りのなかで爆発的に売れ、世界中にサブプライムローンのリスクが組み込まれることとなった。証券化そのものは、リスクを分散

8　ジニーメイは連邦政府機関であり、そのRMBS（Residential Mortgage-Backed Securities：住宅ローン債権担保証券）には明示的な政府保証がある。ファニーメイとフレディマックは連邦政府機関ではないが、政府との特殊な関係からGSE（政府支援企業）と呼ばれ「暗黙の政府保証」があると市場では信じられている。

9　通常の保険会社のように自動車や住宅火災などの広範（マルチライン）な保険商品を提供するのではなく、金融商品の信用補完に徹した（モノライン）保険業務を行う保険会社。

10　バーゼルⅡでは、住宅ローンのリスクウェイトは標準的手法で35％であるのに対し、AAA格のRMBSであれば標準的手法で20％、内部格付手法で7～20％に軽減される。BIS上の扱いが影響するのは、当該ルールが適用される銀行に限定される。サブプライム危機で主役を演じるSIVは、格付会社が定めるルール（外部格付に基づいたレバレッジ比率）の影響を受けていた。

させる金融技術であるが、結果としてはリスクを分散したことで住宅ローン引受時の融資審査が形骸化したり、最終的なリスク保有者の所在や規模が不透明になり問題を拡大させてしまった面がある。

　2006年6月をピークに住宅価格は下落に転じ、バブルが崩壊する。カリフォルニア、フロリダなど価格上昇の激しかったエリアで高額物件から買い手がいなくなり、徐々に一般住宅へと価格下落が波及する。さらに、金融引締めがこの動きに拍車を掛ける。FF金利は2004年央から順次引き上げられ、2006年には5.25％までに達した。不幸だったのは、2004年頃から急増した2／28ローンの変動金利への移行時期が、この金利上昇期に重なったことである。金利見直しにより、返済ができなくなるペイメント・ショックに直面、2006年頃からサブプライムローン（変動金利タイプ）の延滞率が顕著に上昇[11]することとなる。延滞率の上昇に伴い住宅価格はさらに下落、2007年7月以降、証券化商品のAAA格も下落を始める。第2局面の幕開けである。

　第2局面の経緯を、図表1－1右ページに時系列で示した。その過程のなかで、「リスク管理」「会計制度」「バーゼル規制」などの古くて新しい6つの課題が浮き彫りとなった。第1の課題は「格付に依存したリスク管理」。証券化商品AAA格の価格下落は2007年7月に始まるが、きっかけは格付会社による大量の格下げである。この背景に格付会社のデフォルト見通しの甘さが存在するが、それ以外にも格付に依存した投資家行動がプロシクリカリティの問題を生んでいること、格付の依頼者に対する利益相反の問題などの課題が指摘されている。デフォルト見通しの甘さに関しては、RMBSをさらに再証券化したCDO[12]で顕著である。CDOはシニアやメザニンを集め、再度リパッケージし優先劣後構造に組み替えることでAAAでない証券からAAAを生み出すスキームである。これは、相関の低い商品を組み合わせることで生じる分散効果によりデフォルト確率が下がることを期待しているも

11　2008年第2Qにおけるプライム（固定タイプ）の延滞率は1.3％であるのに対し、サブプライム（変動タイプ）の延滞率は26.77％（小林／大類（2008））。

12　債務担保証券（Collateralized Debt Obligation）。

のだが、今回の金融危機では想定した分散効果は得られなかったようである。このように格付の精度に問題があることは確かであるが、一方で格付の議論には若干の誤解もみられる。それは格付が対象としているリスクの範囲である。格付とは、そもそも証券が満期までに債務不履行となる確率を表象するもので信用に関するリスクのみを対象とし、今回の金融危機で問題となった流動性リスクは対象としていない。格付に依存しすぎたリスク管理は改善すべき点もあるが、流動性リスクに対する対応は格付問題とは別次元の課題である。また、格付が示しているのは、「信用コスト（EL＝期待損失額）」であり、「信用リスク（UL＝潜在損失額）」そのものではないが、この点も誤解されて使用されていた可能性がある。

　第2、第3の課題は「2つの流動性危機」と「高レバレッジ」。サブプライム問題は、2007年8月のパリバ・ショックを契機として広く世間一般に知られることとなるが、その後ノーザンロック住宅金融組合での預金取付け騒ぎやSIV（Structured Investment Vehicle）問題で2つの流動性危機がシンクロし、サブプライムローン債務者や証券化市場での限定的な不安から金融システム全般に対する不安へと問題は拡大した。SIVとは、投資専門に設立されたSPCであり、典型的には償還期限の長いRMBSやCDOを買い取って、それらを担保に短期のABCP[13]を発行して資金調達を行っていた。レバレッジ[14]を高め、かつ短期調達・長期運用を行うことで、運用効率を高めていたわけであるが、運用資産である証券化商品の値段が下がる（→商品流動性リスク）と、それらを担保としたABCPの値段も下落する悪循環のなかで、資本の薄いSIVはABCPによる調達の困難化（→資金流動性リスク）と資産の劣化という二重苦に耐えられず、資産証券化商品を投売り（→再び商品流動性リスク）することとなる。こうして、商品流動性リスクと資金流動性リスクという2つのリスクがシンクロし流動性危機が発生。これに対し、各国当局

13　資産担保コマーシャルペーパー（Asset Backed Commercial Paper）。
14　レバレッジ（Leverage）とは、借金（Debt）をして手持資金（Equity）の数倍の投
　　資を行うこと。

は利下げや各種の流動性スキーム[15]を発動し火消しを行っているが、いまだ根本的な問題解決には至っていない。

　第4の課題は「時価会計」。上記のプロセスで高騰した流動性プレミアムを反映した時価による時価会計適用は、負のスパイラルを拡大させる弊害がある。流動性が著しく低下している市場環境において、需給関係によって決まる「市場価格」を参照して損失を計上することがかえって信用収縮を起こすとの問題である。こうしたなか、2008年9月SEC（米国証券取引委員会）は時価会計適用緩和を示唆し、2009年4月FASB（米国財務会計基準審議会）は流動性プレミアムを含む時価の財務会計への適用を緩和[16]したガイダンス変更を公表。金融危機下においては時宜を得た対応と評価する声がある一方、時価会計には価格のシグナル効果を利用することで、リスクの把握を容易にする、透明性を向上させる等の大事な効果があるため、慎重な意見も存在している。

　第5、第6の課題は「資本の質」と「（バーゼル規制が内包する）プロシクリカリティ」。サブプライムに始まった証券化商品の価格下落は株式を含めた多くの金融商品に波及し、多くの金融機関で多額の損失を計上、資本に問題を抱えていることが明らかとなった。2008年10月、英政府が公的資金注入

15　①TAF（Term Auction Facility）「期間物入札式流動性供与方式」：入札方式で匿名性を保ちつつ公定歩合で資金供給を行うスキーム（2007年12月12日〜）、②各国中銀による米ドル資金供与の為替スワップ協定、③TSLF（Term Securities Lending Facility）「期間物証券貸付方式」：プライマリーディーラーに対しRMBS等を担保に国債を貸し付けるスキーム、④PDCF（Primary Dealer Credit Facility）「プライマリーディーラー与信方式」：プライマリーディーラーに対し翌日物の資金を公定歩合で貸出するスキーム、等。

16　米国における金融商品の会計処理概要は次のとおり。保有目的による分類では、「トレーディング（Trading）」と「その他有価証券（Available for Sale）」の2区分のみが時価評価の対象で、「満期保有（Held to Maturity）」は対象外である。また、時価評価を行う場合には有価証券の市場価格による3つの分類（Level1：市場価格のあるもの、Level2：頻繁に売買はされていないが参照値があるもの、Level3：モデルにより理論価格を算出するもの）が存在する。今回緩和されたのは、①Level3で理論価格を算出する際に求められていた業者価格や流動性プレミアムの反映を緩和すること、②「満期保有」の減損時のPL処理は信用リスク部分に限定しそれ以外（流動性プレミアム部分等）は資本直入すること、等。

に踏み切ったのを契機として欧米の大手金融機関にも次々と公的資金が注入されるに至っている。そのようななか、英国FSA（金融サービス機構）を中心として、損失の吸収バッファーとしてのコアTier1、あるいはTCE（タンジブル・コモン・エクイティ）に注目する議論が展開されている。また、現行のバーゼル規制では、経済情勢が悪化すると借り手の信用力が低下し、所要資本が増加する仕組みとなっている。これが自己資本比率維持のための貸出抑制という動きにつながり、景気をいっそう悪化させるというプロシクリカリティの問題が指摘されている。2009年3月に公表されたターナー（FSA会長）レビューでは、①銀行資本の質的および量的向上が必要であり、将来的には最低自己資本比率をコアTier1で4％以上とすることの検討や、②プロシクリカリティを抑制する仕組みとして好況期に自己資本を積み上げ不況期に備える仕組みの導入も検討すべきとしている。

　本節で浮き彫りとなった第2〜第4の課題に対しては第2節で、第5〜第6の課題に対しては第3節で検討を加える。これが、その当時の整理であるが、その後の金融規制の変遷や会計の議論は第3章で、金融機関のリスク管理上の対応は第4章で解説する。

第2節　2つの流動性危機と時価会計

　前節で明らかとなったように、商品流動性リスクと資金流動性リスクという2つのリスクがシンクロした流動性危機が発生したために、サブプライムという米国ローカルの問題が世界的な金融危機、同時不況へと発展していった。

　この「流動性（Liquidity）」という概念は、多面的な性質を有するつかみどころのない概念で、これを定量的に把握したりコントロールするのはむずかしい。流動性は、商品（証券）を市場で売却して現金を得ることの容易さ

を示す「商品流動性（もしくは市場流動性）」と企業にとって短期資金を調達することの容易さを示す「資金流動性」の2つに分けて考えることができる。吉藤／大嶽（2000）（2002）は、1997〜1998年に発生したアジア危機、ロシア危機を題材に商品流動性リスクの特徴を明らかにしている。同論文によれば、①流動性危機発生時にはVaRで想定される損失をはるかに上回る損失が発生する（ストレスの発生）、②流動性の枯渇や流動性の逃避現象が同時に起こるために相関構造が大きく崩れる、③流動性リスクは地理的にも業務的にもつながりの低い市場に飛び火する、などの特徴があげられる。

資金流動性は、さらに難解な側面をもつ。竹森（2008）は、資金流動性の①公共財としての性格、②金融取引に参加する者の異なった意図により成り立つ面に着目し、「流動性」とは「投資意欲」を示すものと定義している。前者は、ある主体が資金を調達できず債務を支払えないと、次には支払を受けられなかった者が債務を支払えなくなるというかたちで連鎖し、直接取引関係のない第三者にも経済的な影響を与える点を指している。後者は、（当然のことではあるが）資金に対する需要と供給がそろってはじめて取引が成立するため、取引参加者の認識がきわめて重要であることを指している。流動性が潤沢であるという認識が市場を支配していればだれもが無理に流動性を手元に引き込もうとはしないが、流動性が不足するという認識が一度市場を支配すれば、急場で流動性が入手できなくなる危険を感じ無理してでも流動性を手元に引き込もうとするので、「（資金）流動性の危機」が発生する。

竹森（2008）は、この2点に着目し「市場が流動的」とは「投資する意欲」が高い状態を指し、「過剰流動性によってバブルが発生する」とは「投資する意欲があまりにも強過ぎるために資産価格が過剰に上昇した」状態と考えた。さらに、時価会計がこの投資意欲に影響を与え、資産価格の変動を拡大することを指摘している。

図表1−2下段に、このメカニズムを模式的に示した。当初、100の資産を90の負債と10の資本で支えていると仮定する（図の真中の状態）。この時、BIS比率は10％である[17]。ここで資産価格が110に上昇する（図の右側の状態）

図表1-2　2つの流動性リスクと時価会計

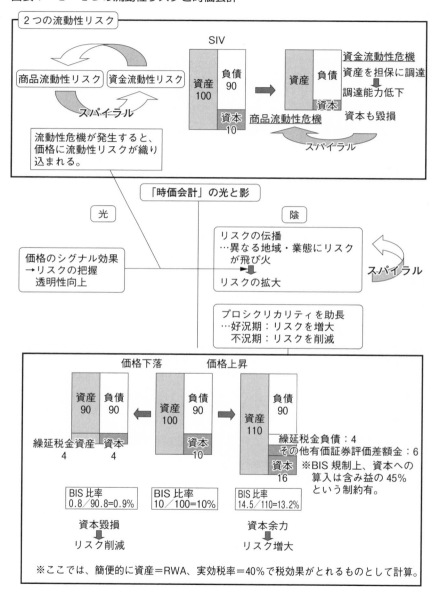

と、時価会計では「繰延税金負債」が4計上されるとともに、資本勘定が「その他有価証券評価差額金」の科目で6増加する[18]。結果、BIS比率は13.2%（＝14.5／110）に上昇[19]する。金融機関に資本余力が生じた結果、投資意欲が増し資産積増しの動きを助長する。これがさらなる資産価格上昇へとつながるわけである。逆に、資産価格が90に下落した場合（図の左側の状態）、資本が毀損しBIS比率は0.9%（＝0.8／90.8）に下落[20]する。金融機関は自己資本比率を維持するために資産を売却。これがさらなる資産価格下落を生むというメカニズムである。実際、Tobias Adrian／Hyun Song Shin（2008）は金融機関の有担保借入と資産規模の変化の関係を調べ、多くの金融機関[21]で強い正の相関すなわち資産価格が上がっていく過程で借入れを増やしてバランスシートを拡大する傾向があることを明らかにしている。時価会計は価格シグナルを通じた金融機関行動のシンクロナイズ化を生み、プロシクリカリティを助長している側面があるといえよう。

　さらに竹森（2008）は、時価会計は1つの金融機関で発生した問題を他の金融機関に伝播させる効果も併せ持っていることを指摘している。Allen Franklin／Carletti Elena（2006）は、金融的なつながりをもたない「銀行」と「保険会社」からなる簡単モデルをつくり、このことを説明している。銀行は「預金」と「自己資本」からなる資金を「貸出」「長期資産」「短期資金」で運用、保険会社は企業より受け取った「保険料」を「短期資産」と「長期資産」に投資していると想定する。ここで、保険会社（今回の金融危機

17　ここでは簡便のため、資産（の時価）はリスクアセットに等しい（リスクウェイト＝100%）と仮定する。竹森（2008）や、Tobias Adrian／Hyun Song Shin（2008）では、レバレッジ比率（＝資産／資本）、すなわちこのケースでは10倍として説明している。

18　ここでは簡便のため、実効税率＝40%として税効果が全額とれるものとする。

19　バーゼル規制上、資本への算入は含み益の45%という制約がある。

20　実効税率＝40%として税効果がとれる結果、繰延税金資産が4計上されるとして計算。この繰延税金資産に対しては、Tier1への算入制限（脚注28参照）があるため、算入制限勘案後のTier1＝4－4×（1－0.2）＝0.8となる。一方、RWAの計算からも控除された繰延税金資産は除外されるので、RWA＝94－4×（1－0.2）＝90.8となる。

21　ゴールドマン・サックスだけはこのような動きに対して中立的（相関が弱い）な結果。

でいえばモノラインと考えればよりイメージが湧きやすい）が倒産した場合、短期資産と長期資産のすべてを現金化する必要があるが、長期資産は非流動的なものであり、流動性が低ければ低いほどファンダメンタルズを下回る価格で処分されることになる。時価会計が適用されていなければこれで終了であるが、時価会計が適用されていると長期資産の価格下落の影響が金融的なつながりをもたない銀行にもこの衝撃が及ぶ（損失が発生する）こととなる。この簡単なモデルで明らかとなったように、「流動性の不足」と「時価会計」が危機の連鎖を生む要因となっている。

　今回の金融危機では、「投資する意欲」が強い状況にあった欧米金融機関が、短期調達・長期運用を行うSIVを通じて積極的にレバレッジを高めていた結果、（運用手段としての）証券化商品の価格下落が（調達手段としての）ABCPの価格下落を誘発し、商品流動性リスクと資金流動性リスクという2つのリスクがシンクロ、流動性危機が発生。流動性危機発生時には、市場で観測される価格（需給で決まる価格）はファンダメンタルズ（フェアバリュー）から乖離し、（市場で観測される価格を用いる）時価会計が金融システムのシステミックなリスクを増幅した。このように、今回の金融危機の端緒は流動性危機であり、それが「需要蒸発」ともいわれる実体経済の急速な悪化へとつながっていったわけであるが、その流動性危機は、まさにBIS規制下での金融機関の行動や時価会計のシグナル効果を通じて誘発・惹起され、グローバルに伝播し、また、深刻度を深めていった。

　このような状況下、SECやFASBは時価会計適用緩和の方針を示しており、金融危機下においては時宜を得た対応と評価する声がある一方、時価会計には価格のシグナル効果を利用することで、リスクの把握を容易にする、透明性を向上させる等の大事な効果があるため、慎重な意見も存在している。流動性不足を深刻にしている要因の1つに、「どの金融機関がどれだけの損失を抱えているのかわからない」という疑心暗鬼がある。流動性危機克服のためには金融業界全体として透明性の向上を図る必要がある。

　図表1−3では、銀行が抱える代表的な資産を簡便的に流動性およびリス

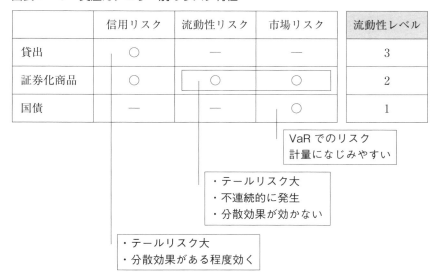

図表1-3　資産カテゴリー別のリスク特性

	信用リスク	流動性リスク	市場リスク	流動性レベル
貸出	○	―	―	3
証券化商品	○	○	○	2
国債	―	―	○	1

VaR でのリスク
計量になじみやすい

・テールリスク大
・不連続的に発生
・分散効果が効かない

・テールリスク大
・分散効果がある程度効く

ク管理の視点から3つに分類してみた。「貸出」は流動性レベルが最も低い（ここではレベル3と表現）ため、償還まで持ち続けることを前提に信用リスク管理に注力することとなる。テールリスクが大きく[22]計量化やコントロールがむずかしい側面をもつが、伝統的に銀行が与信管理としてそのノウハウを蓄積してきた分野であるし、ポートフォリオを分散化させることである程度リスクを軽減することができる。その対極にあるのが「国債」であり流動性レベルが最も高く（レベル1）、市場リスク管理に注力すればよい。市場リスクは、価格の時系列データを統計的に処理するVaRが馴染みやすく[23]、リスク管理の態勢整備は進んでいる。いちばん厄介なのが、その中間（流動性レベル2）にある証券化商品などの市場型間接金融の商品である。信用、

22　損失額を横軸に頻度を縦軸にグラフを描くと右裾の長いグラフとなる。企業の倒産はそう頻繁に起こるわけではないので、損失がゼロないしは僅少という事象が多く左に偏ったグラフとなる一方、一度倒産が発生すると巨額の損失を被りうるので右裾の長い分布となる。
23　ただし、商品流動性リスクが顕現化することもあるため、ストレステスト等は必要。

市場、流動性のすべてのリスク管理が必要であり、今回の金融危機で流動性リスク管理のむずかしさがあらためて認識された。今回のサブプライム危機では、格付に依存したリスク管理も問題とされているが、信用リスク管理上、格付の利用は必要であり、問題なのは流動性リスクの管理が不十分であったということ。本節で説明してきたように、流動性リスクは不連続に発生し、かつテールリスクが大きく、分散効果でもそのリスクが軽減されない等、難解な性質をもち計量化やコントロールは容易ではないが、危機の兆候を知るうえでは「証券化商品の発行残高と流通量の比較」やTobias Adrian／Hyun Song Shin（2008）が提言する「現先出来高の把握」などは、有効であるかもしれない。いずれにせよ、流動性リスク管理の態勢整備と、（図表１－３で分類したような）流動性レベル別の保有残高開示など金融業界全体としてディスクローズの充実化を図る必要があろう。

　流動性リスクは、①不連続に発生しかつテールリスクが大きい、②分散効果でもそのリスクが軽減されない等の難解な特徴を有していることから、個々の金融機関だけの対応では限界があるように思われる。流動性には公共的側面もあることから、社会全体でリスクを分担する仕組みを提案したい。平時において、市場での取引に対して広く薄く流動性危機に対する保険料を徴収、積み立てておき、流動性危機発生時にそれを取り崩すというリスクの時間分散を図る仕組みである。中央銀行による資金供給は今回の金融危機で重要な役割を果たしたといえるが、これは国民が広く税金でコストを支払うのに対し、本稿で提案する保険は間接的には広く社会全体が便益を受けるものの、直接的な受益者は市場を利用する金融機関であると考え、ここに保険料を求める仕組みである。コストを負担したものが便益を受けるという規律づけの手段にもなると考える。預金に対しては、ペイオフ時の預金者保護のために預金保険料を積み立てておく仕組みがあるのと同様である。もちろん、保険料の水準[24]をどう決めるか、モラルハザードを防ぐための仕組みをどう構築するかなど検討すべき項目は多いが、相応の効果は期待できると思う。

BOX 1 公正価値会計やバーゼルⅡのプロシクリカリティをめぐる議論

リーマンショックが起きた当時は、公正価値会計が危機を増幅したとの批判は強かった。宮内（2015）によれば、Allen and Carletti（2008）は、危機的状況下では公正価値の低下が銀行の自己資本の低下、当該金融商品の投売り、市場流動性の枯渇、さらなる公正価値の低下という悪循環を招き危機を増幅する、と本稿同様の主張を展開している。また、英FSAが金融危機を総括した「ターナー・レビュー」（FSA（2009））は、資産価格の時価評価が自己増強的に根拠なき熱狂を焚きつけたと主張している。

一方、近年の実証研究は、「金融危機における公正価値と投売りの間には因果関係は乏しい」として、公正価値会計のプロシクリカリティを否定している。Bhat et al.（2011）は、「公正価値会計と自己資本規制によって、銀行が投売りを余儀なくされ、市場流動性の枯渇を通ずる悪循環に陥った証拠はない」との実証結果を示している。Badertscher et al.（2012）も、「銀行の証券化商品の売却動向と自己資本、OTTI（非一

---

24 保険料積立の目的として、商品流動性リスクと資金流動性リスクのどちら（もしくは両方）の軽減を図るのかというのも大きな検討ポイント（→目的の設定によりどういった取引に対して保険料を徴求するのかが決まる）。両者のリンケージを断ち切れば、リスクは大きく軽減されるので、その公共財としての性質、預金保険の仕組みとのバランスに鑑み資金流動性の軽減のみを目的とするのも1つの考え方。2007年度の被保険預金残高は723兆9,476億円、預金保険料総額は5,666億円、保険料率（単純平均）は7.8bp。一方、2008年12月末のコール市場残高は21兆6,889億円、現先・レポ市場残高は101兆3,077億円。両市場の末残に対して預金保険と同じ料率（単純平均値）を適用すると、保険料総額は963億円となる。どの市場に保険料を課すのか、徴求の頻度も1取引ごとに課すのか残高（末残あるいは平残）に対して課すのか、料率はいくらに設定するのか等の制度設計は、当然のことであるが市場間や年限間の裁定関係に影響を与えマーケットに歪みをもたらす可能性があるので、慎重に決める必要がある。特に料率の決定は、流動性危機の特性を考えると大数の法則が使えないのでむずかしい課題であるが、料率の設定の仕方によっては預金を増やすとか長期負債を増やすなど、流動性リスクに対する耐性を促すようなインセンティブをつけることも可能となる。

時的減損）、収益などの相関分析からは、公正価値会計と自己資本規制が銀行を投売りに追い込んだとはいえない」との実証研究を示している。また、Freixas and Laux（2012）は、「証券化商品の価格が低下した際の投売りや信用不安などの反応は、公正価値会計を用いていなくても生じていたとして、むしろ公正価値が示されないことで生じる情報の欠如が歪みの原因となる可能性があること」を指摘している。

　なお、このBOX内の記述は、宮内（2015）によっている。

第3節　資本政策のジレンマ

　2009年3月12日、バーゼル銀行監督委員会（以下「バーゼル委」）は「銀行システムにおける資本水準の強化に関するプレス・リリース」を公表。そのなかで、①ストレス時に取崩し可能な資本バッファーの構築、②自己資本の質の強化、③リスク捕捉の改善、④リスク・ベースでない補完的指標の導入の4点が提言されている。これは、バーゼル規制が内包するプロシクリカリティ（景気循環の増幅効果）を緩和するために、2008年11月に同委員会が公表した「銀行危機の教訓に対処するための包括的戦略」以来、議論されているものであり、対応策の主軸をなすものといえる。下田（2009）は、各種提案されているプロシクリカリティの緩和策を「火元を減らす」提案と「消火器を準備する」提案に分類している。①好況時の資本バッファー積み増し、および②自己資本の質の強化は「消火器を準備する」対策に、③リスク捕捉の改善、および④補完的指標は「火元を減らす」対策に分類されよう。本節では、主に②自己資本の質に焦点を当てて考察したい（本節は、当時の議論をそのまま再現している。バーゼルⅢ規制の資本の質に関する最終的な合意内容

やそれに対する評価は、第3章第1節で述べる）。

　今回の金融危機の端緒が増幅された流動性危機にあったとすれば、当然、そうした流動性リスクに的確に対処する枠組みがバーゼル規制見直しのなかでビルトインされる必要がある。流動性の問題に対応するためには、保有資産の質（リスクプロファイル）の評価とあわせ、銀行の調達構造（コア預金への依存度等）、さらにはそうした調達構造と整合的な資本のあり方まで、全体観をもってトータルに検討していく必要がある。残念ながら、現状、そうした総合的な視点からのBIS規制の見直し議論がグローバルに十分行われているとは言いがたい。バーゼルの議論は、保有資産の質や調達構造とは切り離されたかたちでの「望ましい資本の質や量のあり方」、なかんずくコアTier1の議論に焦点が当たり、ややバランスを欠いた展開になっている。以下ではこの点を自己資本の質との関連において考察したい。

　図表1-4にバーゼル規制（1988年バーゼル合意以降）上の取扱いに準じた資本の種類を整理した（氷見野（2003）に詳しい）。自己資本として質の高いものをTier1資本、質の低いものをTier2資本に区分し、後者には各種の算入制限[25]を設けている。Tier1資本は銀行の債務返済能力を直接的に示すものとして、株主資本（銀行が株式を発行して調達した額とこれまでの内部留保の蓄積の合計）や一定の要件[26]を満たす優先出資証券[27]等に限定されている[28]。Tier2資本には、劣後債務による調達額、株式含み益など[29]が含まれているが、株主資本に比べなんらかの側面で質が劣ると考えられ、各種の算入制限が設けられている[30]。

25　①その他有価証券評価差額の45％、②土地の再評価差額の45％、③一般貸倒引当金（バーゼルⅡで標準的手法を採用する場合、リスクアセット金額の1.25％が上限）、④適格引当金（一般貸引、個別貸引等）のEL超過額（バーゼルⅡで内部格付手法を採用する場合、リスクアセット金額の0.6％が上限）、⑤永久劣後債務は「Upper Tier2」と定義され、⑥期限付き劣後債務（償還期間5年超）、⑦期限付き優先株は「Lower Tier2」と定義される。ここで、ａ）「Lower Tier2」（⑥⑦）はTier1の50％以内、ｂ）「Tier2」（①～⑦）の合計額はTier1からTier3（主にマーケットリスクへの対応を意識された準補完的項目、さらに各種の算入制限はあるが詳細は省略）を控除した額を超えてはならない、ｃ）「Lower Tier2」は残存期間が5年になった時点から20％に相当する額を1年ごとに累積的に減価していく、等の算入制限がある。

図表1－4　資本の種類

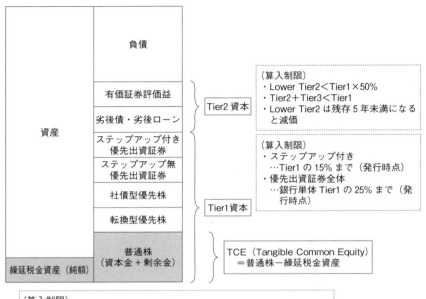

（算入制限）
・Tier1 の20％を超える繰延税金資産（純額）は、Tier1 から控除される

　今回のサブプライム危機に始まった証券化商品の価格下落は株式を含めた
多くの金融商品に波及し、多くの金融機関で多額の損失を計上、資本に問題
を抱えていることが明らかとなった。2008年10月、英政府が公的資金注入に
踏み切ったのを契機として欧米の大手金融機関にも次々と公的資金が注入さ

26　金融庁告示や監督指針に定める優先出資証券のTier1算入要件は次のとおり。①配当
　　は非累積型であること、償還期限は永久であること（事実上の期限前償還を促すステッ
　　プアップ金利が過大ではない（100bp）こと）、②無担保で、かつ残余財産請求権におい
　　て他の債務（劣後債務や一般債務）に劣後すること、③自己資本比率が当局の要求する
　　最低自己資本比率を下回る場合には損失吸収事由として配当を支払わないこと、④当該
　　発行銀行にとって発行代り金は即時かつ無制限に利用可能なこと、⑤普通株式配当が停
　　止されている場合には優先出資証券配当金の金額と時期について裁量を有しているこ
　　と、⑥当該優先出資証券およびこれと同順位の配当受領権を有するその他証券の配当金
　　額合計が配当可能利益を超えないこと、等。
27　海外SPCの発行する優先出資証券は、連結子会社の少数株主持分としてTier1に算入
　　されるが、ステップアップ付き優先出資証券はTier1の15％以内という発行制限がある。
　　加えて、優先出資証券全体では銀行単体Tier1の25％までに算入が制限されている。

れるに至っている。そうしたなか、英国FSAを中心として、損失の吸収バッファーとしてのコアTier1に注目する議論が展開されている。コアTier1に関しては、さまざまな定義が存在しているが、欧米では普通株（資本金＋剰余金）から繰延税金資産を控除したTCE（タンジブル・コモン・エクイティ）が主流[31]となりつつある。2009年3月に公表されたターナー・レビューでは、銀行資本の質的および量的向上が必要であり、将来的には最低所要自己資本比率を（この定義に基づく）コアTier1で4％以上とすることを検討すべきとしている。

　図表1−5は、グローバル金融機関のBIS比率、Tier1比率、コアTier1比率の各種自己資本比率を高い順に並べたものである。シティ・グループはBIS比率が高い一方、公的資金を除いたTier1比率やコアTier1比率がきわめて低いことが目立つ。本来、バーゼル規制では銀行が倒産（gone-concern）した際に十分な資本を有していることを目的に、預金者保護に資する劣後債務[32]なども幅広くその資本性を認めたうえで、最低所要自己資本比率（BIS比率＝8％）を定めている。一方、今回の金融危機では、いわゆるToo Big

---

28　繰延税金資産（純額）も算入が認められているが、Tier1の20％を超える部分については、Tier1から控除される。ただし、当該算入制限は、主要行など金融庁長官が別に定める銀行に対してのみ適用される。

29　1988年バーゼル合意では、貸倒引当金も含まれているが分母の1.25％以内という算入制限あり。貸倒引当金は損失の補填に充当できるし、含み益のような不確実性もないが、「備えが十分ある」証拠とはならず、「備えがたくさん必要」というしるしにすぎないとの考えに基づき算入制限が設けられている（バーゼルⅡでの扱いに関しては脚注25参照）。また、株式含み益はいざという時の備えとしては不確実性があり、かつ売却時に税金がかかることも考慮して含み益全体の45％までしか算入できないこととされた。

30　さらに、①他の国内の預金取扱金融機関の株式やその他の資本調達手段（劣後ローンなど）の保有額（「ダブルギアリング規制」という）、②保険子会社等への出資、③金融業を営む関連会社等への出資は、控除項目として資本から控除される。

31　国による会計制度の違いもあるが、のれんも控除されるのが一般的。ただし、コア資本の定義に関しては慎重な議論が必要。優先出資証券は、一定期間経過すると現金償還できる仕組みが付されていることが多いうえ、議決権も付与されていないことから、コアとはみなされていないが、優先株は各国法制により条件がまちまちでグローバルな基準になじまないことが理由で除外されている可能性もある（少なくとも、本邦において損失吸収性は普通株と変わらない）。

32　銀行が破産し清算される場合、資産はまず預金者への返済に充てられ、劣後債務はその残りからのみ返済を受けるため、劣後債務も預金者保護に役立つ。

図表 1 − 5　グローバル金融機関の各種自己資本比率（2008年12月末基準）

[BIS 比率]

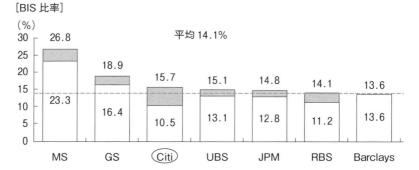

[Tier1 比率]

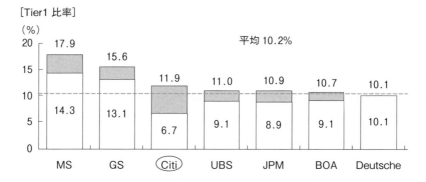

[コア Tier1 比率]

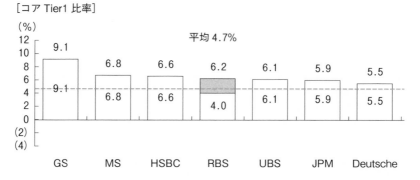

（注）　グラフ作成にあたっては、UBS証券会社の協力をいただいた（コアTier1 ＝
　　　Tier1 −優先株−優先出資証券−繰延税金資産（純額）／RWA

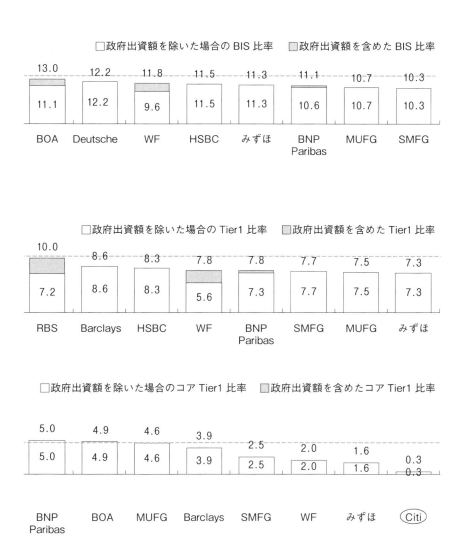

□政府出資額を除いた場合の BIS 比率　　■政府出資額を含めた BIS 比率

13.0	12.2	11.8	11.5	11.3	11.1	10.7	10.3
11.1	12.2	9.6	11.5	11.3	10.6	10.7	10.3
BOA	Deutsche	WF	HSBC	みずほ	BNP Paribas	MUFG	SMFG

□政府出資額を除いた場合の Tier1 比率　　■政府出資額を含めた Tier1 比率

10.0	8.6	8.3	7.8	7.8	7.7	7.5	7.3
7.2	8.6	8.3	5.6	7.3	7.7	7.5	7.3
RBS	Barclays	HSBC	WF	BNP Paribas	SMFG	MUFG	みずほ

□政府出資額を除いた場合のコア Tier1 比率　　■政府出資額を含めたコア Tier1 比率

5.0	4.9	4.6	3.9	2.5	2.0	1.6	0.3
5.0	4.9	4.6	3.9	2.5	2.0	1.6	0.3
BNP Paribas	BOA	MUFG	Barclays	SMFG	WF	みずほ	Citi

　ただし、データ制約よりJPM／Barclaysの計数はコアTier1＝Tier1－優先株－少数株主持分－繰延税金資産（純額）／RWA）。

To Fail問題が意識された結果、銀行の存続（going-concern）を前提とした損失バッファーの必要性が急速にクローズアップされている。すなわち、大きすぎて潰せないがゆえに公的資金の注入を余儀なくされた欧米行を念頭に、二度と同様の事態に陥らないことを目指しているのである。公的資金を注入された欧米行の多くはBIS比率が高かったものの相対的に投資銀行業務の比率が高く、流動性の高い市場が存在していることを前提としたビジネスモデルであったがゆえにサブプライム問題による損失も大きかったという特徴がある。そこで、以下ではマーケットは金融機関の信用力をどういった指標を用いて評価しているのか、考察してみる。

　マーケットで取引されるCDS（クレジット・デフォルト・スワップ）のプライス[33]は金融機関の信用力を示すと考えられるが、これとBIS比率等各種指標との関係を図表１－６に調べてみた。左側上段図は、CDSのプライスとBIS比率の関係を示すが、「BIS比率が高いほどCDSプライスが高い（信用力が高いのにより多くのプレミアムを要求される）」という理屈にあわない結果となっている。これは左側上段図中□で示す公的資金注入の影響[34]を受けている（表面的にはBIS比率が高くても、それが公的資金注入によるものであればマーケットは評価しないということ）と考えられる。左側中段図は、CDSのプライスといま注目を集めているコアTier1比率との関係を示すが、有意な関係はみられない。左側下段図は、有利子負債に占める預金の比率との関係を示すが、「預金の比率が高いほど、CDSのプライスが低い（信用力が高い）」との緩やかな関係がみてとれる。金融機関ごとの負債構造の違いは図表１－７にて後述するが、預金の流動性リスクに対する耐性をマーケットが評価していると考えられる。さらに、CDSプライスと各種指標間の重回帰分析を行った結果を右側図に示す。右側下段図は、CDSプライス（バブルの大きさ）と

33　対象金融機関およびBIS比率等（2008年12月末計数）は図表１－５と同じ。CDSのプライスは2009年初から６月15日までの平均値。グラフ作成にあたっては、UBS証券会社の協力を得た。
34　図表１－６では、表面的なBIS比率と公的資金を除いたベースでのBIS比率との差（％）を「公的資金寄与度」と定義。

公的資金寄与度（X軸）と預金／有利子負債（Y軸）の関係を示すが、決定係数＝0.83と説明力は相応に高い。「Y軸方向では預金の比率が高いほど、X軸方向では公的資金の寄与が小さいほど、CDSのプライス（バブルの大きさ）は小さい（すなわち信用力が高い）」という関係である。今回はデータ制約から分析対象に加えられなかったが、資産の質に関する指標を説明変数に加えれば、より説明力が高まると考えられる。

図表1－7に、負債構造に着目した金融機関の比較を行う。具体的には有利子負債に占める預金[35]の比率（左軸）、預金と長期負債の合計が有利子負債に占める比率（コア・ファンディング・レシオ、左軸）、および預金を超過する資産の額が自己資本の何倍あるか（ここでは修正レバレッジ比率[36]と命名、右軸）を示した。邦銀を中心に伝統的な商業銀行業務の比率が高い銀行は、預金の比率やコア・ファンディング・レシオが高く、修正レバレッジ比率は低いことがわかる[37]。こういった（個人）預金は粘着性が高く、預金保険などのセーフティネットがしっかりしていれば流動性リスクに対する耐性を有している。図表1－6の分析で示したとおり、マーケットもこの点を評価していると考えられる。預金の多い金融機関にとって資本における預金者保護の観点は重要であり、その意味からも劣後債務を含めたTier2資本の意義は

35　本来であれば、個人預金（さらにいえばコア預金）で比較すべきであるが、データ制約から預金額全体で比較した。

36　資産が自己資本の何倍あるかというレバレッジ比率が補完的指標として注目を集めている。この背景には、リスク・ベースのBIS比率はプロシクリカリティを強めている側面があることや、SIVのような高レバレッジが流動性危機をもたらした事実があるためと思われるが、規制として導入する場合その政策目的が不明瞭。リスクの捕捉指標として用いる場合は、グローバルな金融機関の複雑なBS構造を考えると、表面残高を用いたシンプルな指標ではリスク実態から乖離し、弊害のほうが大きいように思われる。たとえば、本邦では国債の保有残高圧縮に伴う金利上昇や、銀行間取引の縮小が予想される。また、流動性リスクに限定した補完指標として用いる場合でも、預金の増加に伴う貸出の増加という健全な金融仲介の動きが阻害される可能性を排除するためには、本稿で提示した修正レバレッジ比率やコア・ファンディング・レシオのように預金の効果を織り込むことは、最低限必要と考える。

37　欧州系銀行の修正レバレッジ比率は米銀と比べ著しく高いが、会計基準の違い（欧州ではデリバティブをグロス計上するが、米国ではネット計上する等）による影響があると思われる。

図表 1 － 6　CDSのプライスとBIS比率等各種指標との関係

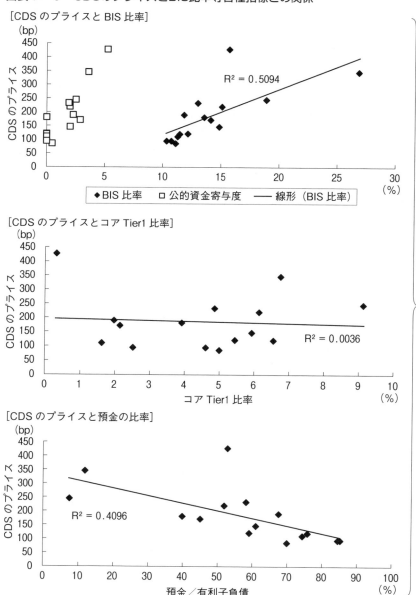

[CDS のプライスと BIS 比率]

[CDS のプライスとコア Tier1 比率]

[CDS のプライスと預金の比率]

[CDS プライスとコア Tier1 比率・預金比率の関係]

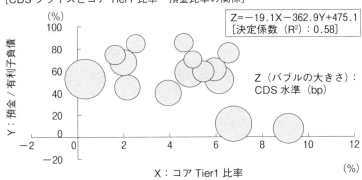

[CDS プライスと公的資金寄与度・預金比率の関係]

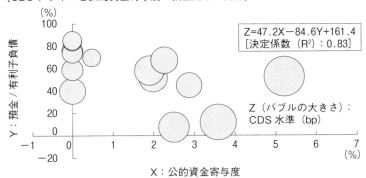

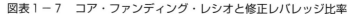

図表1−7　コア・ファンディング・レシオと修正レバレッジ比率

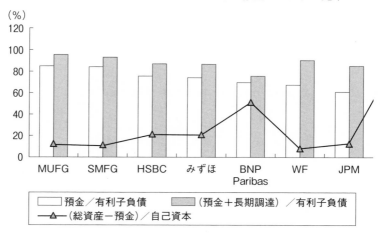

大きい。gone-concernベースでのBIS比率が高ければ、預金者にとっての（最悪の場合での）安心感を生み取付けのリスクが軽減されるという効果が期待される。つまり、伝統的な商業銀行中心の間接金融体制のもと、粘着性のある個人預金（コア預金）を多く抱える邦銀と、高度かつ複雑に発展した市場型間接金融の仕組みのもと、（資産サイドの比較は本稿ではできていないが）資金調達を含め投資銀行・市場業務の比重の高い欧米銀とでは、リスクのプロファイルは大きく異なっており、必要とされる資本の質や量もおのずと異なってくる。

　ここであらためて、資本の質を2つの視点で整理してみる。1つは債権者（銀行でいえば預金者）からみた健全性で、gone-concernベースのBIS比率。もう1つが株主からみた健全性で、going-concernを前提とした損失吸収力を示すコアTier1比率。両者ともに大事な視点であるが、現在、両者の議論は混同されているように思われる。going-concernベースでの資本不足問題からgone-concernベースでも資本が足りないとされ、性急に最低所要自己資本の引上げが議論されることを危惧する。また、Too Big To Fail問題からgoing-concernベースでの資本が過度に重視されると、モラルハザードを生

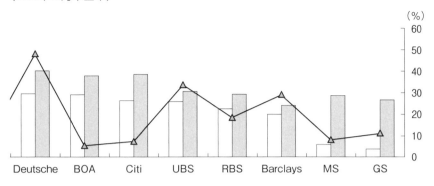

（2008年12月末基準）

み個々の銀行経営の効率的な運営へのインセンティブを削ぐことになるた
め、両者の適度なバランスが必要である。

　本稿では、最低所要自己資本のあるべき水準は両者の関係を整理したうえ
で時機を含め慎重に議論すべきことと、図表1－8に整理する流動性リスク
代替指標と自己資本比率を組み合わせたマトリクス型規制を提案したい。図
表1－6の分析で示したように、マーケットは資本の質（公的資金の多寡な
ど）と流動性リスクに対する耐性（預金の多寡など）で金融機関の信用力を
評価している。欧米投資銀行に代表される流動性リスクを多く抱えるハイリ
スク・ハイリターン型金融機関と、邦銀に代表される（収益性は低いが）流
動性リスクの小さいローリスク・ローリターン型の金融機関（ユーティリ
ティに近い）では、そのリスクプロファイルは大きく異なっており、必要と
される資本の質や量も異なるというのが基本的発想である。

　この提案のポイントは以下の4点。第1のポイントは、資本の定義につい
てである。コアTier1の定義[38]、すなわちどのような種類の資本に損失吸収

38　脚注31参照。

図表1−8　流動性リスク代替指標と自己資本比率の組合せ

	BIS比率	コアTier1比率
流動性リスクが低い金融機関 ・預金／有利子負債の比率が高い ・コア・ファンディング・レシオが高い ・修正レバレッジ比率が低い ・流動性レベル2資産の保有比率が低い	◎ Tier2資本充実	○ 低い比率
流動性リスクが高い金融機関 ・預金／有利子負債の比率が低い ・コア・ファンディング・レシオが低い ・修正レバレッジ比率が高い ・流動性レベル2資産の保有比率が高い	○	◎ 高い比率

性があるかという議論は、今後慎重に行っていく必要があるが、この概念が定着すれば、従来のTier1資本はあまり意味をもたなくなる。本提案は、コアTier1資本とそれ以外（Tier2を含めたBIS資本）という2分法で構築している。第2のポイントは、流動性リスクへのフォーカスである。すでに整理したとおり、今回の金融危機において流動性リスクがもたらした影響は甚大であり、二度とこのような危機を起こしてならないとの反省に立てば、ここに焦点を当てる必要がある。流動性リスクを適切に計量化できれば、それを織り込んだ単一の自己資本比率で規制すればよいが、その計量化が困難な状況下、それを代替的に表す指標との組合せで規制しようというのが本提案の考え方である。流動性リスクの代替指標としては、本稿で示した修正レバレッジ比率、コア・ファンディング・レシオ、（図表1−3で示した）流動性レベル2資産の保有比率などが考えられる。

　第3のポイントは、預金者保護の観点からのTier2資本の重視である。預金をもつことで流動性リスクを小さく抑えているローリスク・ローリターン型の金融機関は預金者保護の観点からTier2資本を含めたBIS資本を充実する必要がある。gone-concernベースのBIS資本を充実することで預金者の安心感を生み、その粘着性を高める効果も期待される。第4のポイントは、コ

アTier1の目線。流動性リスクを多く抱えるハイリスク・ハイリターン型金融機関は、損失吸収バッファーとしてのコアTier1を充実させる必要があるが、ローリスク・ローリターン型の金融機関にコアTier1の充実、すなわち普通株による資本調達実施を求めることは、株式投資家の目線にあうリスクテイクを促すことであり、かえって金融機関の倒産リスクを高めることになりかねない。したがって、相対的には低いTier1比率でよいと考える。

また、コアTier1資本の充実を前提に、Tier2資本を中心とした各種算入制限の緩和を提案したい。優先出資証券、劣後債・劣後ローン等[39]はTier1の水準に対して算入制限が設けられているが、銀行が倒産（gone-concern）した際の役割はTier1の水準にかかわりなく不変であるし、何よりこれらがプロシクリカリティ（Tier1の水準が低下するにつれBIS比率は加速度的に低下する）を強めている要因の１つであることから、算入制限は緩和（ないしは撤廃）すべきと考える。一方、政策投資株式の含み損益の扱い（含み損の場合はTier1から控除、含み益の場合はその45％をTier2に算入）は、第２節にて時価会計がプロシクリカリティを強めるプロセスを説明したのと同様、BIS比率のプロシクリカリティを強めており、なんらかの改善が必要と思われるが、預金者保護の観点や、導入の経緯とそれに伴う国による扱いの相違、債券含み損益の扱いとの平仄、会計処理との関係整理などより慎重に検討すべき課題が多い。

第4節　今後の議論に向けて

本章では、サブプライム問題発生の経緯や背景を振り返り、プロシクリカリティをもたらす負のスパイラルが幾重にも発生していることを明らかにし

39　ただし、繰延税金資産（純額）の算入制限は、預金者保護の観点からは意義があるため、これは存置すべきと考える。

た。サブプライム危機を克服するためには、その負のスパイラルを止める必要がある。

　今回の金融危機では、短期調達・長期運用を行うSIV等がレバレッジを高めていた結果、（運用手段としての）証券化商品の価格下落が（調達手段としての）ABCPの価格下落を誘発し、商品流動性リスクと資金流動性リスクという2つのリスクがシンクロ、流動性危機が発生している。時価会計には、価格シグナルを通じ金融機関行動のシンクロナイズ化を生む傾向や、1つの金融機関で発生した問題を他の金融機関に伝播させる効果をもっていることから、市場で観測される価格がファンダメンタルズではなく流動性危機を反映したものとなっている状況下、時価会計が金融システムのシステミックなリスクを増幅している。この意味で時価会計適用緩和は、時宜を得た対応と評価できる一方、透明性の向上も必要となる。保有する資産を流動性やリスク管理の視点から分類し、流動性レベル別の保有残高を開示するなど金融業界全体としてディスクローズの充実化を進める必要がある。一方、流動性リスクは、①不連続に発生しかつテールリスクが大きい、②分散効果でもそのリスクが軽減されない等の難解な特徴を有していることから、個々の金融機関だけの対応には限界がある。流動性には公共的側面もあることから、社会全体でリスクを分担する仕組み、具体的には平時における市場取引（たとえば資金取引）に対して広く薄く流動性に関する保険料を徴収、積み立てておき、流動性危機発生時にそれを取り崩すという仕組みを提案した。

　また、今回の金融危機では多くの銀行が資本の質と量において問題を抱えていることが明らかになり、損失の吸収バッファーとしてのコアTier1、あるいはTCEが注目を集めている。こうした議論は、大きすぎて潰せないがゆえに公的資金の注入を余儀なくされた欧米行を念頭に置いたもので、銀行の存続（going-concern）を前提としている。公的資金を注入された欧米行の多くはBIS比率が高かったものの相対的に投資銀行業務の比率が高く、流動性の高い市場が存在していることを前提としたビジネスモデルであったがゆえにサブプライム問題による損失も大きかったという特徴があるが、規制強

化の流れのなかで各国の金融制度や各金融機関のビジネスモデルの違いは考慮されずに一律に適用されようとしている。欧米投資銀行に代表される流動性リスクを多く抱えるハイリスク・ハイリターン型金融機関と、邦銀に代表される（収益性は低いが）流動性リスクの小さいローリスク・ローリターン型の金融機関（ユーティリティに近い）では、そのリスクプロファイルは大きく異なっていることから、流動性リスク代替指標と自己資本比率を組み合わせたマトリクス型規制を提案した。実際、本稿では金融機関の信用力を示すCDSのプライスとBIS比率等との関係を調べたが、マーケットは資本の質（公的資金の多寡など）と流動性リスクに対する耐性（預金の多寡など）で金融機関の信用力を評価している。また、（個人）預金は粘着性が高く、預金保険などのセーフティネットがしっかりしていれば流動性リスクに対する耐性を有しており、預金の多い金融機関にとって資本における預金者保護の観点は重要であり、その意味からも劣後債務を含めたTier2資本の意義は大きい。したがって、預金をもつことで流動性リスクを小さく保っているローリスク・ローリターン型の金融機関は、預金者保護の観点からTier2資本を含めたBIS資本を充実する必要がある。gone-concernベースでのBIS比率が高ければ、預金者にとっての（最悪の場合での）安心感を生み取付けのリスクが軽減されるという効果が期待される。一方、流動性リスクを多く抱えるハイリスク・ハイリターン型金融機関は、損失吸収バッファーとしてのコアTier1を充実させる必要があるが、ローリスク・ローリターン型の金融機関にコアTier1の充実、すなわち普通株による資本調達実施を求めることは、投資家の目線にあうリスクテイクを促すことであり、かえって金融機関の倒産リスクを高めることになりかねない。したがって、相対的に低い比率でよいと考える。さらに、優先出資証券、劣後債・劣後ローン等のTier1水準に対する各種の算入制限は、プロシクリカリティを強める要因となっており、これを緩和すべきと考える。

　以上が、リーマンショック発生当時に分析し提言した内容の要約である。残念ながら、ここでの提言が日の目をみることはなかったが、いまでもアイ

デアの中核は有効であると思っている。その後の金融規制の変遷や会計の議論は第3章で解説する。いまなお残る規制上の課題に、当時の提言が有効であるかどうかという視点もふまえ、お読みいただけると幸いである。また、第4章、第5章では当時の反省もふまえた民間金融機関におけるリスク管理を含む内部管理体制の再構築を解説する。本章で浮き彫りになったリスク管理上の課題を念頭にお読みいただければ、理解がより深まると思う。

第2章

CPM
（クレジット・ポートフォリオ・マネジメント）
の挑戦

本章は、CPM（クレジット・ポートフォリオ・マネジメント）の挑戦と題し、筆者がCPM業務に携わっていた2010年頃に作成した論文・資料をベースに当時を振り返り、同業務の未来を展望する。CPMとは、「貸出を中心としたクレジット・ポートフォリオのリスクとリターンを評価し、信用リスクの移転取引等を通じて、その健全性や収益性を高めていく活動」のことであり、リーマンショックの前にはCDS（クレジット・デフォルト・スワップ）や証券化商品等のクレジット市場が順調に拡大し、邦銀の収益性や信用リスクのマネジメント力が強化されると期待されていたが、グローバルな金融危機を受けてその動きはいったん頓挫した。しかしながら、第3章で詳述する「バーゼルⅢ」や「IFRS」などの環境変化を考えると、CPMには再び重要な役割が求められるだろう。そこで、本章ではまず第1節でCPMの過去やいまを振り返り、その目的や手段を概説する。続く第2節でクレジット・マーケットを概観した後に、第3節でCPM業務が抱える課題と将来像を提示する。

本邦においては、顧客と良好な関係を築き、その結果（もしくは関係を親密化させる手段）として貸出を積み上げ、そして満期まで持ち切るビジネスモデル（Originate & Hold）が発展してきた。一方、貸出債権を持ち続けるのではなく売却等により回転させるO&D（Originate & Distribute）型のビジネスモデルが浸透している欧米では、金融技術の進展でクレジットリスクを機動的・能動的にコントロールすることが可能となるのに歩調をあわせ、CPMも発展してきた。図表2－1に伝統的な貸出運営と比較することでCPMの特徴を抽出したが、最大の特徴は、貸出資産の信用リスクや収益性

図表2－1　CPMと伝統的な貸出運営との比較

	伝統的な貸出運営	CPM
投資方針	満期保有 (Originate & Hold to the maturity／default)	必要に応じて売却 (Originate & Distribute if necessary)
貸出取引の評価基準	個社判断 (Stand-alone Analysis)	与信ポートフォリオ全体のなかでの相対評価 (Relative to Existing Portfolio)
貸出のインセンティブ	貸出利息の獲得、貸出残高（シェア）の確保	手数料業務等へのエントリーチケット
管理の指標	業務純益	リスク調整後の収益
貸出の評価	取得原価	取得原価／時価
リスク／リターンの調整手段	与信実行段階での調整のみ	クレジット市場も活用
リスク／リターンの調整主体	営業部門／審査部門	専担部署（CPM部署）

（出所）「与信ポートフォリオ・マネジメントに関する勉強会」[1]より抜粋。

を個別にみるだけでなく、与信ポートフォリオ全体としてのリスク／リターンをコントロールすることと、それをクレジット市場も活用して実践することにある。

　CPMとは、前述したとおり（営業部門の）業務の成果として積み上がったクレジット・ポートフォリオを全行一元的に把握し、市場も活用しながらリスクを能動的にマネージし、銀行全体のリスク・リターンを高めることにあるが、そのコンセプトを図表２－２に模式的に表した。貸出の一つひとつを木で表現すると、営業活動の成果として積み上がったクレジット・ポートフォリオは真ん中の網掛け部分のように表される。大口の取引先や業種が集中し、クレジットリスクが高まっているエリアもあれば、地域や業種の観点からは集中しておらずビジネスを伸ばせるエリアもある。また、採算（収益性）が低い貸出や不良債権化したものもある。CPMでは、入口（図の左側）と出口（図の右側）の双方で市場を活用し、ポートフォリオ全体のリスクをマネージし、そのリスク・リターンを高めることを行う。

図表２－２　CPMのコンセプト

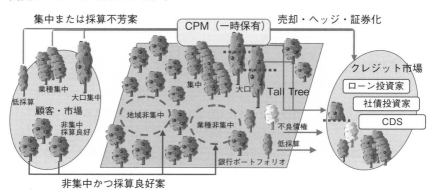

（出所）　三菱東京UFJ銀行（当時）CPM部作成。

1　大手銀行（当時のみずほコーポレート銀行、三井住友銀行、住友信託銀行、三菱東京
　　UFJ銀行）でCPMに取り組む実務家と日本銀行金融機構局金融高度化センターを中心
　　としたメンバーによる勉強会。2006年４〜11月まで、計７回実施された。

以下、本章ではCPMの目的や手段、その歴史を概説する。

(1) CPMの目的

　CPMの最終的な目的は、与信ポートフォリオのリスクを能動的にマネージしリスク・リターンを高めることにあるが、具体的な活動は、図表2－3に示すとおり、①集中リスクの削減（これを「Tall Tree Cut」という。BOX 2参照）などクレジットリスクのコントロール、②O&D（Originate & Distribute）型ビジネスモデルを導入し、入口でコントロール（これをインフローマネジメントと呼ぶ）、③営業部門（RM[2]チャネル）を通じないクレジットのリスクテイク、の3つ（もちろん、第3節で後述するように金融機関によりさまざ

図表2－3　CPMの運営イメージ

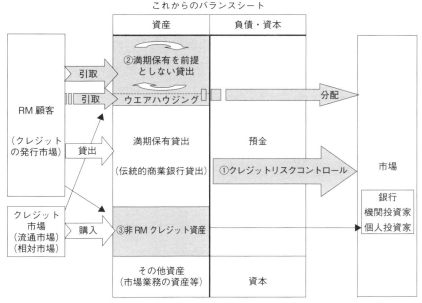

（出所）　三菱東京UFJ銀行（当時）CPM部作成。

2　Relationship Managementの略。

まなCPMモデルがありうる）。

BOX 2 集中リスクの削減（Tall Tree Cut）

CPMの主要な概念の1つにTall Tree Cutがある。銀行が与信業務を行えば、当然に与信費用は発生する。概念的には、EL（期待損失）に見合うコストは顧客への貸出約定金利のなかでまかなわれ、会計的にも貸倒引当金として事前に積み立てられる。しかし現実には、実際の与信費用はELから乖離して変動することになる。CPMはこの変動を抑えることが期待されている。CPMでは、図表1②のように発生確率は低いが、発生した場合には大規模な追加与信費用発生となり、業績を揺るがすリスクに対しては、潜在的な懸念のある個社や業種・地域に対するヘッジ操作を行うことでエクスポージャーを削減したり、その操作益で与信費用の一部を減殺する（もちろん「言うは易く行うは難し」ではある）。加え

図表1　ブラック・スワン・リスク

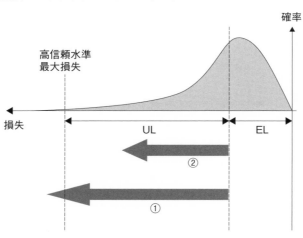

（出所）　三菱東京UFJ銀行（当時）CPM部作成。

42

て、①のように発生確率はきわめて低いが、発生した場合に銀行事業継続を不可能にするようなリスク（いわゆるブラック・スワン・リスク）に対する備えも必要である。これが、Tall Tree Cutである。一般に、付合いが深い超優良企業に対する与信は集中しがちである。こういった超優良企業向けの与信に対しコストをかけて（ブラック・スワン・リスクに備えた）ヘッジを行うことは、銀行組織内でも反対意見が出やすい。しかし、過去を振り返れば、銀行の倒産は、かつては優良と思われた企業への集中的な与信が引き金となっている。歴史を繰り返させてはならない。

(2)　CPMの歴史

　本邦経済は1990〜1991年頃にバブル経済が崩壊し、以後失われた20年をさ迷うこととなった（2010年当時）。図表2−4に1992年以降の不良債権処分損、およびリスク管理債権残高を示したが、1995年に両者は急増、以後、金融機関は不良債権に苦しむこととなる。1996年の橋本政権下での金融ビッグバンを一つの契機として急激なバランスシート調整が進められ、1998年には金融再生法や早期健全化法などの破綻スキームが整備されたこともあり、日本長期信用銀行、日本債券信用銀行、北海道拓殖銀行といった大手金融機関が次々に破綻へと追い込まれた。一連の金融危機を経験し、不動産などの特定業種や個社に集中的に貸し込んだ場合の信用リスクの怖さがあらためて認識され、信用リスクをもっと能動的にコントロールすべきとの機運が強まった。

　一方、米国では日本に先駆け1980年代に3L問題（LDC：発展途上国向け貸出、LBO[3]、LAND：不動産向け貸出等の不良債権）やS&L危機[4]等で不良債

3　Leveraged buyoutの略。M&Aの一手法で、買収先企業の資産を担保にした借金による買収のこと。

4　S&Lは、Savings and Loanの略で米国版の住専（住宅金融専門会社）。

図表 2 - 4　不良債権処理の状況

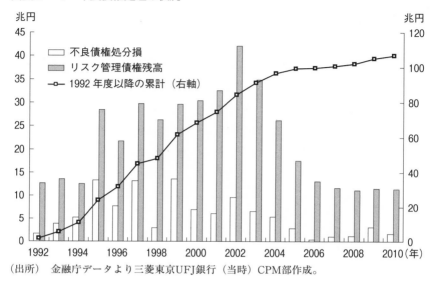

（出所）　金融庁データより三菱東京UFJ銀行（当時）CPM部作成。

権問題に苦しみ、不良貸出の売却を主軸とするCPM活動が先駆的に始まっ
た。これが、クレジット市場発展の出発点[5]となり、以降、米国においてク
レジット市場の発展にあわせCPMも進展することとなる。

　図表 2 - 5 にCPMの変遷を示したが、1990年代前半は集中リスクの削減
（Tall Tree Cut）等を通じた経済資本（あるいは規制資本）の解放を目指す
リスクヘッジ主体のCPMとして進展し、1990年代後半以降は経済資本の解
放だけでなく、解放された経済資本を有効に活用しリターンの向上をねらう
CPMへと進化していった。邦銀においても、2000年代に入りこの動きを追
い駆けるようにCPMが進展。2005年に公表された金融庁の金融改革プログ
ラムでは、「（中略）……こうした改革を通じて、わが国金融市場が国際的に
見て魅力の高いものとなり、間接金融に偏重していたわが国金融の流れ（マ
ネーフロー）が、直接金融や市場型間接金融を活用した国民に多様で良質な

5　米国の商業銀行が個社企業対象のCDSを使ったリスクヘッジを行ったのは、1991年が
　最初といわれている。

図表2－5　CPMの変遷

	米国大手銀行 CPM	リスクヘッジ 主体のCPM	リターンの向上 もねらうCPM

年代	1980年代後半	1990年代前半	1990年代後半～リーマンショック
外部環境活動目的	不良債権問題発生 ・BS圧縮 ・収益力強化	不良債権問題 Tall Tree対応	ROE重視の銀行経営 経済資本ベースの経営管理～リスクリターン改善
活動内容	■不良貸出の売却	■大企業向け与信ポートを対象とした「集中リスクの削減」 ・与信実行段階での調整 ・大口貸出の売却 ・個社CDS取引（1991年～） ・ポートフォリオレベルでのリスク削減（証券化活用）	■リスクテイクによるリターンの増強 ■与信プロセスの変革 （審査プロセス、移転価格制度等） ⇒信用リスクの一元的管理（営業部門との機能分化）
クレジット市場環境	※クレジット市場発展の出発点	米銀CPM本格化をきっかけとして、クレジット市場発展 ・機関投資家／ヘッジファンドの参入 ・市場急拡大に伴う市場取引環境整備（コンファメーション、決済の仕組み等）	

次世代のCPMへ（第3節）

（出所）　三菱東京UFJ銀行（当時）CPM部作成。

金融商品・サービスの選択肢を提供できるものに変化していけば、資産運用手段が多様化・効率化し、『貯蓄から投資へ』の流れが加速される。これにより、銀行にリスクが過度に集中する構造が是正され、リスクに柔軟に対応できる経済構造の構築にも資するものと考えられる」とうたわれたように、

伝統的な間接金融から欧米型の市場型間接金融を志向する動きがあり、CPMへの期待は高まっていった。2008年に示された日本銀行の2008年度の考査の実施方針等では、「大手銀行でCPMの本格的な展開に向けた検討が進展していることを踏まえ、貸出債権の経済価値評価の客観性向上や移転価格制度の導入等の与信プロセスの見直し、関連する非公開情報の取り扱いなど、CPMを活用していく際の課題や問題点について、考査の場においても議論を深めていく。また、制度・慣行の見直しなど必要な環境整備についても、併せて議論していく」と記載されており、邦銀においてもCPMへの取組みは着実に強化されていった。しかし、残念ながら、その最中にリーマンショックを迎えることになった。

　図表2-6にCDSインデックスの推移を示したが、リーマンショックを契機とするグローバルな金融危機のなかで大きく乱高下していたのがわかる。CPM活動のなかではCDSをヘッジツールとして使うことも多いが、ヘッジ対象である貸出は取得原価、ヘッジ手段であるCDSは時価で評価されるという会計上のミスマッチが生じている。もちろん、ヘッジ対象である

図表2-6　CDSインデックスの推移

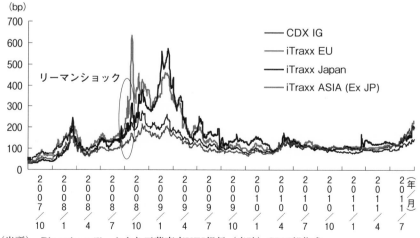

（出所）　Bloombergデータより三菱東京UFJ銀行（当時）CPM部作成。

貸出の信用リスクが高まれば、会計上も減損損失を認識する（貸倒引当金を積む）ことになるので一定のヘッジ効果はあるのだが、その実現時期やその変動幅（CDSのプライスは需給要因で時にオーバーシュートしやすい）にミスマッチが生じる。2008〜2009年の乱高下の時期には、CPM活動を行っていた大手金融機関ではCDSヘッジ操作により財務収益が大きくぶれることとなった。また、リターンの向上もねらうCPMへとその活動を進展させていた一部金融機関では、リスクテイクの一部として証券化商品を保有していたため、さらに大きなロスが生じた（第1章、および次節参照）。加えて、グローバル金融危機の原因の1つは欧米金融機関（投資銀行系）の行き過ぎたO&D型ビジネスモデルにあると認識され、伝統的な金融ビジネスモデルへと回帰する動きが強まり、残念ながらCPMの進展はいったん頓挫せざるをえなくなった。

⑶　CPMの手法

　伝統的な貸出運営における最も基礎的な信用リスクのコントロール手段は、新規与信実行および既存与信ロール・オーバー時での調整（貸出ボリュームや金利の調整が基本となるが、貸出期間の短期化や追加的な担保徴求等も含まれる）である。これらの対応は基本であり、どのようなビジネスモデルにおいても引き続き重要であるが、CPMにおいては図表2－7に示すような市場を活用した各種手法も積極的に用いられる。

　ある程度公開情報が存在する債務者の信用リスクについては、多数の参加者が参加するクレジット市場で、CDSや証券化商品、貸出債権の売買等を通じて、信用リスクの移転を行うことができる。機動性を重視する場合には、一般的にCDSが用いられる。CDS取引に関しては、次節で詳述するが、会計処理のミスマッチによる時価ブレの問題や本邦市場の流動性の低さ、価格の妥当性に課題があるため、リーマンショック以降は、その利用はやや低調にとどまっている。

　機動性には若干欠けるが、リーマンショック以降、取組みが増加したもの

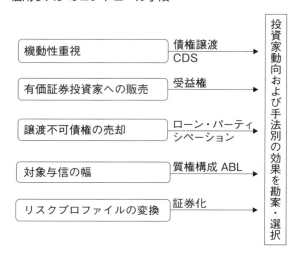

図表2－7　信用リスクのコントロール手段

効果 手法	売却 コスト	ヘッジ 機動性	オフバラ 可否	リスクア セット削減	引当金 戻り
債権譲渡	低	中	可(注)1	可	有
CDS	高（足下）	高	否	可(注)2	無
受益権	低～中	低	可	可	有
ローン・パーティ シペーション	低	中	可(注)3	可	有(注)3
質権構成ABL	中	低	否	可	有
証券化	中～高	低	可(注)4	可	有(注)4

（注）　1　サイレント譲渡の場合、米国会計基準上はオンバランス
　　　　2　カウンターパーティーにより異なる
　　　　3　監査法人の判断要
　　　　4　シンセティック型は効果なし
（出所）　三菱東京UFJ銀行（当時）CPM部作成。

として債権譲渡がある。債権譲渡に関しては、図表2－8で示すとおり、真正譲渡とサイレントによる譲渡の2パターンがある。真正譲渡は、債務者に譲渡の事実を通知（含む事後通知）するのに対し、サイレント譲渡は債務者にその事実を通知することなく、「債権譲渡特例法」に基づく登記による譲

図表2−8　債権譲渡取引

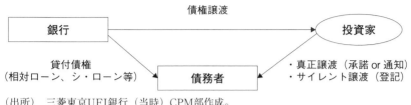

（出所）　三菱東京UFJ銀行（当時）CPM部作成。

図表2−9　セカンダリー・ローン・マーケットの規模

[日米セカンダリー・ローン・マーケット比較]

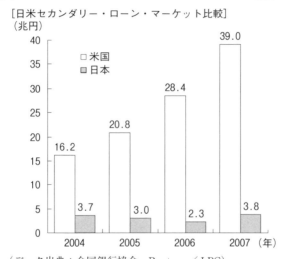

（データ出典：全国銀行協会、Reuters ／ LPC）
（出所）　三菱東京UFJ銀行（当時）CPM部作成。

渡を行うものである。図表2−9に2004〜2007年におけるセカンダリー・ローン・マーケットの日米比較を掲載したが、その規模には大きなギャップがある。同マーケットの流動性を高めるためには、ローンの契約時点で譲渡承諾条項入りの契約[6]を結ぶなどの対応が必要であろう。次に流動性は劣るが、ヘッジ対象与信の種類を増やしたり、投資家が投資しやすいように受益権や質権構成ABLを組成する手法もある。図表2−10に質権構成ABLのス

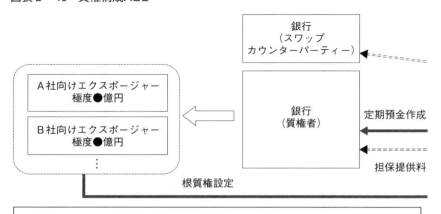

図表 2 −10　質権構成ABL

A社向けエクスポージャー
極度●億円

B社向けエクスポージャー
極度●億円

銀行
（スワップ
カウンターパーティー）

銀行
（質権者）

定期預金作成

担保提供料

根質権設定

質権設定者：合同会社、質権者：銀行
被担保債権：当該企業との銀行取引で発生するすべてのエクスポージャー
（ただし、シ・ローン契約等でヘッジに制限がある債権を除く）

（出所）　三菱東京UFJ銀行（当時）CPM部作成。

キーム図を記載した。投資家はSPC（合同会社）へのノン・リコース・ロー
ン（NRL）[7]を実行し、SPCは当該NRL代り金によりヘッジ対象企業に紐付け
された定期預金を作成する。銀行は、SPCと質権設定契約を締結し定期預金
に対して第１順位の根質権を設定することでクレジットリスクのヘッジを行
う。また、定期預金の利息に対しては源泉税が課される一方、NRL利息に
は課されないので、この差額を調整するためにキャッシュフロー・スワップ
を締結[8]する。投資家は、定期預金の金利に加え、紐付けされた対象企業の
信用力に見合った金利を担保提供料（両者の合計に税金差額分も調整されたも

6　金銭消費貸借契約上で、当該ローン債権の譲渡に関する債務者からの事前の承諾を取
　得するもの。譲渡実行後に債務者対抗要件（法律要件）を具備するために、債務者への
　通知を行ったり承諾を取得することもあるが、少なくとも譲渡の検討段階では事前の相
　談は不要となり、その機動性は向上する。

7　ノン・リコース・ローン（non recourse loan）とは、日本語では非遡及融資とも呼ば
　れ、ローン等の返済についての原資となる範囲に限定を加えた融資の方法。通常は責任
　財産となる原資からのキャッシュフローを返済原資とし、その範囲以上の返済義務を負
　わない。

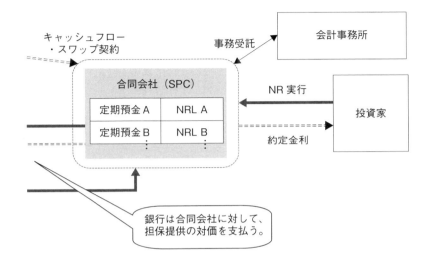

キャッシュフロー・スワップ契約

事務受託

会計事務所

合同会社（SPC）

| 定期預金 A | NRL A |
| 定期預金 B | NRL B |

NR 実行

投資家

約定金利

銀行は合同会社に対して、担保提供の対価を支払う。

のがNRL利息）として受け取ることになる。以上が質権構成ABLのスキームである。

　また、公開情報が乏しい債務者の信用リスクについては、たとえば2つの金融機関が売却候補を開示し、相対で価格を交渉し売買を行う場合などがある。これがポートフォリオ交換といわれるものであるが、その際、貸出債権の売買を通じた移転がシンプルであるが、借入人が金融機関との安定的な関係を求める場合には、指名債権譲渡ではなく、ローン・パーティシペーション[9]や債務保証[10]など、借入人との金銭貸借関係を表面上は維持して信用リ

8　SPCは納税申告とともに源泉税の還付請求を行い、税金の還付を受ける。この還付金が、キャッシュフロー・スワップの銀行宛支払に充当され、同スワップは終了する。

9　債権に係る債権者と債務者間の権利義務関係等を移転・変更せずに、経済効果とリスクを投資家に移転させる契約のこと。

10　保証の一形態として「委託なき保証取引」がある。取引先が信用保証協会や政府系金融機関との間で保証委託契約を結んでから融資を受けるのとは異なり、融資を実行した金融機関が債務者の委託を受けずに他の金融機関から保証を受ける（民法462条）形態のもの。

スクのみを移転する「サイレント」形式が用いられる。図表 2 - 7 下側には、（主観的判断も含むが）各種手法の売却コスト、ヘッジの機動性、オフバラの可否、（バーゼル規制上の）リスクアセット削減の可否、引当金戻りの有無を記載したので、あわせて参照されたい。

(4) インフローマネジメント

　前項では、市場を活用したリスク削減手法を説明した。これは、いわば出口における調整であるが、本邦においてクレジット市場が未成熟である状況に鑑みれば、入口段階でのコントロールも重要。これが、インフローマネジメントである。新規貸出実行時（または既存貸出ロール日）に、与信額や適用金利、期間、担保といった従来の判断基準に加え、与信の集中度合いやEL（期待損失）・UL（潜在損失）・規制資本等リスク対比のリターン、あるいはSVA（資本コスト控除後収益）等リスク調整後収益を判断基準として、顧客との交渉や売却を含めた対応を行う。図表 2 - 11では、与信集中とリスク・リターンの 2 軸で案件を分類したが、④の非集中、高採算の案件であればポートフォリオのなかに取り込めばよいが、①のように与信集中かつ採算の悪い案件であれば、売却（債権譲渡）を含むなんらかの対応が必要となる。

　売却（債権譲渡）等のリスク移転をする場合の判断基準を図表 2 - 12にまとめた。ローンの対顧スプレッド、生産者価格（＝EL＋UL（資本コスト））、市場価格（＝売却価格、スプレッドベース）の 3 者を比較して判断することになる。対顧スプレッドが生産者価格（EL＋UL）を下回っている場合は、SVAが赤字となっているので経済価値の観点からは売却を検討することとなる。その際、市場価格（スプレッド）が対顧スプレッドを下回っていれば財務的にも益が出るので積極的に売却することとなろうが、逆の場合は短期的なロス（財務損）と中・長期的な効果とのバランスのなかで判断することになる。また、対顧スプレッドが生産者価格を上回っている場合でも、市場価格のほうが低い場合には財務的に益が出るので、生涯収益と案件背景、与信方針等のバランスのなかで売却を判断することもあろう。

図表 2－11　インフローマネジメントの考え方

	採算（リスク・リターン）	
与信集中度	① 集中先 非採算	② 集中先 採算良好
	③ 非集中先 非採算	④ 非集中先 採算良好

（出所）　三菱東京UFJ銀行（当時）CPM部作成。

図表 2－12　売却の合理性判定

[SVA と各種ローン指標の関係図]

[判断基準]

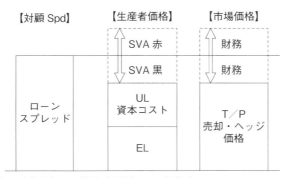

（出所）　三菱東京UFJ銀行（当時）CPM部作成。

第 2 章　CPM（クレジット・ポートフォリオ・マネジメント）の挑戦　53

クレジット・マーケット概観

本節では、主要なクレジット商品としてCDSと証券化商品の2つのマーケットを紹介する。

(1) CDSマーケット

CDSは、債権を直接移転することなく信用リスクのみを移転するデリバティブ取引で、その取引フローは図表2-13に示すとおりである。仕組みとしては保険取引に類似しており、信用リスクをヘッジしたいCDSの買い手（図では銀行）が、CDSの売り手（図では市場）にプレミアム（保証料）を支払い、参照企業の貸付債権や債券の保証を得る取引である。クレジットイベントが発生すると、CDSの買い手はCDSの売り手に保証の履行を求めることができる。

本邦のCDSは、クレジットイベントを破産（bankruptcy）、支配不履行（failure to pay）、リストラクチャリング（restructuring）の3つで定義する（3CE[11]と呼ぶ）のが一般的。クレジットイベントが発生した際には、保証の

図表2-13　CDS取引

（出所）　三菱東京UFJ銀行（当時）CPM部作成。

11　米国においては、破産（bankruptcy）、支配不履行（failure to pay）の2つをクレジットイベントとする2CEのCDSが一般的。

履行、すなわち決済が行われるのだが、リーマンショックの際にはここに混乱が生じ、信用危機を拡大させた根源であるとの批判もある[12]。これを受け、2009年にISDA[13]はBig Bang Protocol[14]、Small Bang Protocol[15]を導入し、決済方法を整備した。Big Bang Protocolでは、DCの導入、オークション決済条項の追加等が行われた。DCとは、Determination Committeeの略で、ディーラーやディーラー以外のISDAメンバー等から編成され、クレジットイベントの判定等の役割を担う。オークション決済とは、クレジットイベント発生後の決済を市場参加者が同一の条件に従って行う方法であり、オークションの開催日や引渡可能債務（Deliverable Obligation）等の詳細は、外部弁護士等の意見を組み入れながらDCによって決定される。Protocolを批准していれば、オークションで決められた価格で現金決済が行われ、倒産や支払停止といったハードなクレジットイベントにおいては、引渡可能債務はオークションで決まった同一価格で取引される。ただし、現物決済の依頼書を提出すれば現物決済も可能である。一方、リストラクチャリングのようなソフトなクレジットイベント発生時には、短期債の価格が長期債の価格を上回ることが多く、CDSの買い手は最も安い債券（通常は長期債）を引き渡すインセンティブ[16]が生じる。そこで、Small Bang Protocolでは、引渡可能債務の満期を対応するCDSの満期に応じて制限している[17]。CDS取引を異な

---

12 オークション決済の課題は2005年のGM・Fordショック時に発生したデルファイのデフォルト時に顕在化しており、リーマンショック時に現出したものではないという意見もある。実際、リーマンのCDS決済はオークションで斎整と完了している。この時に問題となったのは、カウンターパーティ・リスクや市場にどの程度のリスクが存在しているのかわからず疑心暗鬼になるリスクだったともいえる。

13 International Swap and Derivatives Association（国際スワップ・デリバティブズ協会）の略。OTCデリバティブの効率的かつ着実な発展を促進するため、1985年（当時はSwap Dealers Association）にニューヨークで設立されたデリバティブに関する全世界的な業界団体。

14 2009年4月に発表された "2009 ISDA Credit Derivatives Determinations Committees and Auction Settlement CDS Protocol"。

15 2009年7月に発表された "2009 ISDA Credit Derivatives Determinations Committees, Auction Settlement and Restructuring CDS Protocol"。

16 最も安い債券を引き渡すことのできる権利をCheapest to Deliverオプションという。

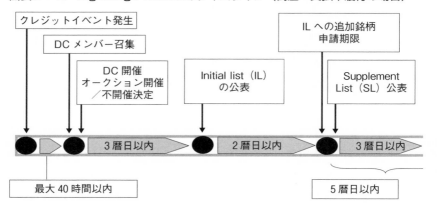

図表 2 - 14　Big Bang Protocolのタイムライン（倒産・支払不履行の場合）

（注）　Big Bang ProtocolはSmall Bang Protocolによって上書きされており、Small bang
（出所）　三菱東京UFJ銀行（当時）CPM部作成。

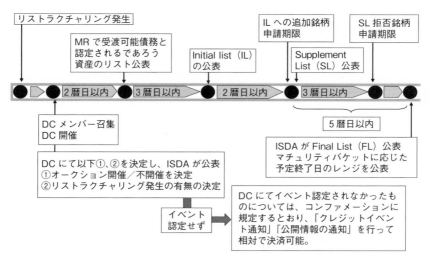

図表 2 - 15　Small Bang Protocolのタイムライン（リストラクチャリングの場

（出所）　三菱東京UFJ銀行（当時）CPM部作成。

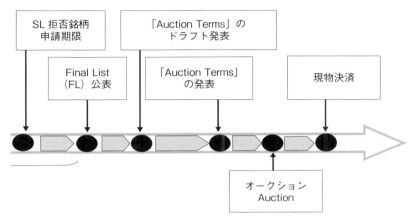

を批准していればBig Bangをも内包していることになる（図表2－15に従う）。

合）

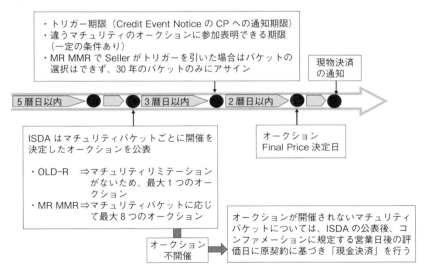

る満期区分に振り分け、DCが満期区分ごとに引渡可能債務を決めて[18]最終
価格を決めることになる。また、iTraxx等のインデックスの場合は、その
構成銘柄にクレジットイベントが発生すると、当該銘柄がインデックスから
外され、シングルネームのCDSとその銘柄を除いたインデックスに分かれ、
シングルネームCDSは上記手順に従い決済される。

　クレジットイベント別にCDSのヘッジ効果を整理すると図表2−16のよ
うになる。倒産や支払停止といったハードなクレジットイベントにおける
CDSのヘッジ効果は明確であるが、リスケや金利減免のようなソフトなク
レジットイベントは対外公表を伴わないことが多いため、DC開催がむずか

図表2−16　クレジットイベント別のCDSのヘッジ効果

クレジットイベント	CDSヘッジ利用に際して制約条件があるか	CDSヘッジ効果の程度について
①倒産・支払不履行が発生	○制約条件なし	○ヘッジ効果は最大限発揮
②債権放棄 （市場がさらなる信用悪化懸念を見込む場合）	△債権放棄の事実を対外公表後は制約なし ⇒債権放棄の場合は対外公表を伴う場合が一般的	○〜△ヘッジ効果は債権放棄が企業再生に与える影響次第
③債権放棄 （市場が再生の確度が高いと見込む場合）	△債権放棄の事実を対外公表後は制約なし ⇒（同上）	△〜▲企業再生の可能性が高まるほどCDSのヘッジ効果が下がる
④リスケ・金利減免等 （市場がさらなる信用悪化懸念を見込む場合）	×制約あり ⇒リスケ・金利減免等は一般的に対外公表を伴わず、ヘッジ効果享受のためのISDA宛通知がむずかしい ⇒ただし、他行持込の場合は、制約にならない。	△〜▲リスケ・金利減免等の程度や市場の見方次第
⑤リスケ・金利減免等 （市場が再生の確度が高いと見込む場合）		▲再生の確度が高いとすると、効果は軽微に止まる可能性

（出所）　三菱東京UFJ銀行（当時）CPM部作成。

しくヘッジ効果を確定できないケースもありうる[19]。もちろんマーケットで反対売買を行うことによりヘッジ益を享受することも可能であるが、再生の確度等マーケットの見方次第では、効果は限定的にとどまることもあろう。

　上述したようにCDSのヘッジ効果は時に減殺されることもあるが、CPMにとっては重要な操作ツールである。しかし残念ながら、本邦におけるCDS市場の流動性は欧米市場に比し、きわめて低い。図表2−17にマーケット規模を比較したが、上図の日系銘柄と下図のグローバルの取引件数をみればその差は一目瞭然である（軸の目盛の違いに注目）。また、流動性の低さも一つの原因と思われるが、価格の妥当性にも疑問が残る。図表2−18に同一銘柄（上図に格付Aクラスのリース会社、下図に格付AAクラスの公益事業会社を掲載）のCDSと社債の価格（スプレッド）を比較した。BOX3に示すとおり、CDSのプレミアムは参照企業の倒産確率や回収率を内包しており、効率的な市場であれば、同一企業に対する貸出、社債、CDSの価格の間には裁定[20]が働くはずである。しかし、残念ながら図表2−18に示すとおり、同じ市場性クレジット商品である社債とCDSの間でもその価格差は大きい。前述したような会計上の問題等取引をするうえでの制約が緩和され、参加者の裾野が広がり、結果として流動性が高まり価格の透明性が高まることを期

17　ただし、日経銘柄はOld Restructuringなので、満期にかかわらず、一本価格での清算になる。

18　ただし、CDSの売り手がトリガーを引いた場合は、CDSの満期にかかわらず最長の満期区分が割り当てられる。

19　ただし定義書上では、対外公表できない場合でも2社間の証明書受渡でトリガーできることにはなっている。

20　同じ品質の2つの商品に異なる価格が成立している場合、完全情報のもとでは両者の価格差を埋める取引（たとえば、割高な社債を売って割安なCDSでクレジットテイクする）が生じ（これを裁定取引という）、両者の価格差は縮小する。もとより、社債とCDSそれぞれが備える商品特性や、それに伴う取引動機や取引形態の違い（CDSはヘッジツールとして使うニーズが強い一方、社債は投資家がバイ・アンド・ホールドすることが多い）があるので、両者の差は残る。実際、日米欧いずれの地域においても社債スプレッドとCDSプレミアムとの間の相関は弱いとの実証研究（日銀（2010））もある。特に、日本における相関が弱いとの研究結果であるが、本邦CDSはリストラもトリガーとするため、社債・ローンとの厳密な意味（リスクフリーとなる）での裁定取引はできないことも一因なのかもしれない。

図表 2 −17　CDSマーケットの規模

[日系 CDS 銘柄取引件数推移（日次、出所：三菱 UFJ モルガンスタンレー証券）]

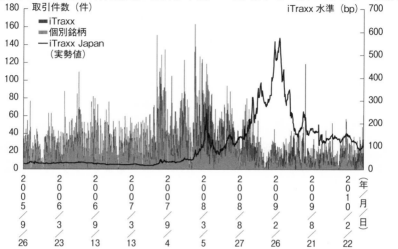

[CDS グローバル取引件数推移（週次、出所：DTCC）]

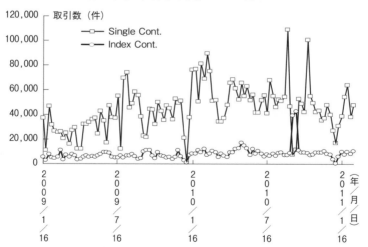

（出所）　三菱東京UFJ銀行（当時）CPM部作成。

図表 2 −18 CDSと社債のスプレッド格差

[Finance Leasing Company（A3／A-）]

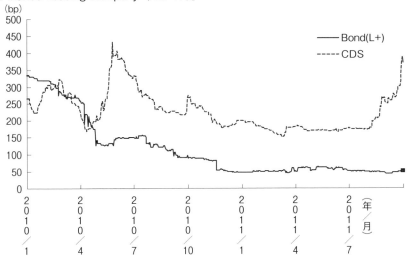

[Utility（Aa2／AA）]

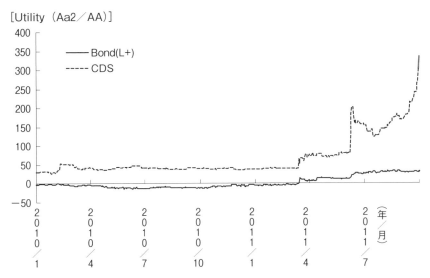

（出所） Bloombergデータより三菱東京UFJ銀行（当時）CPM部作成。

待したい（残念ながら、今日においても実現していない）。

BOX 3　プレミアムとデフォルト確率

　CDSのプライシングを概説する。CDS取引の仕組み上、信用リスク
をヘッジしたい人、すなわちプロテクションの買い手が支払うプレミア
ム（保証料）の価値と、プロテクションの売り手がクレジットイベント
発生時に支払う契約額面と回収金額との差額であるプロテクションの価
値は等価となる。

　図表1に、1年に1度プレミアムの支払が行われる5年間のCDS取
引（額面を1とする）のキャッシュフローを示した。プレミアムをsと
すると、各年限tまでクレジットイベントが発生しない確率（生存確率）
q_tと割引率であるDF_tを掛け合わせた$s \times q_t \times DF_t$が各プレミアムの現在
価値となる。これを5年間分合計したものがプレミアムの価値となる。
次にプロテクションの価値を考える。クレジットイベント発生時には、
回収率を$\hat{r}$とすると、$1-\hat{r}$が支払われる。デフォルトが起こる時点は本
来連続的であるが、簡単化のために1年ごとの離散化した時点で起こる
とすると、各年限でのデフォルト確率p_t（p_tとq_tの間には$q_t = 1 - \sum p_t$の関
係が成り立つ）と割引率であるDF_tを掛け合わせた$(1-\hat{r}) \times p_t \times DF_t$を5
年間分合計したものがプロテクションの価値となる。このプロテクショ
ンとプレミアムが等価となるように、プレミアムsは決定される。

図表1　5年CDSのキャッシュフロー

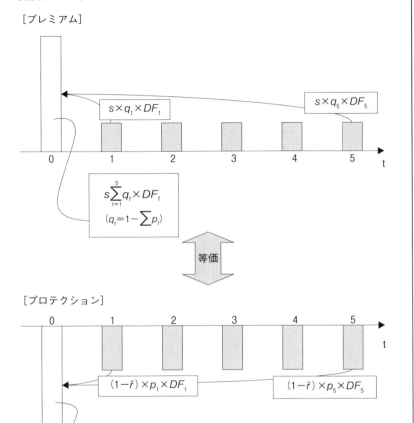

［プレミアム］

$s \times q_1 \times DF_1$

$s \times q_5 \times DF_5$

0　　　1　　　2　　　3　　　4　　　5　　t

$$s\sum_{t=1}^{5} q_t \times DF_t$$
$$(q_t = 1 - \sum p_t)$$

等価

［プロテクション］

0　　　1　　　2　　　3　　　4　　　5
t

$(1-\hat{r}) \times p_1 \times DF_1$

$(1-\hat{r}) \times p_5 \times DF_5$

$$(1-\hat{r})\sum_{t=1}^{5} p_t \times DF_t$$

　以下に簡単な計算例を示す。デフォルト確率が2％（期間構造はなく、一律同じとした）、回収率が40％の5年CDSのプレミアムは128bpとなる。

[簡単な計算例]

(単位：%)

プレミアム	1.28
回収率	40

年	デフォルト確率	生存確率	DF
1	2.0	98.0	0.999
2	2.0	96.0	0.996
3	2.0	94.0	0.991
4	2.0	92.0	0.984
5	2.0	90.0	0.975

プレミアム	プロテクション		イールドカーブ
1.25	1.20		0.10
1.22	1.20		0.20
1.19	1.19		0.30
1.16	1.18		0.40
1.12	1.17		0.50
			(dif)
5.93	5.93		0

(注) 1 計算には、Excelのゴールシークを利用。

2 DFは右列のイールドカーブから、$DF_t = \dfrac{1}{(1+R_t)^t}$ 式より算出。

　CDSを取引した場合、カウンターパーティー・リスク（取引相手のクレジットリスク）が新たに発生する。これは、他のデリバティブ取引でも同様であるが、CDSの場合は、参照企業と取引相手のクレジット相関が高い（極端な例では、参照企業が倒産した時にカウンターパーティーも同時倒産しヘッジ

効果を実現できない）ような、いわゆるwrong way risk（誤方向リスク）には特に注意する必要がある。デリバティブ取引を評価する際には、カウンターパーティーの信用度に応じた信用評価調整（CVA）が必要であるが、このCVAの変動は大きい。第3章でも触れるが、リーマンショックに続くグローバル金融危機の際の調査によれば、カウンターパーティー・リスクによる損失の約3分の2はCVAによるもので、実際のデフォルトによる損失は約3分の1のみであった。そのため、バーゼルⅢでは、CVA変動リスクに対する新たな資本賦課が求められることとなり、欧米金融機関ではCVAの変動をコントロールする活動を積極的に行っている。この点については、次節で改めて触れる。また、マーケット全体のカウンターパーティー・リスクを減じる試みとして、CCP[21]設立の取組みがある（現在では、CCPを通じた決済集中が実現している）。BOX 4を参照されたい。

BOX 4　CCP（中央清算機関）

　リーマンショックがその1つの例であるが、市場参加者間の取引が複雑に絡み合うデリバティブ市場においては、そのなかの1社が破綻することでシステミック・リスクが引き起こされるのではないかと危惧されている。それを防ぐ手立ての1つがCCP（中央清算機関）である。システミック・リスクを防ぐ最もシンプルな方法は、エクスポージャーそのものを減らすことである。図表1にネッティング契約の有無と取引件数の関係を整理した（森田（2008））。A〜Eの5社がそれぞれデリバティブ契約を結んでいる状況で、①ネッティング契約がない場合は、取引すべてがエクスポージャーとして残るため合計で30件の取引となる。②ここで、ISDA等のネッティング契約を締結すれば、2当事者間の取引は

21　Central Counterparty：中央清算機関の略。

すべてネットされ取引は10件[1]まで削減される。③さらに、CCPを導入しマルチラテラル・ネッティングとすれば取引はカウンターパーティーの数である5にまで削減される。もちろん、CCPの健全性を保つために保証金の積立や担保の差入れ等信用補完の仕組みを整備する必要があるが、システミック・リスクを軽減する有効な手段となりうる。

2009年9月のピッツバーグサミットでの合意を受け、米国では「ドット・フランク法」、欧州では「OTCデリバティブ規制改革法案」、本邦では「金融商品取引法等の一部を改訂する法律」等で、一定のOTCデリバティブ取引（金利スワップやCDS）は2012年末までにCCPを利用することが義務づけられた（2012年には、清算機関をはじめとする金融市場

図表1　ネッティング契約の有無と取引件数

①　ネッティング契約がない場合

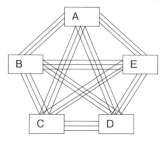

②　相対ネッティング

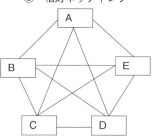

③　マルチラテラル・ネッティング

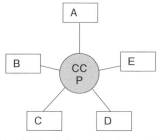

（出所）　森田（2008）「クレジット市場研究会　報告書」より抜粋。

1　$\dfrac{N(N-1)}{2}=10$、Nはカウンターパーティー数（この例では5）。

インフラが最低限遵守すべき国際標準（FMI原則）が定められ、その遵守状況を監督する枠組みも整備された）。

BOX 5　ソブリンCDS

　欧州債務危機によりソブリンCDSが注目を集めている（2011年ごろ）。ソブリンCDSとは、ソブリン債に対するCDSであり、国の信用リスク（破綻懸念）を取引対象とする。図表1に主要国のソブリンCDSのプレミアム推移を示した（欧州債務危機の震源地であるギリシャCDSのこの期間のプレミアムは数千bpとけた違いに高いので除外）が、2011年夏、欧州債務危機の高まりにあわせ、ポルトガルやアイルランドなどの欧州周辺国のソブリンCDSが急騰した。

　ソブリンCDSの取引規模を図表2にまとめた。CDSの取引残高は、債務者別にみるとコーポレートが8割、ソブリンが2割といったシェア。DTCC[1]のデータによれば、2011年8月時点で残高：2,600億ドル、件数：20万件と相応のレベル。地域別にみると、債務危機の震源地である欧州が6割強を占める。下段には、欧州ソブリンの国別の取引残高および件数を示すが、国債の発行残高が多く、かつ危機が囁かれたフランス、イタリア、スペインの取引が多い。

　2012年3月、先進国のソブリンCDSとして初めてギリシャのCDSがデフォルト認定された。しかし、ここに至るまでには紆余曲折があった。ソブリンCDSのクレジットイベント（図表3参照）には、Moratorium（猶予宣言）などソブリン特有のイベントもあるが、ギリシャの事例で問題となったのは、Restructuringの扱い。ギリシャの債務再編では、CDSのトリガーを回避する目的で民間の金融機関が自発的に債務減免

に応じるという建付けになっていたため、ISDAはRestructuring認定をせず[2]、結果としてCDSの損失保証機能を疑問視する声もあがっていた。最終的には、すべての投資家[3]に元利金の削減を強いる集団行動条項（CAC：collective action clauses）が発動され、デフォルト認定され、総額32億ドルの想定元本があったとされるギリシャのソブリンCDSは波乱なく決済された。

　また、図表3下段にはイベント認定対象債務やその扱いを整理したが、地域ごとに大きく異なっているのがわかる。一般的に、発展途上国

図表1　ソブリンCDSの価格（プレミアム）推移

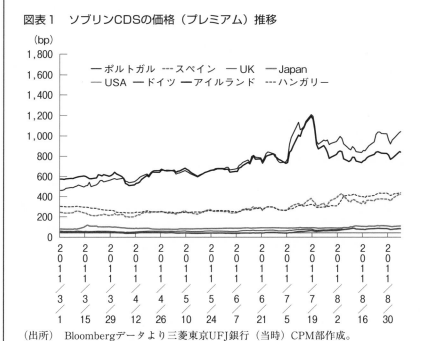

（出所）　Bloombergデータより三菱東京UFJ銀行（当時）CPM部作成。

のCDSは先進国のCDSと比べ、劣後債務（対象外の場合Not Subordinat-edの欄に○印）や、地場通貨建債務（対象外の場合Not Domestic Currencyの欄に○印）、国内法準拠物（対象外の場合Not Domestic Lawの欄に○印）を対象外とするなど、対象債務が限定されている。このカバー範囲の違いにより、デフォルト・リスクの大きさは数倍異なるとの指摘もあり（上田（2010））、先進国と発展途上国のソブリンCDSは単純に比較できないことに留意が必要。

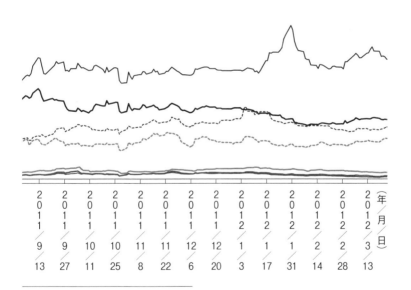

1　The Depository Trust & Clearing Corporation
2　一方で、格付会社（S&Pなど）は選択的債務不履行（SD：Selective Default）と判断した。
3　ギリシャの国内法に基づく投資家のみ。

図表2　ソブリンCDSの取引状況

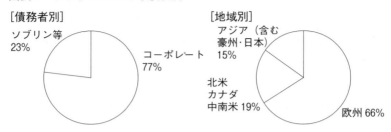

[債務者別]

ソブリン等
23%

コーポレート
77%

[地域別]

アジア（含む
豪州・日本）
15%

北米
カナダ
中南米 19%

欧州 66%

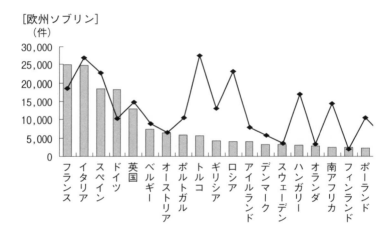

[欧州ソブリン]
（件）

30,000
25,000
20,000
15,000
10,000
5,000
0

フランス　イタリア　スペイン　ドイツ　英国　ベルギー　オーストリア　ポルトガル　トルコ　ギリシア　ロシア　アイルランド　デンマーク　スウェーデン　ハンガリー　オランダ　南アフリカ　フィンランド　ポーランド

（出所）　DTCCデータより三菱東京UFJ銀行（当時）CPM部作成。

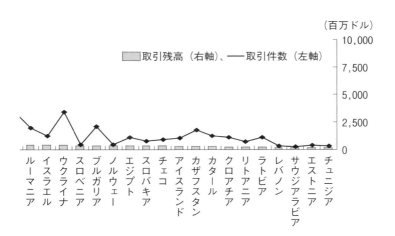

（百万ドル）

□□□取引残高（右軸）、——取引件数（左軸）

ル　イ　ウ　ス　ブ　ノ　エ　ス　チ　ア　カ　カ　ク　リ　ラ　レ　サ　エ　チ
ー　ス　ク　ロ　ル　ル　ジ　ロ　ェ　イ　ザ　タ　ロ　ト　ト　バ　ウ　ス　ュ
マ　ラ　ラ　ベ　ガ　ウ　プ　バ　コ　ス　フ　ー　ア　ア　ビ　ノ　ジ　ト　ニ
ニ　エ　イ　ニ　リ　ェ　ト　キ　　　ラ　ス　ル　チ　ニ　ア　ン　ア　ニ　ジ
ア　ル　ナ　ア　ア　ー　　　ア　　　ン　タ　　　ア　ア　　　　　ラ　ア　ア
　　　　　　　　　　　　　　　　　　ド　ン　　　　　　　　　　ビ
　　　　　　　　　　　　　　　　　　　　　　　　　　　　　　　ア

図表3　ソブリンCDSの商品性

対象地域		日本	アジア	シンガポール	豪州・NZ
クレジットイベント	Failure to Pay（支払不履行）	○			
	Repudiation/Moratorium（支払停止/猶予宣言）	○			
	Restructuring	○			
	Obligation Acceleration（支払要求⇒期限利益喪失）	ソブリン特有のクレジットイベント			
対象債務カテゴリー（Obligation Category）		BorrowedMoney			
対象債務の取扱い	Not Subordinated		○	○	
	Specified Currency			+S$	
	Not Sovereign Lender		○	○	
	Not Domestic Currency		○		
	Not Domestic Law		○		
	Not Domestic Issuance		○		

（注）　1　米国は西欧に含めて記載。
　　　　2　日本企業を対象としたCDSのCEは、Failure to Pay、Restructuring
（出所）　三菱東京UFJ銀行（当時）CPM部作成。

(2)　証券化商品マーケット

　第1章で述べたとおり、グローバル金融危機の背景には証券化商品がある。危機の根源であるとみなされ、同商品に対する規制は強化された（第3章参照）。しかしながら、証券化商品はさまざまな投資家のリスク許容度に応じた商品を提供することで、社会全体のリスクキャパシティーを拡大させる優れた金融技術である。筆者は、今後も健全な育成が必要な金融商品であると信じている。

西欧	欧州新興国 中東	ラテン アメリカ	イスラム	日本 企業
○	○	○	○	○
○	○	○	○	
○	○	○	○	○
	○		○	
Borrowed Money	Bond	Bond	Bond	Borrowed Money
○	○	○	○	○
	○	○	○	
	○	○	○	
	○	○	○	

劣後債務は対象外

に加え、Bankruptcyも該当。

　一口に証券化商品といってもさまざまなものが存在するが、その分類を図表2−19に示した。典型的な証券化商品であるCDOだけでも、原資産の種類、発行形態によりさまざまなタイプが存在する。CDOの基本スキームは図表2−20に示すとおりで、元利金支払に対して優先劣後構造をもつ複数のトランシェで構成される。優先劣後構造とは、デフォルト等で原資産に損失が発生した場合に、支払優先度が低いトランシェから損失を負担していくという仕組みである。トランシェは、通常、格付を有するデットと格付を有しないエクイティに大別される。最も格付が高いものをシニア・トランシェ、

図表2−19　証券化商品の分類

		CDO		ABS				
		コーポレート			リテール			
	格付	レバレッジ ドローン	CDS	商業不動 産ローン	消費者 ローン等	プライム住 宅ローン	サブプライム 住宅ローン
証券化 （1次加工）	Senior	CLO	Synthetic CDO	CMBS	ABS	RMBS	HEL
	Mezzanine						
	Equity						
証券化 （2次加工）	Senior	CDO^2		CRE CDO	ABS CDO		
	Mezzanine						
	Equity						

CDO：Collateralized Debt Obligation（債権担保証券）の略。CLOを代表的な商品として、上表内の5商品を総称して「CDO」と呼ぶことが多い。

ABS：Asset Backed Securities（資産担保証券）の略。狭義では、クレジットカード・オートローン債権などを裏付資産とする証券化を指すが、CMBS・RMBS・HELも含めて小口債権を証券化したものを「ABS」と呼ぶことが多い。

CLO：Collateralized Loan Obligation（ローン担保証券）の略。Leveraged Loan（BB格〜B格大企業向けローン）を裏付資産とする証券化。

CMBS：Commercial Mortgage-Backed Securities（商業用不動産ローン担保証券）の略。商業用不動産ローン（ノン・リコース）を裏付資産とする証券化。

Synthetic CDO：主に投資適格企業のCDSを裏付資産とする証券化。

RMBS：Residential Mortgage-Backed Securities（住宅ローン担保証券）の略。優良債務者向住宅ローン債権（政府保証でない）を裏付資産とする証券化。

HEL：Home Equity Loanの略。信用力の低い債務者向住宅ローン債権を裏付資産とする証券化。

CDO^2：CDO Squareと呼ばれる（CDO of CDOsともいわれる）。主にCDOのSenior／Mezzanineを再証券化したもの。

CRE CDO：Commercial Real Estate CDOの略。CMBSやBridge Loan等の不動産ファイナンスに関連した証券化やローンを裏付資産とする証券化。

ABS CDO：ABS、RMBS、HEL等を裏付資産として再証券化したもの。CDO of ABSsともいわれる。

（出所）　三菱東京UFJ銀行（当時）CPM部作成。

　その次に格付が高いものをメザニン・トランシェと呼ぶ。最劣後部分が、エクイティ・トランシェであり、これが原資産から発生する損失を最初に吸収し、デットの信用力を強化する役割を果たす。

　CDOは、一般的に①発行形態（原資産の扱い）により、キャッシュ型かシ

図表 2 −20　CDOの基本スキーム

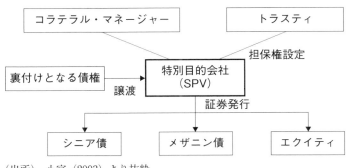

（出所）　小宮（2003）より抜粋。

ンセティック型、②オリジネートの別（発行目的の別）で、バランスシート
型かアービトラージ型、③スキーム（キャッシュフローの管理方法）別に、
キャッシュフロー型かマーケットバリュー型、④運用の別で、スタティック
型かマネージド型という切り口で分類されることが多い（図表 2 −21参照）。
　以下、本節ではHEL、CLO、RMBSに絞り紹介する（サブプライム危機の
経緯等は第 1 章参照）。
　そのスキーム図は、図表 2 −22に示すとおりで、信用力、LTV[22]、所得等
の証明書類がGSE[23]の基準を満たさないサブプライムやニアプライム層向け
のローンがホーム・エクイティ・ローン（HEL：Home Equity Loan）であ
り、これを裏付けに証券化したものがHEL ABSである（図表 2 −22参照）。
HEL ABSのBBB、A格を中心に再証券化（ 2 次証券化）したものがABS
CDOである（BBB格を中心とするものをメザニンABS CDO、AA格やA格を中
心とするものをハイグレードABS CDOと呼ぶ）。さらに、 1 次および 2 次証券
化のBBB、A格を中心に組み入れた 3 次証券化も組成され、CDOスクエア

22　Loan to Valueの略。負債額／資産価値で計算される。
23　GSE（Government Sponsored Enterprise：政府支援企業、FNMA・FHLMCを指
　　す）の買取基準を満たすプライム層向のローンがGSE適格ローン。ローン金額がGSE基
　　準を満たさないプライム層向けがジャンボ・ローン、所得等の証明書類が基準を満たさ
　　ないニアプライム、プライム層向けのローンがALT-Aローンである。

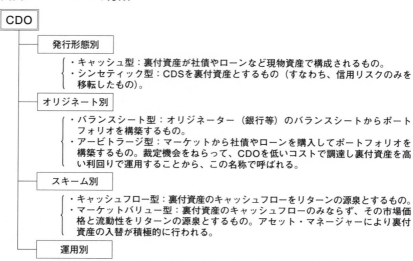

図表 2 −21 CDOの分類

CDO
├ 発行形態別
│　・キャッシュ型：裏付資産が社債やローンなど現物資産で構成されるもの。
│　・シンセティック型：CDSを裏付資産とするもの（すなわち、信用リスクのみを
│　　移転したもの）。
├ オリジネート別
│　・バランスシート型：オリジネーター（銀行等）のバランスシートからポート
│　　フォリオを構築するもの。
│　・アービトラージ型：マーケットから社債やローンを購入してポートフォリオを
│　　構築するもの。裁定機会をねらって、CDOを低いコストで調達し裏付資産を高
│　　い利回りで運用することから、この名称で呼ばれる。
├ スキーム別
│　・キャッシュフロー型：裏付資産のキャッシュフローをリターンの源泉とするもの。
│　・マーケットバリュー型：裏付資産のキャッシュフローのみならず、その市場価
│　　格と流動性をリターンの源泉とするもの。アセット・マネージャーにより裏付
│　　資産の入替が積極的に行われる。
└ 運用別
　　・スタティック型：発行日から償還日まで裏付資産の構成が変わらないもの。
　　・マネージド型：アセット・マネージャーが裏付資産の期中入替を行うもの。

ドと呼ばれていた。グローバル金融危機の際に、巨額の損失が発生したの
は、ABS CDOなどの再証券化商品であり、1次証券化商品の根源的な損失
（元本毀損等）は限定的であったといえる。BBB、A格のものを集めて再証
券化することでAAA格の商品を生み出せるマジックは、優先劣後構造によ
る信用補完に加え、相関の低い商品を組み合わせることで生じる分散効果に
よりデフォルト確率が下がるという前提にあったのだが、グローバル金融危
機の際には、想定した分散効果は得られなかったことが明らかになってい
る。こういった格付精度の問題もあり、格付に依存しすぎたリスク管理は修
正される方向で規制は強化されつつある（第3章参照）。

　危機の源泉は再証券化商品にあったが、堅牢な優先劣後構造で元本毀損リ
スクが僅少な1次証券化商品の価格もこの時期大きく下落した。図表2−23
に2008年1月以降のCard ABSとCLOの価格推移を示した。この金融危機の
時にも結果的に元本毀損が生じることなくストラクチャーの堅牢さが証明さ

れたこれら商品の最シニア・トランシェは、その後徐々に価格が回復（スプレッドがタイト化）していった。

CLOを次に紹介する。図表 2 −24にキャッシュ型かつアービトラージ型のCLOのスキーム図を示す。CLO（Collateralized Loan Obligation：ローン担保証券）とは、レバレッジド・ローン（Leveraged Loan）を裏付資産とする証券化商品である。レバレッジド・ローンとは、非投資適格企業向けの優先担保付ローンのことで、具体的には、①債務格付が非投資適格（BBB-/Baa3未満）、②債務／EBITDA[24]比率が3.0倍以上、③発行時のスプレッドがLibor+125bp以上のいずれかに該当するもの。同ローンは、デフォルト時の返済順位が高い（優先債務）、担保付き、コベナンツ[25]あり、変動金利でスプレッドが厚い、市場で売買可能といった特徴を有しており、非投資適格企業の発行する社債と比べても、スプレッドの安定性が高い、デフォルト率が低い、回収率が高いなどの優位性をもっている。ここで、アービトラージ型というのは、マーケットからローンを購入し、その高いスプレッドと資金調達手段であるCLOの発行コストとの差が運用マネージャーおよび劣後（エクイティ）の投資家の収益の源泉となることから、こう呼ばれる。

CLOでは、裏付資産の選定・売却等は運用マネージャーに一任されるが、運用マネージャーは投資家へコミットした複数の運用ガイドライン（優先第一抵当付債務の組入比率、一債務者当りの組入比率、一業種当りの組入比率、CCC格債務者の組入比率、社債の組入比率など）を遵守しなければならない。運用ガイドラインに抵触した場合には、当該数値が改善するような取引しかできない。運用の結果としてのパフォーマンス（裏付資産の状態）をテストするものとしてICテストやOCテストがある（図表 2 −25参照）。同テストに抵触すると、金利や元本の支払優先順位が変更となり、シニア債が早期に償

---

24 Earnings Before Interest, Tax, Depreciation, and Amortizationの略。「利払い前・税引き前・償却前利益」と訳されるが、一般に営業利益を使うことが多い。

25 コベナンツ（Covenants）とは、社債やローンでの資金調達の際に、資金提供側の不利益が生じた場合に契約解除や条件の変更ができるように契約条項中に盛り込まれる、制限条項あるいは誓約条項のこと。

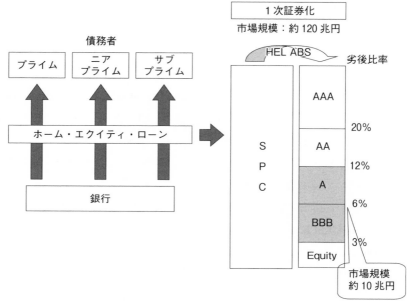

図表 2 −22　HEL ABSの仕組み

（出所）　三菱東京UFJ銀行（当時）CPM部作成（計数は2008年当時のもの）。

還される仕組みとなっている。シニアICテスト[26]とは、裏付資産の金利収入
（A）をシニア債の金利を支払うために必要な金額（B）で割った比率（A／
B）[27]が一定値を保たなければ下位の債券は利息を受け取ることができない
という仕組み。シニアOCテスト[28]とは、裏付資産の額面総額（A）をシニア
債の額面総額（B）で割った比率（A／B）[29]が一定値を保たなければ下位の
債券は元本を受け取ることができないという仕組み。これらが、シニア債の
安全装置として働く。

　最後にRMBS（Residential Mortgage-Backed Securities：住宅ローン担保証

26　Interest coverage testの略。
27　数値が大きいほど安全度が高い。
28　overcollateralization testの略。
29　数値が大きいほど安全度が高い。

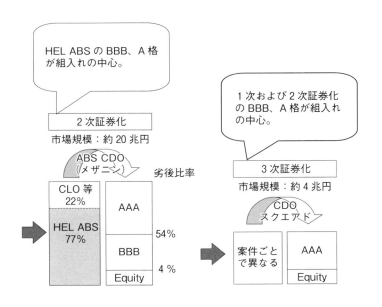

　券）を紹介する。ここでは、英国の優良債務者向住宅ローン債権[30]を裏付資産とするUK-RMBSのスキームを図表2－26に示す。図表で示すとおり、単一の資産プールを裏付けに複数シリーズの債券を発行するマスタートラストスキームとなっている。各債券の予定償還期間は3～5年と短めであるが、償還原資が住宅ローンからの返済金（不足時はオリジネーターからの資金拠出もあり）に限定されているため、返済速度が極端に遅くなった場合でも償還可能とするために法定満期は30年以上の超長期となっている。スキーム上、

30　優良債務者（プライム）の明確な定義はないが、投資目的ではない居住用住宅が対象、信用力の高い債務者向け、LTVが低い、第1順位抵当権付、リコースローン限定（米国はノン・リコースが多い）などの特徴がある。また、英国には米国のGSEや日本の住宅金融支援機構のような政府系住宅金融組織は存在しないため、（他国に比べ）より信用力の高い層が対象となっている。

図表 2 −23　証券化商品の価格推移

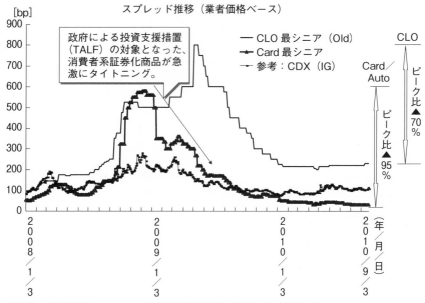

（出所）　業者価格をベースに三菱東京UFJ銀行（当時）CPM部作成。

図表 2 −24　CLOの仕組み

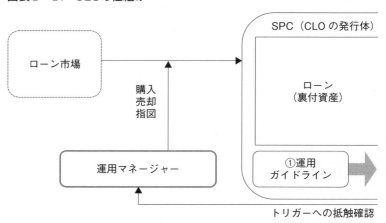

（出所）　三菱東京UFJ銀行（当時）CPM部作成。

セラー（住宅ローンの売主：オリジネーター）持分が存在し、セラー・パフォーマンス悪化などのトリガー（ノンアセットトリガーという）[31]に抵触した場合には、債券への償還がセラー持分に優先して始まる等の安全装置が備わっている。また、裏付資産からの回収金はまず最初にリザーブ勘定の充当に充てられるルールとなっており、CPR[32]が低下した場合でも回収金を確保できる仕組みとなっている。

　オリジネーターは、このRMBSプログラムを重要なファンディングツールと位置づけており、格付維持、トリガー回避の強いインセンティブを有している。CPRの低下等で償還原資が不足する場合には、オリジネーターが資金注入（Class Zの発行）をするのが一般的である。ただし、ノンアセットトリガーに抵触し、償還期間が延長されたた事例は過去に1度だけ生じている。2008年2月、オリジネーターであるノーザンロックが国有化され、その後トリガーに抵触した。リーマンショック後の証券化商品の流動性が枯渇しているなかでの抵触だっただけに、市場は混乱し、クラスA（最上位）の債券でも30円近い下落となった（その後、価格は95円程度まで回復した）。RMBSに投資する際には、この期間延長リスクには留意する必要があろう。

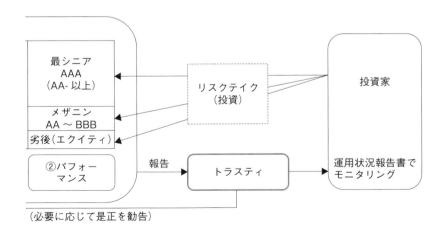

図表2−25　ICテストとOCテスト

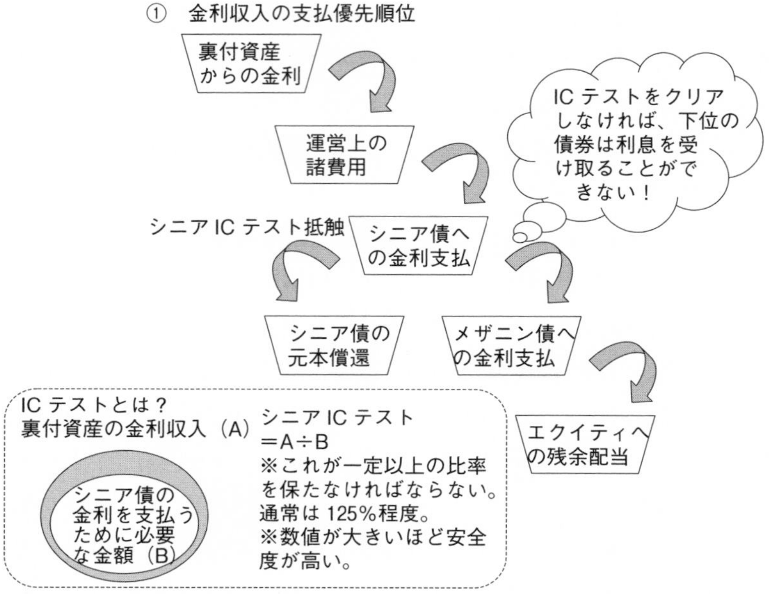

① 金利収入の支払優先順位

裏付資産
からの金利

運営上の
諸費用

ICテストをクリア
しなければ、下位の
債券は利息を受け取ることがで
きない！

シニアICテスト抵触

シニア債へ
の金利支払

シニア債の
元本償還

メザニン債へ
の金利支払

エクイティへ
の残余配当

ICテストとは？
裏付資産の金利収入（A）

シニア債の
金利を支払う
ために必要
な金額（B）

シニアICテスト
＝A÷B
※これが一定以上の比率
を保たなければならない。
通常は125％程度。
※数値が大きいほど安全
度が高い。

（出所）　三菱東京UFJ銀行（当時）CPM部作成。

---

31 このほかに、裏付資産のパフォーマンス悪化に起因するトリガー（裏付資産の累積損失額がクラスＡノートの劣後を超過する場合に抵触）であるアセットトリガーや格付トリガーなどの安全装置がある。ただし、アセットトリガーに抵触した場合には、セラー持分と債券への配分はプロラタ（比例案分）になっており、セラー持分に損失吸収的な役割はない。

32 Constant Payment Rateの略。住宅ローン債権プールの期限前返済率（含む約弁返済）を年率換算したもの。

② 元本償還金の支払優先順位

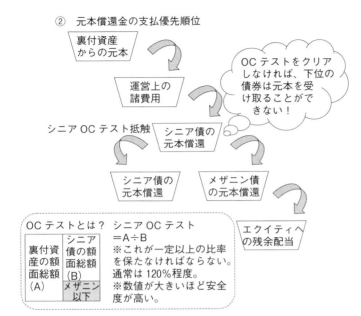

裏付資産
からの元本

OCテストをクリア
しなければ、下位の
債券は元本を受
け取ることがで
きない！

運営上の
諸費用

シニアOCテスト抵触　シニア債の
元本償還

シニア債の
元本償還

メザニン債
の元本償還

エクイティへ
の残余配当

OCテストとは？　シニアOCテスト
＝A÷B

裏付資産の額面総額（A）	シニア債の額面総額（B）
	メザニン以下

※これが一定以上の比率
を保たなければならない。
通常は120%程度。
※数値が大きいほど安全
度が高い。

図表2−26　UK-RMBSの仕組み

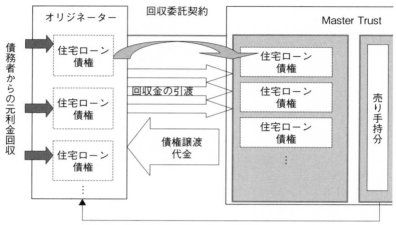

オリジネーター

回収委託契約

Master Trust

債務者からの元利金回収

住宅ローン債権

住宅ローン債権

住宅ローン債権

⋮

回収金の引渡

債権譲渡代金

住宅ローン債権

住宅ローン債権

住宅ローン債権

⋮

売り手持分

※セラー持分はオリジネーターが保有

（出所）　三菱東京UFJ銀行（当時）CPM部作成。

BOX 6　CDOのプライシング

　信用リスクのある金融商品のプライシングは、信用リスクのない金融商品の場合と同様、基本的には、将来発生するキャッシュフローの割引現在価値の和の期待値を求めることで行われる。CDOのような複数の原資産をもつ商品では、各原資産のデフォルト確率、負債額、回収率、原資産の間の相関[1]など多くのパラメータが必要となるが、特に、相関の推定が重要なポイントとなる。

　CDOの代表的なプライシング・モデルとしては、①2項展開法モデル、②クレジット・メトリックス型、③コピュラ・モデル、④デフォル

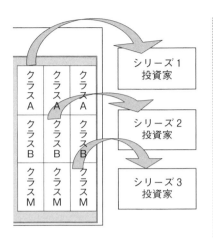

《Capital Structure（例）》

	劣後比率
クラスA	20%
クラスB	15%
クラスM	10%
クラスC	3%
リザーブ	3%

シリーズ1
投資家

シリーズ2
投資家

シリーズ3
投資家

ト強度モデルなどがある。以下、概観する。

① 2項展開法モデルは、ムーディーズがCDOの格付を決定する際に用いているもので、CDOの原資産ポートフォリオの損失額分布を2項分布で近似するモデルである。計算負荷はきわめて軽いが、ポートフォリオを構成する原資産数が相当程度大きくないと誤差が無視できないほどに大きいという欠点がある。

② クレジット・メトリックス型は、損失額分布に特定の分布を仮定しないシミュレーション手法で、デフォルト確率や相関などのパラメータを与え乱数を生成、キャッシュフロー発生時に原資産の価値が閾値を下回るとデフォルトと判定し、トランシェごとの損失の期待値を求めるというもの。

③ コピュラ・モデルは、原資産のデフォルト時刻を多変量確率変数と

してコピュラ[2]を用いて表現するモデル。デフォルト時刻を直接シミュレートするため、計算負荷が軽いというメリットがある。

④　デフォルト強度モデルは、（上記3モデルとは異なり）デフォルト確率が確定値ではなく確率変動するモデル。モデルの表現力は高いが、そのぶん推定が必要なパラメータが多く、計算負荷も高い。

これらモデルによるシミュレーションを行った小宮（2003）は、原資産間のデフォルト相関の度合いや原資産ポートフォリオの分散度合いにより各トランシェの期待損失率が大きく異なることを指摘している。

1　デフォルト事象そのものの相関をデフォルト相関、企業の資産価値の相関をアセット相関という。両者は1対1対応の関係にあるが、一般的にデフォルト相関のほうがアセット相関より小さい（デフォルト確率が小さいほど、この傾向は顕著）。実務的には、アセット相関は企業の株価収益率の相関、デフォルト相関はデフォルトに関するヒストリカルデータから推定することが多い。
2　多変数の分布関数とその周辺分布関数の関係を示す関数（変数間の相互依存関係を表現する）。信用リスク計測の際に各債務者間の依存関係について、コピュラを用いるケースが多くあり、バーゼルⅡにおけるリスクウェイト関数（1ファクターマートンモデル）もこれを用いたものである。

第3節　CPMの未来：抱える課題と将来像
（2010年当時からみた将来）

第1節では、リーマンショックに始まるグローバルな金融危機のなかで、CPMの進展はいったん頓挫せざるをえなくなったと触れたが、その後も一部金融機関では地道なCPM活動が継続されていた。そうしたなか、第3章で取り上げる「バーゼルⅢ」や「IFRS」などの環境変化や、第4章で取り上げるRAF（リスクアペタイト・フレームワーク）等銀行自身の取組みにおい

て、CPMへの期待が再び高まっている。本節では、まずCPMのさまざまな
ビジネスモデルを整理し、本邦にふさわしいCPMモデルを考える。そのう
えで、CPMをさらに深化させるための課題や新たな挑戦を展望する（これは
2010年当時からみた将来像であるので、現時点からみた評価を補記する）。

⑴　CPMのビジネスモデル類型

　グローバルには金融機関のビジネスモデルが多様に存在するように、
CPMのビジネスモデルにもさまざまなタイプがある。本項では、IACPM[33]
やマッキンゼー[34]が実施したサーベイの結果から、CPMのビジネスモデル、
組織の位置づけ、マンデートの変化（2010年当時）などを概観する。

　CPMのビジネスモデルを類型化すると、「ポートモニタリング」「アク
ティブアドバイザー」「クレジットトレジャリー」の３つに大別できる。
ポートモニタリングは、ポートの分析、モニタリングが主体でヘッジ操作等
は行わないモデル。アクティブアドバイザーは、貸出等を顧客部門（RM）
に残したまま、市場操作（出口での操作）やインフローマネジメント（入口
での操作）で集中リスクの削減や潜在業種（信用リスクが今後増大する可能性
のある業種）へのヘッジなどリスクのマネージをするモデル（第１節はこのモ
デルを前提に記述）。そしてクレジットトレジャリーは、RMからCPMに貸出
等を移転し、CPMの責任・権限でよりアクティブに操作するモデルである。
現在は、規模の小さい銀行はポートモニタリング、中〜大規模の銀行はアク
ティブアドバイザーという傾向にあり、クレジットトレジャリーは欧米主要
行のなかでもJPモルガンやドイツ銀行等一部の金融機関にとどまっている。
IACPMのサーベイ（図表2−27参照）によれば、５年後はクレジットトレ

33　IACPMは、International Association of Credit Portfolio Managementの略。2001年
　11月に設立された主要欧米邦銀行・保険等をメンバーとする国際業界団体。活動内容等
　は、ホームページ（http://www.iacpm.org）を参照されたい。本稿では、IACPMが
　2010年に実施した"Business Model For Portfolio Management"のサーベイ結果（公
　表ベース）を利用した。
34　"Active Credit Portfolio Management Survey 2010"（公表ベース）を利用。

ジャリーを志向している金融機関が多く、アクティブアドバイザーとクレジットトレジャリーが2大モデルになるというのが未来予想図になっている（残念ながら、本邦においてはクレジットトレジャリーは実現していない）。

　CPMの置き場はビジネスモデルに呼応し、規模の小さな銀行ではリスク管理部門に、中〜大規模の銀行ではビジネス部門に位置づけられる傾向にある（図表2−28参照）。また、市場操作を行う際には、非公開情報の有無は操作の制約要因[35]になる。パブリック組織とは、物理的・手続的な隔壁を設け、RM・与信所管部等が保有する非公開重要情報（MNPI[36]）から隔絶され

図表2−27　ビジネスモデル

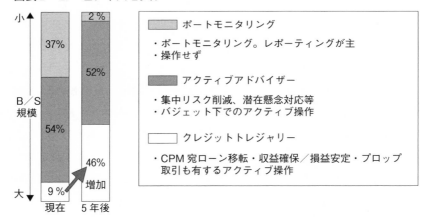

（出所）　IACPMが実施したサーベイより三菱東京UFJ銀行（当時）CPM部作成。

図表2−28　CPMの置き場

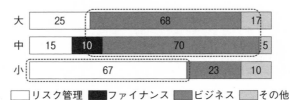

（出所）　IACPMが実施したサーベイより三菱東京UFJ銀行
　　　　（当時）CPM部作成。

た体制でアクティブな市場操作を可能とするもの。一方、プライベート組織は、非公開重要情報（MNPI）を遮断しないため、MNPIを保有する場合には市場操作ができないという制約を受けるが、RMにCPMの概念を浸透させたりインフローマネジメントを行うには効果的な組織だ。そしてハイブリッド組織はCPM内に両方の組織を併せ持つ形態である。図表 2 - 29に三菱東京UFJ銀行CPM部（当時）が独自に実施したヒアリングに基づき、各行の組織形態を整理した。

図表 2 - 30には、グローバル金融危機の前後でCPMのマンデートや操作対象ポートフォリオがどう変化してきたのかを整理した。集中リスクの削減、ポート分析情報の提供、インフローマネジメントへの取組みといった主要マンデートは危機の前後で不変であるが、グローバル金融危機の際に

図表 2 - 29　組織の建付け（パブリックとプライベート）

BS規模	パブリック組織	ハイブリット組織	プライベート組織
($Bn) 2,000	JP Morgan（米）	Bank of America（米）	
1,500		CITI（米） 2012年、移行◀ ── BNP Pribas（欧）	BTMU（日）
1,000	Barclays Capital（欧）	RBS（欧） Deutsche Bank（欧）	SMBC（日）
500	Westpac（亜）	みずほCB（日）	Societe General（欧）
			Standard Chartered（亜）

（出所）　ヒアリング結果より三菱東京UFJ銀行（当時）CPM部作成（2010年当時）。

35　インサイダー取引規制との関係が問題となる。信用リスクの売り手と買い手の間に大きな情報格差が存在している可能性を疑われるような状況に対応するために、非公開情報の公正な取扱いルールを定めておく必要がある。

36　Material Non-Public Informationの略。

図表2−30 CPMのマンデートおよび操作対象ポートフォリオ

(単位：%)

マンデート	2009／3月	2011／3月
集中リスクの削減	94	77
ポート分析情報の提供	67	74
インフローマネジメント	65	70
潜在懸念への対応	59	57
経済資本の解放／有効活用	47	60
規制資本の解放／有効活用	61	51
PLボラティリティマネージ	39	53
リスク・リターンの改善／向上	43	58
規制変化対応	—	43

※複数回答有り

操作対象ポートフォリオ	2006	2010
コーポレートローン	65	71
不動産	29	41
SME／ミドルマーケット	41	50
カウンターパーティー・リスク	25	33
リテール／コンシューマー	15	16
ソブリンリスク	20	24
ストラクチャーファイナンス	43	45
株式	9	11

(出所) IACPM、マッキンゼーが実施したサーベイより三菱東京UFJ銀行（当時）CPM部作成。

CDSを使ったヘッジ操作により財務収益が大きく変動した事態を受け、PLボラティリティマネージがマンデートに加わっている。また、バーゼルⅢ等の規制強化を受け、銀行全体としては規制資本への対応が高まっているとみられるが、CPMはこれを本質的にサポートすべく経済資本の解放／有効活

用、リスク・リターンの改善／向上がマンデートとして意識されている。操作対象ポートフォリオに関しては、引き続きコーポレートローンがその中心であるが、不動産、SME／ミドルマーケット、カウンターパーティー・リスク等が新たに加わっている。また、邦銀特有のニーズかもしれないが、株式を操作対象としているCPMもある。

⑵　本邦CPMの目指す姿（私論）

前項のサーベイ結果は、グローバルにはCPMの将来像としてクレジットトレジャリーを志向している金融機関が多いことを示している。また、「金融機関における経済資本の活用と経営効率の向上」をテーマとした日本銀行主催のワークショップにおいても、内田（2012）は、図表 2 –31に示すようなTP（トランスファープライス：移転価格）の機能を使い与信ポートフォリオ管理部署に信用リスクを移転[37]する体制が経営効率の向上につながることを、理論的な考察とともに主張している。

本邦においてもCPMが導入された当初は、CPMの発展型としてクレジットトレジャリーを志向していた先が多かったように思う。しかしながら、グローバル金融危機は、米国という高度かつ複雑に発展した市場型間接金融の

図表 2 –31　信用リスクのトランスファー

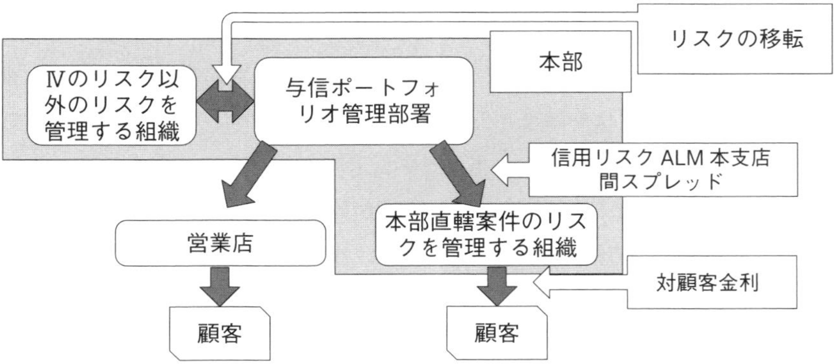

（出所）　内田（2012（未定稿））より抜粋。

仕組みのもとで発生し、行き過ぎたO&D（Originate & Distribute）型ビジネスモデルが、形骸化した審査と安易な貸出実行を生み、それが危機の種を蒔き、増幅したとされている。その後、伝統的な金融ビジネスモデルへと回帰する動きが強まった。さらに、危機が起きた際には、商業銀行（特に邦銀）は十分な資金供給を必要な先に行い、経済を安定化させることが求められることなどを考えると、一部欧米行で採用しているクレジットトレジャリー型モデルが商業銀行にそのまま当てはまるとも思えない。邦銀の強みは、顧客との強固なリレーションシップに基づく審査能力等にあることに鑑みれば、貸出等はRMに存置したままCPMが入口、出口の双方で働きかけるアクティブアドバイザーのモデルを深化させることが邦銀の目指す道ではないかと筆者は考える。もちろん、価格の透明性を高めるTPの仕組みなどクレジットトレジャリー型のよい面を部分的（欧米等の非日系案件や大口案件）に取り入れる努力は必要である。

　本邦においては、アクティブアドバイザーのモデルを深化させ、さらにクレジットトレジャリー型のよい面を一部取り入れるためには、克服しなければならない課題も多い。図表2-32にその概念図を整理した。市場の流動性向上とリスク・リターンの考え方の浸透、そして操作対象ポートの拡大は相互に関連し合っており、それらが悪循環に陥っている（リスク・リターンの考え方が浸透していないから、クレジット市場の参加者が少なく流動性に乏しい。そのために、操作対象ポートも拡大できない。それゆえに、リスク・リターンの考え方が浸透しない……）。市場の流動性向上に関しても、参加者の裾野と価格の妥当性と流動性はやはり相互に連関しており、三すくみの状況に陥っている（図表2-33）。会計上の手当て[38]やCCP等のインフラが整備され、使い勝手がよくなることで好循環へと逆回転が始まることを期待したい（リスク・リターンの考え方浸透やCCP等のインフラ整備は一定程度進んだが、残念な

37　具体的には、（実務的な困難さは認識しつつも）信用リスクを計量比較可能なリスクと計量化困難なリスクに分類し、前者を本部（与信ポートフォリオ管理部署）が管理し、後者を営業店が管理する体制を提唱している。与信集中等はTPを通じたコントロールで回避することを想定している。

図表2−32　アクティブアドバイザー型とクレジットトレジャリー型

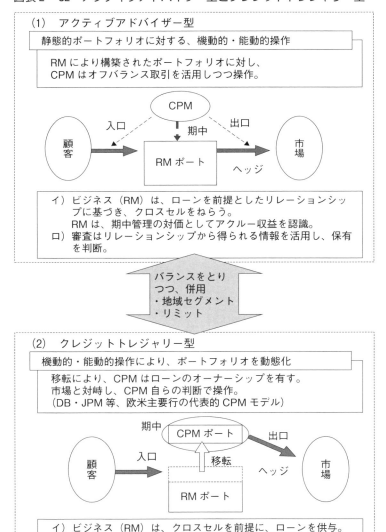

（1）　アクティブアドバイザー型

静態的ポートフォリオに対する、機動的・能動的操作

RMにより構築されたポートフォリオに対し、
CPMはオフバランス取引を活用しつつ操作。

CPM

入口　期中　出口

顧客　RMポート　ヘッジ　市場

イ）ビジネス（RM）は、ローンを前提としたリレーションシッ
　　プに基づき、クロスセルをねらう。
　　RMは、期中管理の対価としてアクルー収益を認識。
ロ）審査はリレーションシップから得られる情報を活用し、保有
　　を判断。

バランスをとり
つつ、併用
・地域セグメント
・リミット

（2）　クレジットトレジャリー型

機動的・能動的操作により、ポートフォリオを動態化

移転により、CPMはローンのオーナーシップを有す。
市場と対峙し、CPM自らの判断で操作。
（DB・JPM等、欧米主要行の代表的CPMモデル）

期中　CPMポート　出口

顧客　入口　移転　ヘッジ　市場

RMポート

イ）ビジネス（RM）は、クロスセルを前提に、ローンを供与。
　　RMは、ローン移転時にUpfrontで損益を認識。
　　RMにとって、ローンは他金融商品と同じ位置づけ。
ロ）CPMは市場知見を活用し、クレジットの安定性・方向性、
　　ポートの状況等により、保有を判断。

（出所）　三菱東京UFJ銀行（当時）CPM部作成。

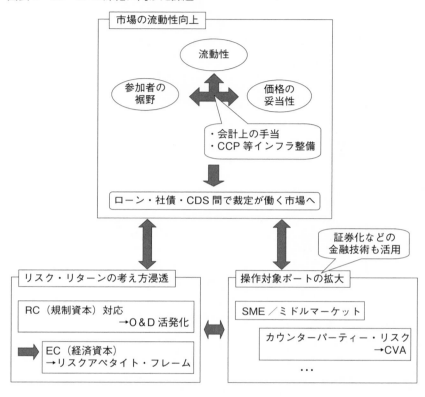

図表2−33　CPM深化に向けた課題

市場の流動性向上

流動性

参加者の
裾野

価格の
妥当性

・会計上の手当
・CCP等インフラ整備

ローン・社債・CDS間で裁定が働く市場へ

証券化などの
金融技術も活用

リスク・リターンの考え方浸透

RC（規制資本）対応
　　　　　　　　→O&D活発化

EC（経済資本）
　　→リスクアペタイト・フレーム

操作対象ポートの拡大

SME／ミドルマーケット

カウンターパーティー・リスク
　　　　　　　　　→CVA

…

がらいまだクレジット市場の流動性は乏しく逆回転が始まったとはいえない状況
である）。

　※市場の流動性が増し、信用リスクの移転が活発に行われるようになった
場合の社会的意義に関しては、２つの相反する効果が予想される。新谷／山
田（2010）の分析によれば、銀行のシャープレシオは上昇する（効率性が増

38　ヘッジ会計で手当てされるのが最も望ましいが、その可能性は残念ながらきわめて小
さい。2010年12月、IASBは公開草案を公表しそのなかで、CDSを用いたヘッジに関し、
公正価値オプション（FVO：Fair Value Option）を用いた３つの選択肢を示した。実
務上、使いやすいものとなるよう、働きかける必要があろう。

す）一方、１つの銀行の行動が均衡価格の変化を通じて他の銀行のポートフォリオ選択へも影響を及ぼしうることから、ショックに対して脆弱になる可能性が示唆されている。社会インフラ的には、システミックリスクに対する備えを強化する必要があろう。

(3) CPMの新たな挑戦

IACPMでは年に２回、国際的なカンファレンスを開き、CPMをめぐるさまざまなテーマを議論している。そのなかで、何度も取り上げられている「CVA」「ALMとの融合」「リスクアペタイト・フレームワークのなかでのCPM」の３つと邦銀特有の課題である「政策投資株式と与信費用の同時発生リスクへの対応」をCPMの新たな挑戦として取り上げる。

① CVA

CVA（credit valuation adjustment：信用評価調整）とは、デリバティブの取引相手（カウンターパーティー）がデフォルトした際の経済的損失に備え、あらかじめ引き当てておく（時価を調整する）ものである。BOX７で示すとおり、通常の貸出の引当金に比べ、エクスポージャーそのものも変化するため、その変動は大きい。リーマンショックに関しバーゼル委が行った調査によれば、カウンターパーティー信用リスクによる損失のうち、約３分の２がCVAによるもので、実際のデフォルトによる損失は約３分の１のみであった。こうした経験をふまえ、バーゼルⅢでは、CVA変動リスクに対する新たな資本賦課が求められることとなった（第３章参照）。

そのため、デリバティブ取引の多い欧米金融機関は、CVAを積極的にコントロールしている。TPを通じてカウンターパーティー・リスクをCVAデスクに移転するクレジットトレジャリー型のモデルで運営する金融機関が多い。CVAの変動要素は、カウンターパーティーの信用力のみならず、エクスポージャーそのものの変化にもあるため、ヘッジツールはCDS、金利・為替の先物、オプション等多岐にわたり、その操作はむずかしい。一部金融機関では、この機能をCPM部署が担っている。

BOX 7   CVAとは

〈**概　　念**〉

　デリバティブ取引の場合、カウンターパーティーがデフォルトした際に経済的損失が生じる可能性があることから、カウンターパーティーの信用力に応じてデリバティブ取引の時価評価を調整する必要がある。これが、CVA（credit valuation adjustment：信用評価調整）であり、貸出金に対して引当処理を行うのと同様である。

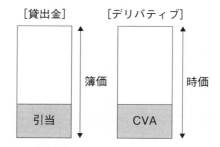

〈**エクスポージャーの把握**〉

　しかしながら、デリバティブ取引の場合、時価（エクスポージャー）が日々変化するというむずかしい側面がある。CVAを計測する際には、ある基準日時点のエクスポージャー（CE：Current Exposure）をベースとするのではなく、シミュレーション手法等で将来の時価変動を予測し、その期待値（EPE：Expected Positive Exposure）を計算のベースとするのが一般的である。

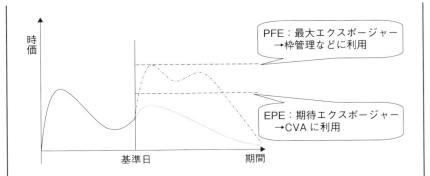

〈一方向CVAと双方向CVA〉

　デリバティブ取引のエクスポージャーは正負どちらにもなる可能性が
あるが、正負それぞれのエクスポージャーが内包する信用リスクには違
いがある。正のエクスポージャーはカウンターパーティーの信用リスク
を内包しており、上述した期待値（EPE）はこれを用いている。一方、
負のエクスポージャーは自分の信用リスクを内包している。

　このため、CVAもカウンターパーティーの信用リスクのみを内包す
る一方向CVAと、自分の信用リスクも勘案する双方向CVAの２種類が
ある。

> 一方向CVA
> 　＝（EPE：正のエクスポージャー）×（カウンターパーティーのPD・LGD）
> 双方向CVA
> 　＝（EPE：正のエクスポージャー）×（カウンターパーティーのPD・LGD）
> 　－（ENE：負のエクスポージャー）×（自分のPD・LGD）

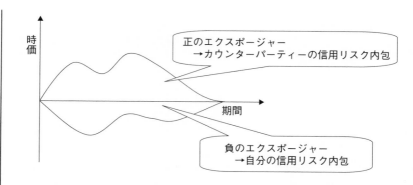

※自分の信用力を勘案するということは、負債（借入れや社債による調達など）を時価評価することと同義でもある。グローバル金融危機の際には、多額の損失計上で信用度が失墜した欧米金融機関が金融負債の時価評価で多額の利益を計上し、多くの批判を浴びた（この「負債のパラドックス」の問題に関しては、第3章第7節参照）。

② ALMとの融合

　リーマンショックの際、危機を大きく増幅したのは流動性の問題であった。そのため、バーゼルⅢでは流動性に対する新たな規制が導入されることとなった（第3章参照）。さらに、欧州債務危機の際にも流動性の問題に再び焦点が当たった。図表2-34に、IACPMが実施したサーベイを掲載したが、CPMにおいても流動性のマネージは重要な活動となりつつある。一部の欧州系金融機関ではドルの調達コストが急増したため、このコストを下げる目的で自らのアセットを活用した調達を活発化させた。ここにCPMのノウハウが活用されており、TPの設定等を含め、流動性のマネージを従来担ってきたALM部署とCPM部署の融合が、模索されている。

③ リスクアペタイト・フレームワークのなかでのCPM

　リーマンショックの反省点の1つに、資本や流動性やリスク管理能力に比し過大なリスクをとっていたということがある。VaRのような単一リスク指

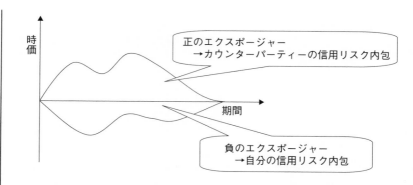
※図内テキスト：
時価
正のエクスポージャー
→カウンターパーティーの信用リスク内包
期間
負のエクスポージャー
→自分の信用リスク内包

図表 2 −34　CPMにおける流動性リスクへの取組み

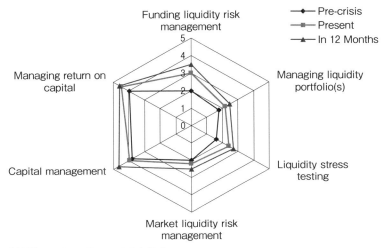

（出所）　IACPMサーベイより抜粋。

標ではリスクは把握しきれないし、さまざまな財務情報（資本、流動性、期
間損益、バランスシート構成等）とリスク情報の間の連携が不十分だと銀行包
括的な視点を欠いてしまうという問題である。そこで、各金融機関はリスク
アペタイト・フレームワークの構築、定着に努めている。リスクアペタイト
とは、リスク許容度やリスク選好度を示す言葉で、利益、バランスシート構
成、資本、流動性、許容損失などから構成される。似た言葉として、リスク
キャパシティーがあるが、これはステークホルダーの視点で許される最大の
リスクの量や種類（詳細は第4章参照）。当然のことではあるが、図表2−35
に示すとおり、リスクアペタイトはリスクキャパシティーの内側に設定され
る。

　リスクアペタイト・フレームワークとは、このリスクアペタイトを予算計
画策定、予実管理、業績評価という一連のPDCAサイクルに結びつけて運営
する枠組みのことを指す。CPMをこのフレームワークのなかで定義し直す

図表2−35　リスクアペタイト・フレームワーク

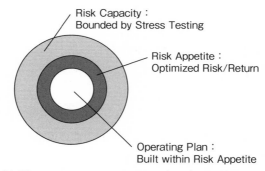

（出所）　IACPM General Meeting（2011）より抜粋。

ことが必要である。

④　政策投資株式と与信費用の同時発生リスクへの対応

　CPMは、不良債権処理に苦しんだ歴史から生まれたと述べたが、与信費用発生の裏にはマクロ経済の不振があるので、当然のことながら政策投資株式の減損が同時に発生することは多い（図表2−36◯部分参照。与信費用と株の減損が同時に発生している）。付合いの深い超優良企業に対しては、政策投資株式を保有するとともに、多額の与信を行うという集中リスクが発生しているのが一般的である。リーマンショックが本邦に大きな影響を与えたの

図表 2 - 36　与信費用と株の減損、

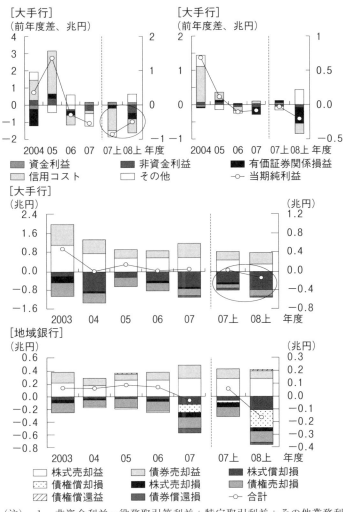

[大手行]
（前年度差、兆円）

[大手行]
（前年度差、兆円）

■ 資金利益　　　　■ 非資金利益　　　　■ 有価証券関係損益
■ 信用コスト　　　□ その他　　　　　　─○─ 当期純利益

[大手行]
（兆円）　　　　　　　　　　　　　　　　　　　　（兆円）

[地域銀行]
（兆円）　　　　　　　　　　　　　　　　　　　　（兆円）

□ 株式売却益　　　■ 債券売却益　　　　■ 株式償却損
▨ 債権償却損　　　■ 株式売却損　　　　■ 債権売却損
▨ 債権償還益　　　■ 債券償還損　　　　─○─ 合計

（注）　1　非資金利益＝役務取引等利益＋特定取引利益＋その他業務利
　　　　　　益－債券関係損益
　　　　2　信用コスト＝貸倒引当金純繰入額＋貸出金償却＋売却損等
　　　　　　なお、償却債権取立益等を含むネットベース。
　　　　3　地域銀行の2008年度上期は、預金保険機構からの資金援助
　　　　　　（約2,600億円）を受けた足利銀行を除く。
（出所）　日本銀行「金融システムレポート2009年 3 月」より抜粋。

は、直接的な被害ではなく株の下落を通じてであった。Tall Tree Cutの視点を含め、政策投資株式リスクのマネージは邦銀にとっていまだ残された大きな課題である。

　本項では、CPMの新たなチャレンジとして「CVA」「ALMとの融合」「リスクアペタイト・フレームワークのなかでのCPM」「政策投資株式と与信費用の同時発生リスクへの対応」の４つを取り上げた。CPMは定着しつつあるとはいえ、発展途上の組織である。今後も環境変化にあわせたチャレンジを絶やさず、さらに進化することを願う（この４つの項目は、現時点においても引き続き重要なチャレンジである）。

第3章

金融規制の潮流

本章では、危機を受けた後の規制強化の流れを概観する。ローカルなサブプライム問題がグローバルな金融危機へと拡大することを防止できなかった反省を受けて、二度とグローバルな金融危機を起こさない、納税者への負担は絶対に回避するとの決意のもと、G20やバーゼル委、FSB（金融安定理事会）などの国際的な枠組みのなかで、さまざまな規制が議論され、強化されてきた。危機の原因は、金融機関の過大なリスクテイクやその背後に潜むモラルハザード（いわゆるToo Big To Failの問題）・報酬のゆがみの問題、プロシクリカリティを助長する規制（バーゼルⅡ）の枠組み、複雑化した金融商品に対応しきれなかった監督体制やリスク管理、危機の伝播を助長する会計のルールやシステミック・リスクを防御できなかった市場の仕組み等、枚挙にいとまがない。

　そのため、規制が強化される項目はきわめて多岐にわたるが、まずは、バーゼルⅢを取り上げる。時期を明確に区分できるわけではないが、説明の都合上、序盤戦（第1節）・中盤戦（第2節）・終盤戦（第3節）に分けて解説する。

　序盤戦では、資本の質、さらには総損失吸収力（TLAC）や流動性に対し新たな規制を課すことに焦点が当てられ、さまざまな議論が展開されたが、いくつかの紆余曲折を経ながらも着地し、現在は段階実施の途上（資本規制は最終形の導入が完了したが、NSFR（後述）は未導入）にある。この資本の質に関する議論と流動性規制を第1節で取り上げる。

　次に、市場リスク（含む証券化商品）の補足精度の問題は、危機直後に緊急対応（バーゼル2.5）として強化されたが、その問題点は導入当初より指摘されており、3度の市中協議を経た後に2016年1月、「トレーディング勘定の抜本的見直し（FRTB）」として最終規則が公表された。また、銀行勘定が抱える金利リスクに関しては、欧州債務危機の発生により資本賦課を求める（バーゼルⅡでいう第1の柱）べきだとの議論が激しくなったが、本邦からの働きかけもあり、2016年4月、第2の柱（監督が検証）で決着した。このあたりの経緯を第2節で概説する。

　終盤戦に入ると、各金融機関が開発した内部モデルにより計測されるRWA（リスクアセット）のバラツキの大きさに焦点が移り、内部モデルの使

用を制限する、あるいは標準的手法による計測値でフロアを掛ける等の議論が長期化した後に、最終的には当初提案よりは緩和されたものの、内部モデルの使用は制限されることとなった。リスク管理上の問題点を含め、第3節で取り上げる。

　バーゼル規制の議論が続くなか、米国ではトランプ政権が誕生し、反グローバリズムの動きが加速している。国際金融エリートがつくるバーゼル規制はグローバリズムの象徴ともいえ、このまま着地せず漂流する可能性すらあった。その際に懸念されるのは、欧米各国が独自に「ドット・フランク法（米国金融規制改革法）」や、外国の大手銀行に中間持株会社の設立を求めより厳しい資本規制を課す「EPS（米国プルデンシャル規制）」「欧州版の中間持株会社（IPU）規制（案）」等の厳しい規制を定め域外適用するというグローバルな規制からマルチナショナルな規制に変質してしまうことである。通商分野において懸念されるグルーバルな枠組みであるTPPが米国との二国間交渉にとってかわられる場合と同様、本邦金融機関にとってはきわめて不利な状況に追い込まれる可能性がある。第4節では、それぞれの規制を概観した後に、さまざまな規制が乱立することの弊害を整理する。

　続く、第5節ではリスク源泉の拡大の一つとして、Libor指標を不正に提示したといわれるいわゆる「Libor問題」を取り上げる。法令順守（コンプライアンス）を越えて、顧客保護の観点、あるいは市場規律や健全な競争を阻害するものを広くコンダクト・リスクとしてとらえる流れを概説する。第6節では、本邦において現在関心の高い「AML（アンチ・マネーロンダリング）」と「FD（フィデューシャリー・デューティ）」の問題を取り上げる。第7節では、グローバル金融危機が起こる以前から会計における世界統一基準を目指していた「IFRS」の流れが金融危機を受けてどう変質したのか、他の規制の動向と整合的なのかを吟味する。

　最後の第8節では、規制強化の全体像を俯瞰する。パーツパーツではそれなりに意味のある規制も、全体でみれば相互に矛盾し非効率となることもある。グランドデザインの視点が欠けた規制強化の問題点を指摘し、バーゼルⅡ構築の際に志向していた"規制と監督と市場規律"のベストミックスを取り戻すべきことを提言する。

図表 3 − 1 　金融規制の潮流

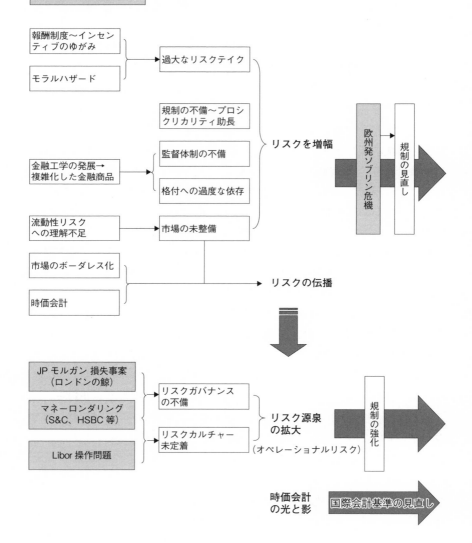

項目	主な内容	規制の枠組み	
業務範囲	○ボルカー・ルール …自己勘定取引の制限、ファンドへの投資制限、等	米国規制	第4節
	○リテールと投資銀行の分離（案）【リングフェンス】	英国規制	
外国金融機関への規制	○プルデンシャル規制	米国規制	
	○EU中間持株会社（IPU）規制（案）	欧州規制	
報酬	○報酬規制（say-on-pay、clawback など） ○ディスクローズの充実	米・英・欧規制	
破綻処理	○破綻処理プラン（リビング・ウィル）の作成【RRP】 ○秩序ある破綻処理の枠組み構築	米・英・欧・日規制	
資本	○資本の質充実 ○資本保全バッファー ○カウンターシクリカル資本バッファー ○G-SIFIsへの資本サーチャージ ○TLAC規制 ○レバレッジ比率	バーゼルⅢ	第1節
流動性	○流動性カバレッジ比率（LCR） ○安定調達比率（NSFR）		
リスク捕捉	○証券化商品の資本賦課枠組み見直し ○トレーディング勘定の抜本的見直し（FRTB） ○バンキング勘定の金利リスク規制（IRRBB）		第2節
デリバティブ	○カウンターパーティー・リスクの見直し ○清算集中されない取引に係る証拠金規制導入 ○中央清算機関の導入 ○電子取引基盤等の利用義務化 ○CDSの空売り規制	米・英・欧・日規制	第3節
		欧州規制	
格付機関	○証券監督者国際機構（IOSCO）への組込み ○格付を避けるインセンティブの導入	米・欧規制	
金融監督	○金融安定監督協議会（FSOC）の新設 ○ノンバンクをFRBの監督下に ○FRBのガバナンス強化	米国規制	
	○英、金融監督体制改革（PRAとFCA）	英国規制	
Libor等	○新たなレート提示プロセス【Wheatley Report】 ○行為規制（コンダクト・リスク）	英・欧規制	第5節
ガバナンス（リスク管理態勢）	○グループベース・リスク管理の強化 ○リスクアペタイト・フレームワーク（RAF）の構築 ○ストレステストの強化→資本規制	各国規制（濃淡あり）	第4節
IFRS9	○分類と測定 ○減損（予想信用損失モデルの適用） ○ヘッジ会計	―	第7節

RWAバラツキ

第1節 バーゼルⅢ序盤戦──資本の質と流動性規制

(1) バーゼルⅢの全体像

　「バーゼルⅢ」の骨格は、2009年12月にバーゼル委より公表された2つの市中協議文書「銀行セクターの強靭性の強化」と「流動性リスクの計測、基準、モニタリングに関する国際的枠組み」ペーパーで示され、その後、バーゼルⅢが主要国のマクロ経済に与える短期および長期のインパクトをスタディしたペーパーの公表（2010年8月）などを経て、その規制案や導入スケジュールが、2010年11月にソウルで開催されたG20サミットでいったんは合意された。しかしながら、図表3－2の導入スケジュールに示すとおり、実施されるまでには長いグランドファザリング期間が設けられており、かつ未決定の項目（資本サーチャージなど）も存在していた。さらに、その後に発生した欧州債務危機や新たなリスク事象により、改定範囲の拡大、内部モデルの使用の制限等枠組みの変質があったものの議論は収束（第2～3節）。枠組みはできあがった。ただし、2020年現在、導入が遅れている項目も存在している。

　バーゼルⅢの範囲はきわめて多岐にわたるが、その概念図は図表3－3に示すとおり、大きくは5つのパートに分かれる。第1に、所要自己資本を大幅に引き上げるとともにプロシクリカリティの抑制やシステミック・リスクに対応するために階層構造化した自己資本比率。第2に、銀行の存続（going-concern）を前提とした損失バッファーに着目したコアTier1資本概念の導入や資本の適格要件厳格化、控除項目の国際統一化を通じた資本の質の強化（純化）。第3に、グローバル金融危機が起きた際にリスクがきちんと捕捉できていなかったカウンターパーティー・リスク（CVAに対する新たな資本賦課）や、トレーディング勘定、証券化商品に対するリスク計測の強化

（資本賦課の増加）。第4に、（バーゼルⅡの売りの一つであった）リスク・センシティブな手法よりもシンプルさを重視したレバレッジ比率の導入。そして第5に、筆者の見解ではサブプライムのローカルな問題をグローバルな金融危機へと増幅した主犯である流動性に対する定量的な規制の導入である。

　本節では、この枠組みのうち、段階的導入が先にスタートした「資本」と「流動性規制」に関し、概説する。

(2)　資本の質の議論

　バーゼルⅢでは、最低所要自己資本の枠組みが大きく変わった。図表3－4に各種自己資本比率の階層構造、および最終ゴール地点（2019年初[1]）での最低所要水準をまとめた。後述する、純度の高い資本しか含まないコアTier1[2]という新たな概念を導入したうえで、従来の「最低所要水準（1階部分）」に加え、プロシクリカリティ（景気循環の増幅効果）緩和をねらった「資本保全バッファー（2階部分）」と「カウンター・シクリカル・バッファー（3階部分）」、さらにシステミック・リスクへの対応をねらった「資本サーチャージ（4階部分）」の4階建ての階層構造となっている。

①　資本の質の向上〜コアTier1の概念導入〜

　バーゼルⅡにおいては、自己資本比率の分子部分すなわち資本の議論はまったく手をつけられなかった。しかしバーゼルⅡ導入当初より資本の質に関しては問題意識があり、1998年にはシドニー合意が交わされた。すなわち「議決権付普通株式、公表準備金、内部留保をTier1の中心的な形態である」とするpredominantルールが設定され、配当・利払いのステップアップ等早期償還のインセンティブが生じる条項のついた商品に対し一定の制約を課すようにした。しかしその後も資本効率向上のインセンティブから資本と負債の双方の性格をもつような新しい商品[3]が開発され、自己資本の純度は落ち

1　ハイブリッド資本証券の自己資本上の扱いに関する10年間のグランドファザリングを考慮すると本当の最終ゴールは2024年初となる。
2　正式には、「普通株等Tier1」。

図表 3 - 2　バーゼルⅢの導入スケジュール

	2011年	2012年

分子の議論～資本の量・質の強化

自己資本の階層構造		
コアTier1概念の導入		
資本保全バッファー		
カウンター・シクリカル・バッファー		
資本サーチャージ	SIFIs選定、水準提示	
所要最低水準の引上げ		
Tier1最低水準		
総資本最低水準		
総資本最低水準＋資本保全バッファー		
資本の質の向上（純化）		
コアTier1からの段階的控除		
資本の要件（新基準）を満たさないハイブリッド資本証券等の扱い		

分母の議論～リスク捕捉の強化

カバレッジの拡大～CVA		
トレーディング勘定	2011年末適用	移行措置
証券化商品	2011年末適用	移行措置

流動性規制

流動性カバレッジ比率（LCR）	観察期間開始	
安定調達比率（NSFR）	観察期間開始	

補完指標

レバレッジ比率	モニタリング期間	

2013年	2014年	2015年	2016年	2017年	2018年	2019年

3.5%	4.0%	4.5%	4.5%	4.5%	4.5%	4.5%
			0.625%	1.250%	1.875%	2.500%
			カウンター・シクリカル・バッファー（0～2.5％）を段階的に導入			

4.5%	5.5%	6.0%	6.0%	6.0%	6.0%	6.0%
8.0%	8.0%	8.0%	8.0%	8.0%	8.0%	8.0%
8.0%	8.0%	8.0%	8.625%	9.250%	9.875%	10.500%

	20%	40%	60%	80%	100%	100%
2013年から10年間でフェードアウト						

2013年 1月1日施行
（2年間）
（2年間）

最低基準
導入

最低基準　※
導入

試行期間　2013年1月1日～2017年1月1日
開示は2015年1月1日開始

第1の柱へ

※導入の延期が決定された（導入時期は未定）

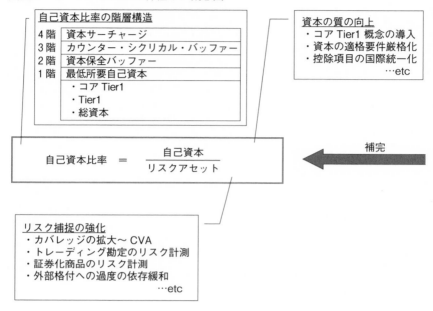

図表 3 - 3　バーゼルⅢの枠組み、概念図

ていった。

　そこで、バーゼルⅢでは、資本の質の強化（純化）にまず焦点が当たった。経営危機時に損失をすぐに吸収できる純度の高い資本、すなわち普通株と内部留保（その他包括利益を含む）のみからなる「コアTier1資本」という概念が導入された。「コアTier1資本」では、バーゼルⅡでTier1資本を構成していたハイブリッド資本（優先出資証券など）や、いざという時に機動的に活用できない資産は控除項目として取り除かれた。控除項目は後述するとおり、いくつかの問題点をはらみつつも国際的な統一を目指し広範化かつ厳格化された。バーゼルⅡで最低4％の水準を求められていたTier1資本の大半はコアTier1資本で占める必要があったために、実質2％のコアTier1資本

3　多くの商品は債券の形態をとることで、利払いの控除を通じ節税メリットも享受できた。

$$\text{レバレッジ比率} = \frac{\text{Tier1 資本}}{\text{BS 上の総資産＋オフバランス項目等}} \geq 3\%$$

流動性規制

$$\text{流動性カバレッジ比率} = \frac{\text{適格流動資産額}}{\text{資金流出額－資金流入額}} \geq 100\%$$

$$\text{安定調達比率} = \frac{\text{安定調達額}}{\text{所要安定調達額}} > 100\%$$

が最低基準であったわけだが、バーゼルⅢでは最低所要資本部分（1階部分）のみで4.5%（2.25倍）、これに資本保全バッファー（2階部分）を加えると7%（3.5倍）、G-SIBs[4]（グローバルなシステム上、重要な銀行）への資本サーチャージの最低値1.0%を加えただけでも8%（4倍）もの厚い自己資本[5]が求められることとなる。

リーマンショックの際には、米国の一部大手金融機関は厚めのTier1資本を有していたにもかかわらず、損失を吸収できず、公的資金を投入せざるをえなかったことから、資本の純度が強く求められることとなった。その結果、以下の項目についてはいくつかの問題点をはらみつつも国際的な統一を

4　Global Systemically Important Banksの略。
5　控除項目の拡充、厳格化の効果を勘案すれば、実質的にはさらに大きな影響があるとの指摘もある（大山（2011）からの孫引き、Masters／Brooke（2010））。

図表3－4　各種自己資本比率の階層構造、および最低所要水準

4F	資本 サーチャージ		+1.0〜3.5%	システミック・ リスク対応
3F	カウンター・ シクリカル・ バッファー		+0.0〜2.5%	プロシクリカ リティ緩和
2F	資本保全 バッファー		+2.5%	
1F	最低 所要水準	BIS（総資本）	8.0%	
		Tier1	6.0%	
		コアTier1	4.5%	

目指し厳格化された。

・ハイブリッド証券……Tier1資本に算入するためには高い損失吸収力をもつ必要があり、従来のgone-concernの基準である全額払込みずみであること、劣後性と永続性に加えgoing-concern、すなわち事業を継続しつつ損失を吸収できること、という条件が重視される。なお、コンティンジェント・キャピタル[6]に関してはコアTier1に含める方向で議論されていたが、最終的には含まれないこととなった。

・繰延税金資産（DTA）……going-concernベースの資本ともいえるが、足下の危機に対する損失吸収力がまったくない（あるのは将来における損失吸収力のみ）ため、全額控除すべきという意見もあったが、最終的には各国の事情（特に本邦）も勘案され普通株式等の10%までは算入可能となった。

・のれん、および無形資産……バーゼルⅡにおいては、無形資産のうちのれんのみがTier1から控除されていたが、バーゼルⅢではその他無形資産もコアTier1から控除される。本改定は、会計制度の違いやビジネスモデル

6　コンティンジェント・キャピタルとは、経営破綻などの一定の条件が発生した場合に株式に強制転換したり、債務の返済が猶予される等の特約条件がついた証券のこと。

図表3－5　バーゼルⅢにおける資本の構成

現　状		バーゼル Ⅲ	
Tier3	・短期劣後債、ローン	（Tier3）	（廃止）
Tier2	・その他有価証券評価差額の45％ ・土地の再評価額の45％ ・一般貸倒引当金（上限有り） ・適格引当金のEL超過額 ・永久劣後債務（Upper Tier2） ・期限付き優先株、劣後債務（Lower Tier2）	Tier2	・一部の優先出資証券、劣後債、劣後ローン ・一般貸倒引当金
Tier1 控除項目	・国内預金取扱金融機関への出資（ダブルギアリング規制） ・自己株式（金庫株） ・その他有価証券評価損 ・繰延資産超過額 ・のれん、その他無形資産	Tier1 控除項目	・国内外金融機関への出資（ダブルギアリング規制＋α） ・自己株式（金庫株） ・その他有価証券評価損 ・繰延資産超過額（欠損金） ・のれん、その他無形資産（モーゲージ・サービシング・ライツを除く） ・確定給付退職金年金資産
その他	・優先株（社債型、転換型） ・優先出資証券（ステップアップ有りを含む）	その他	・優先株 ・高い損失吸収力をもつ資本証券
コア	・普通株（含む資本剰余金） ・内部留保	コア	・普通株（含む資本剰余金） ・内部留保 ・その他包括利益

の違いにより、大きな差異を生むこととなる。たとえば、邦銀の場合、資産規模の大きいソフトウェアが無形固定資産に分類されているが、欧米金融機関では有形固定資産に分類されているケースが多く、会計制度の違いにより有利・不利が発生する[7]。また、米銀ではMSR（モーゲージ・サービ

シング・ライツ)[8]の資産に占める比率が大きく、その影響が懸念されていたが、最終的には普通株式等の10％までは算入可能となった。

・確定給付年金資産……確定給付年金資産がコアTier1から控除される。これは、年金基金から生じる資産は、銀行の預金者およびその他の債権者の保護のために引き出せる性質のものではないことからとられる措置である。邦銀の場合、退職給付制度において確定給付型の年金制度を採用していることが多く、その影響は大きい。ただし、現行会計上認識されていないネット負債が（裏側で）存在しているので、実質的な積立不足額がコアTier1から控除されると位置づけられる。

・他の金融機関への出資（ダブルギアリング）……バーゼルⅠの時から、ダブルギアリング規制のなかで、金融機関間の「意図的な」株式の持合いは自己資本から控除されていた。これは、自己資本の水増しとシステミック・リスク（ある金融機関の破綻が他の金融機関の破綻へとつながりやすくなる）を抑制するためにとられた措置だが、バーゼルⅢでは保有の意図にかかわらず、原則すべて控除される方向で議論が進められた。そうなった場合の地銀を中心とする邦銀への影響が懸念されたが、最終的には10％を超える部分のみが控除されることとなった。ただし、最終的に10％までの資本算入が認められることとなった本件（連結対象外金融機関への出資）と、前述した繰延税金資産（DTA）、モーゲージ・サービシング・ライツ（MSR）を合わせ15％までというキャップが課せられた。なお、危機的状況にある金融機関に対する出資は、当局からの事前の承認を得られれば控除対象から除外される。

・有価証券含み損益……現行のバーゼル規制では、一部の国において特定の有価証券含み損が控除されない扱いとなっていたため、これを是正するべ

7　ただし、各国の会計基準とIFRSに差異がある場合、IFRSの無形資産の定義を適用することが認められた。
8　Mortgage Servicing Rights。住宅ローンの元本や利子等キャッシュフローを回収する権利。米銀は、住宅ローンを実行してから即座に証券化し、元利金の回収業務のみを銀行に残すケースが多いため、MSRが資産に占める割合が高い。

くバーゼルⅢでは有価証券含み損益をコアTier1資本から控除することが明記された。本邦では、現在でも原則、自己資本から税効果[9]調整後の全額（約60%相当）が控除されている[10]。

② 自己資本比率の階層構造

・資本保全バッファー……2階部分の「資本保全バッファー」は、損失が発生し資本が取り崩されるストレス期間を除いた時期には、最低所要自己資本を超過する資本の保持を求めるものである。この水準を満たさなかったときには、国が経営に直接介入する早期是正措置等が発動されるわけではないが、配当の支払停止等株主の負担が求められることになる。この枠組みにより、損失が発生しているにもかかわらず寛大な利益配分で資本が減少したという前回のグローバル金融危機でみられた弊害を抑え、リスクマネーの提供という銀行本来の業務への悪影響を軽減することをねらっている。もっとも、金融機関が配当制限を嫌い、いわゆる「貸し渋り」や「貸し剥し」などのリスクアセット削減で対応すれば元も子もないということになってしまう（これを抑える仕組は用意されていない）。2016年に1階＋0.625%の水準で導入された後、段階的にステップアップされ、2019年には1階＋2.5%、すなわちコアTier1であれば4.5＋2.5＝7％の水準が求められるようになった。

・カウンター・シクリカル・バッファー……3階部分の「カウンター・シクリカル・バッファー」は、マクロ金融環境の状況に応じ可変的な資本バッファーを求める仕組みである。過度な信用拡大期の後の景気後退局面において、銀行セクターで巨大な損失が生じる可能性があることから、過剰な総信用の拡大があると判断される局面では、リスクの積み上がりの状況に

---

9 「会計上の資産・負債」と「税務上の資産・負債」に相違がある場合、法人税などの金額を調整する（税金を期間配分）ことにより会計上の税引後利益を適正化するもの。

10 ただし、2011年度までは、金融危機のインパクトを軽減する目的で導入された「銀行等の自己資本比率規制の一部弾力化」措置（2008年12月、金融庁）により、国際統一基準行は国債、国内基準行は国債・株・社債の含み損益を自己資本に反映させないことも選択できる。本措置は、2013年度末まで延長された後に恒久化された。

応じ0～2.5％の間で可変的に追加的な資本の積み上げが求められる。この仕組みは、自国のポートフォリオだけでなく信用エクスポージャーを有するすべての国、地域で発動される資本バッファーの加重平均として計算される。デフレ、低成長下にある本邦においては、この影響は小さいと期待されているが、ポートフォリオの構成によっては相応のインパクトを受ける可能性がある。たとえば、アジア向けのエクスポージャーが全体の3割ある銀行の場合、アジア地域のカウンター・シクリカル・バッファーが2.5％になると、日本が0％だとしても0.75％（＝0％×70％＋2.5％×30％）の追加資本が求められることになる。クレジット・サイクルの判断方法等詳細は今後検討されるが、バーゼル委はインディケーターの一例として、貸出残高／GDP比率推移のトレンドからの乖離をあげている。いずれにせよ、各国当局には、金融政策、財政政策に並ぶ第3のマクロ経済政策手段が用意されることとなる。どういう主体（本邦でいえば金融庁、もしくは日銀が想定される）が、どういうポリシー、ガバナンスで運営するのか、慎重に検討する必要があろう。なお、この水準を満たさない場合には、資本保全バッファーと同様に、配当等の社外流出制限を受けることとなる。また、経過措置も資本保全バッファー同様、2016年から2019年にかけて段階的に導入される予定である。2019年には景気拡大期に最大で1階＋2階＋2.5％、すなわちコアTier1であれば4.5＋2.5＋2.5＝9.5％というきわめて高い水準が求められる。

・資本サーチャージ……4階部分の「資本サーチャージ」は、グローバルなシステム上、重要な銀行（G-SIBs）に対し、その重要性に鑑み追加的な所要自己資本を求める仕組みであり、システミック・リスクに対するバッファーと位置づけられる。システミックに重要な銀行は、ひとたび破綻すると株主や預金者といった当該銀行のステークホルダーにとどまらず、他の金融機関や金融システム全体、さらにはマクロ経済全般に対して広くかつ多大な影響を与える（いわゆる「外部不経済」が大きい）ことから、その備えとしてより大きな自己資本を求めようという発想である。FSBは、

図表 3 - 6　G-SIBsのリスト（2016年11月時点）

上乗せ水準	グループ数	銀行グループ名
3.5%	0	
2.5%	1	【米】JPモルガン・チェース
2.0%	3	【米】シティ、【英】HSBC、【独】ドイツ銀行
1.5%	8	【米】バンク・オブ・アメリカ、ゴールドマン・サックス、ウェルスファーゴ、【英】バークレーズ 【スイス】クレディ・スイス、【日】MUFG、【中】中国工商銀行、【仏】BNPパリバ
1.0%	18	【米】モルスタ、BNYメロン、ステート・ストリート、【英】RBS、スタンダード・チャータード 【仏】クレディ・アグリコル、ソシエテ・ジェネラル、BPCE、【スイス】UBS、【スペイン】サンタンデール、【伊】ウニクレディト、【オランダ】ING、【スウェーデン】ノルデア、【日】みずほ、三井住友 【中】中国建設銀行、中国農業銀行、中国銀行
計	30	

　G-SIBsを規模、相互連関性、代替可能性、国際的活動、複雑性の５つのカテゴリーに対応した12の指標をスコア化[11]して判定し毎年公表している。2016年11月時点のG-SIBsリストを図表３－６に示すが、G-SIBsに認定された30金融グループが同スコアに応じ上乗せ水準1.0～3.5の５グループに振り分けられている。ビジネスモデルが大きく異なりローリスク・ローリターン型ともいえる邦銀もG-SIBsの対象となっており、規制の主旨とは異なり、よりリスクをとるビジネスモデルへの変革を迫られているともいえる。

11　2017年３月、バーゼル委はG-SIBsの選定手法の変更に係る市中協議文書を公表している。代替可能性カテゴリーにおける指標の追加等を提案している。

(3) TLAC規制

2015年11月、金融安定理事会（FSB）は、G-SIBsに対して「総損失吸収力（TLAC）」の確保を求める最終規準を公表した。これは、リーマンショックの際に問題となった「大きすぎて潰せない（Too Big To Fail)」への対応の一環として検討され、導入されることになったものである。Too Big To Failとは、①大規模金融機関が破綻した場合、金融システムが機能不全に陥る可能性があること、②金融機関を公的資金で救済した場合、納税者に負担がかかる可能性があること、③救済される可能性が高い場合、金融機関にモラル・ハザードが生じる可能性があること、等から生じる問題である。FSBは、これらの問題に対し、破綻した場合に金融システムへの悪影響が大きい銀行であるG-SIBsを特定したうえで、①G-SIBsに対する所要自己資本の上乗せ（前述した資本サーチャージ）、②各国破綻処理制度の改善、③破綻処理計画（RRP[12]）の事前作成、等の対応を進めてきた。さらに、この枠組みを補うために、④G-SIBs破綻時の損失を株主だけでなく債権者にも損失を負担させる（図表3－7参照）ことで、納税者負担を伴わない破綻処理を

図表3－7　TLACを用いた破綻処理のイメージ

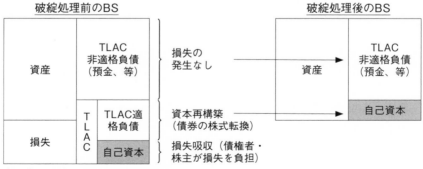

（出所）　みずほ総合研究所より抜粋。

---

[12] Recovery and Resolution Plan（再生・破綻処理計画）。第4章第2節（p.239〜）で後述。

可能とする枠組みを検討した。それが、破綻時に元本削減または株式転換により損失を吸収できる負債等から構成されるTLAC（総損失吸収力）であり、バーゼルⅢ自己資本規制の追加規制として導入されることとなった。

　TLACの構成要件や所要水準の決定いかんによっては邦銀への多大なインパクトが懸念されたが、侃侃諤諤の議論の末、最終的には、①バーゼル規制資本はTLAC適格となったこと、②預金保険制度の強靭性が認められRWA比2.5～3.5％に相当するTLACの算入が認められたこと（図表3－9で示す特例分だけ所要水準が引き下げられることを意味する）、③持株会社による発行であればシニア債にTLAC適格が認められたこと、で本邦G-SIBsにとっても対応のメドが立ったといわれている。

　TLACには、破綻時に元本削減や株式転換によって損失を吸収する負債を算入できるが、具体的には、①破綻処理エンティティが発行・維持、②グループ内部から調達していない、③債権の優先順位が預金保険対象預金等の除外債務より劣後していること、④無担保、⑤満期までの期間が1年以上等の条件を満たす必要がある。大きな争点になったのが、③の劣後要件を充足させる方法である。当初は、「契約によって劣後させる方法」「法令によって劣後させる方法」のみが想定されていたが、「構造による劣後（除外債務をもたない持株会社等の破綻処理エンティティが発行することによって劣後させる方法）」が加えられた。

　また、各G-SIBsの破綻処理戦略によって規制の適用の仕方が異なるのもTLACの特徴である。図表3－8にSPE（Single Point of Entry）とMPE（Multiple Point of Entry）という2つの破綻処理戦略の概念図を示した。SPE戦略とは、金融グループの母国当局がグループ全体の破綻処理を一括して実施するアプローチで、グループを構成する銀行子会社や証券子会社で発生した損失は、国の内外を問わず持株会社が発行するTLACで吸収される。一方、MPE戦略では、グループ内の個々の子会社に対してそれぞれの当局が破綻処理を行うことになる。したがって、SPE戦略では持株会社のみにTLAC（外部TLAC＝図で示す網掛け部分）の保有が求められるのに対し、MPE戦略

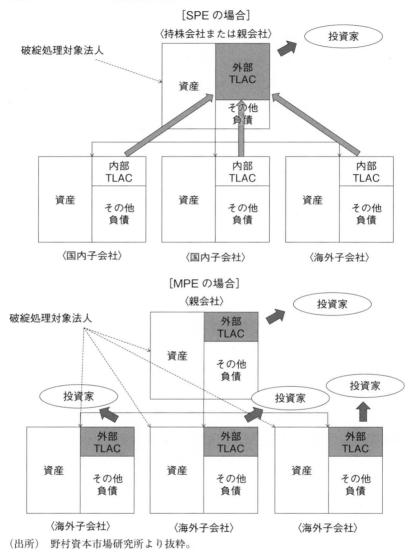

図表 3 － 8　2 つの破綻処理戦略（SPEとMPE）

[SPE の場合]

〈持株会社または親会社〉

破綻処理対象法人

投資家

資産

外部
TLAC

その他
負債

内部
TLAC

資産

その他
負債

内部
TLAC

資産

その他
負債

内部
TLAC

資産

その他
負債

〈国内子会社〉　　　　〈国内子会社〉　　　　〈海外子会社〉

[MPE の場合]

〈親会社〉

投資家

破綻処理対象法人

資産

外部
TLAC

その他
負債

投資家

投資家

投資家

外部
TLAC

資産

その他
負債

外部
TLAC

資産

その他
負債

外部
TLAC

資産

その他
負債

〈海外子会社〉　　　　〈海外子会社〉　　　　〈海外子会社〉

（出所）　野村資本市場研究所より抜粋。

図表 3 － 9　段階実施の内容

	開始時期	所要水準	特例	特例適用後
第 1 段階	2019年 1 月～	16.0%	2.5%	13.5%
第 2 段階	2022年 1 月～	18.0%	3.5%	14.5%

では個々の子会社ごとにTLACの保有が求められる。ただし、前者において
も母国当局と現地国当局間の協力を円滑にするために、「重要な海外子会社
グループ」[13]に対しては、「内部TLAC」[14]として損失吸収力・資本再構築力を
配分することが求められた。

　このTLAC規制は、図表 3 － 9 に示すとおり、 2 段階で実施される。第 1
段階の開始は2019年 1 月、第 2 段階の開始は2022年 1 月であり、それぞれリ
スクアセット対比で16％ならびに18％の水準が求められる[15]。ただし、邦銀
においては、前述したとおり預金保険制度の強靭性が認められたため、それ
ぞれ13.5％および14.5％の水準を満たせばよいこととなった。また、本邦に
おいてはSPE戦略をとることが想定されるため、傘下銀行が発行している社
債を持株会社による発行に切り替えていくこと等で、TLAC水準を引き上げ
ていくと思われる。

(4)　流動性規制

　バーゼル委は、サブプライムという米国内のローカルな問題を世界的金融
危機へと増幅させた原因の一つである流動性リスクに関して、2008年に「健
全な流動性リスク管理およびその監督のための諸原則」を公表した。そし
て、この諸原則を補完するために「LCR（流動性カバレッジ比率）」と

13　収入、リスクアセット、レバレッジ比率の分母、のいずれかにおいて、G-SIBsグ
ループに占める割合が 5 ％を超えるなど、一定の条件を満たす子会社グループ。
14　持株会社等グループ内から調達することが許容されている。水準的には、自らが破綻
した際に必要となるTLAC水準の75～90％（現地国当局が母国当局と協議して決定）の
保有が必要。
15　レバレッジ比率の分母対比では、第 1 段階で 6 ％、第 2 段階で6.75％の水準が求めら
れる。なお、この場合にも預金保険制度の強靭性は勘案されると思われる。

「NSFR（安定調達比率）」という２つの定量的規制を導入した。LCRは2015年１月１日より規制適用されている一方、NSFRに関しては2019年３月期より規制適用される計画であったが、現状延期されたままである。

① 流動性カバレッジ比率（LCR：Liquidity Coverage Ratio）

　流動性リスク[16]に対する問題意識はかねてよりあった[17]が、各金融機関の流動性をめぐる環境は各国中央銀行による金融調節手段と密接に結びついている側面もあり、一律の規制にはなじみにくく、Pillar1（資本賦課）上は手つかずの状況にあった。また、流動性リスクは、信用リスク等他のリスクが顕現化した結果生じるもので、両者に対し資本を課すのはリスクの二重計上であるとの批判もあり、なかなか進展しなかった。しかしながら、第１章でも整理したとおり、サブプライムという米国ローカルの問題をグローバルな金融危機へと拡大させた最大の要因は流動性リスクであり、バーゼルⅢではここに大きく踏み込むこととなった。その際、上述の議論もあり、流動性リスクに対し自己資本の保有を求めるのではなく、流動性の高い資産や安定的な負債の保有を求めるという考え方が導入された。

　流動性カバレッジ比率（LCR）は、流動性ストレスシナリオ下において、処分に制約がなく即時に現金に換金できるような高品質の流動性資産を適切な規模で保有することを促す目的で設定された指標である。具体的な定義は図表３−10に示すとおり、30日間のネット資金流出額をカバーできる規模の適格流動資産の保有を求める（100％以上のLCRを維持する）ルールとなっている。当初より、適格流動資産の定義（当初はレベル１資産のみ→レベル２資産に拡張）や流出額や流入額を計算する際の掛け目が厳しすぎるとの批判があり、下表（A、BおよびC）のようなかたちに緩和された。

　個々の掛け目の水準の是非は別にしても、国債や公共債、社債の発行規模は資本市場の発展段階により大きく異なるため、資本市場の発展途上にある

16　流動性リスクには、資金流動性リスクと商品流動性リスクの２つがある（吉藤／大嶽（2000）など）が、ここでは主に前者に焦点を当てている。

17　Basel Committee on Banking Supervision（2000）、"Sound Practices for Managing Liquidity in Banking Organizations" 等で管理に係る原則が示されている。

図表3－10　流動性カバレッジ比率（LCR）の概要

$$\text{LCR} = \frac{\text{A.　適格流動資産}}{\text{30日間のネット資金流出額（B.　資金流出額－C.　資金流入額）}} \geqq 100\%$$

A.　適格流動資産		（掛け目）
レベル1資産	現金、中銀預金、リスクウェイトが0％の国債、政府・中銀保証債等	100%
レベル2A資産	リスクウェイトが20％の公共債、格付AA－以上の適格な社債など	85%
	（ただし、全流動資産の40％を超えない範囲内）	
レベル2B資産	適格なRMBS	75%
	格付A＋～BBB－の適格な社債	50%
	適格な普通株勘定株式	50%
	（ただし、全流動資産の15％を超えない範囲内）	

B.　主な資金流出項目（▲）	掛け目	
リテール預金		
安定預金	3～5%	
準安定預金	10%	
定期預金	0%	
ホールセール預金		
事業法人等、中央銀行等からの資金調達(注1)	20～40%	
負債性有価証券による資金調達	100%	
有担保資金調達		
レベル1資産を担保とする調達	0%	
レベル2A資産を担保とする調達	15%	
レベル2B資産を担保とする調達(注2)	25～50%	
コミットメント・ライン	（与信）	（流動性）
事業法人等、中央銀行等	10%	30%
金融機関等(注3)	40%	40～100%
デリバティブ取引等		
契約、時価変動、格下げ、担保の時価変動、等	100%	

C.　主な資金流入項目（B.　資金流出額全体の75％以内）	掛け目
有担保資金運用等	
レベル1資産	0%
レベル2A資産	15%
レベル2B資産(注4)	25～50%
貸付金等の回収	
中央銀行等、金融機関等	100%
それ以外	50%
有価証券償還	
適格流動資産	0%
それ以外	100%

（注）　1　預金保険制度により保護される預金は20％、それ以外は40％。
　　　　2　RMBSは25％、それ以外は50％。
　　　　3　健全性対象の金融機関等は40％、それ以外は100％（流動性ファシリティ）。
　　　　4　RMBSは25％、それ以外は50％。
（出所）　金融庁告示より主要項目を抜粋して作成。

図表 3 −11　安定調達比率（NSFR）の概要

$$\text{NSFR} = \frac{\text{A．安定調達額（資本＋預金・市場性調達の一部）}}{\text{B．所要安定調達額（資産×流動性に応じたヘアカット）}} > 100\%$$

A．安定調達額（Available Stable Funding）	
主な項目	（掛け目）
規制資本（ただし、残存1年未満のTier2は除く） 長期負債（残存1年以上）	100%
個人・中小企業からの安定預金(注1)	95%
個人・中小企業からの準安定預金(注1)	90%
非金融機関からのホールセール調達(注1) オペレーショナル預金、等	50%
その他の負債 その他の資本	0%

B．所要安定調達額（Required Stable Funding）	
主な項目	（掛け目）
現金、中銀預け金、残存6カ月未満の中銀向け与信	0%
処分制約のないレベル1資産（注2）	5%
レベル1資産を担保として金融機関向け貸付（6カ月未満）	10%
処分制約のないレベル2A資産、他	15%
処分制約のないレベル2B資産、 6カ月以上1年未満の処分制約のある資産、他	50%
処分制約のない住宅ローン（残存1年以上（注3）、 処分制約のない非金融機関・ソブリン等向け貸付、他	65%
金などのコモディティ資産、処分制約のない正常債権、 デリバティブ関連の当初証拠金、他	85%
1年以上の処分制約のある資産、 ネットのデリバティブ資産（プラスの場合）、他	100%

（注）　1　満期の定めなし、または残存1年未満。
　　　　2　現金、中銀預け金、残存6カ月未満の中銀向け与信を除く。
　　　　3　RW（バーゼルⅡ・信用リスクの標準的手法）35%以下。
　　　　4　担保に差し入れている資産は、差入れ期間6カ月～1年：50%、1年超：100%（算入率）
（出所）　バーゼル委（2014）、最終規則文書より主要項目を抜粋して作成。

新興国にとって公平性に欠く厳しいルールともいえる。一方で、国債であれば無条件に100％の掛け目で流動資産にカウントするというルールは欧州ソブリン危機の経験をふまえれば、リスク実態にあわないとの指摘も出よう。流動性規制がALM運営（あるいはバランスシート・コントロール）に与える影響は、BOX 8で取り上げる。

② **安定調達比率**（NSFR：Net Stable Funding Ratio）

安定調達比率（NSFR）は、固定化される可能性のある資産に対して最低限の金額は安定した負債による調達を行うことを促すために設定された指標である。具体的な定義は図表3−11に示すとおりで、100％を上回るNSFRの維持が求められる。大山（2011）が指摘するように、流動性カバレッジ比率（LCR）が資産の「流動性」に着目しストレス時の緊急対応を意識した指標であるのに対し、安定調達比率（NSFR）は負債の「安定性」に着目し長期的な体質改善を促すための指標といえる。

本規制は、短期の市場調達に偏りすぎた調達構造が流動性リスクを助長した過去の反省から、長期の安定した調達を促すものとなっているが、一方で金融機関の本質的な役割である短期で資金を集めて長期で資金を貸し出すという金融仲介機能そのものに悪影響を与える（比率が悪化する）ことには留意が必要であろう。

BOX 8 流動性規制がB／Sコントロールに与える影響

〈**B／S構成変化が各種指標に与える影響**〉

LCRおよびNSFRは、一見複雑に感じるが概念的には財務指標（安全性指標）に似ている。LCRは流動比率（＝流動資産／流動負債、短期的な支払能力をみる指標で高いほどよい）に、NSFRは固定長期適合比率（＝固定資産／（固定負債＋自己資本）、固定資産への投資が長期資金でカバーさ

れているかをみる指標で低いほうがよい、すなわちNSFRの逆数に相当）に類似している。ただし、財務指標は決算時点のB／S（バランスシート）から直接計算されるのに対し、LCR／NSFRはストレス時のB／Sから計算される。そこで、ストレス時にB／Sの各項目にどれだけの流出や流入が起こるか、資産であればどれぐらいの価格で売却できるか、ということを前提に掛け目が設定されている。したがって、B／S構成の変化によりLCR／NSFRの指標は大きく変化することになる。

　図表1は、みずほ証券バーゼルⅢ研究会が、大手金融機関5グループの2011年3月末の貸借対照表からLCR、NSFR、レバレッジ比率を試算したものである。左図は、自己資本を固定し、預金の増減によって同額の国債保有を増減させた場合の3指標の変化を示したもの。預金の増加により国債の購入を増やした場合、LCR／NSFRが大きく改善する一方で、レバレッジ比率は悪化していることがわかる。右図は、Tier1（自己資本）の増加額と同額のCDを減少させることで、総資産額不変のまま資本構成を変えた場合の3指標の変化を示しているが、資本を積み上げた場合には、3指標とも改善していることがわかる。ここでは、2つのケースのみを示したが、B／S構成のさまざまな変化により、各種指標は大きく変動する。

　また、ここに収益性（資金収益）の視点も加えると、より複雑となる。たとえば、NSFR指標は固定負債（長期調達）を増やし、固定資産（長期運用）を減らせば改善するが、その場合、収益性（資金収益）は悪化する。各種指標の規制値を充足させつつ、収益性を維持するにはきわめて精緻なバランスシート運営が要求される。そして、それはきわめてナロウなパスとなるであろう。

図表1　B／S構成とリスク指標の関係

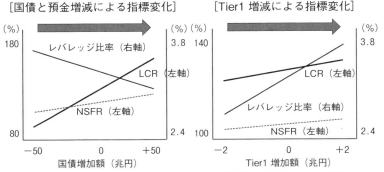

[国債と預金増減による指標変化]　　[Tier1増減による指標変化]

（出所）　みずほ証券「詳解　バーゼルⅢによる新国際金融規制」より抜粋。

〈円投に頼る邦銀へのマイナス影響〉

　LCR／NSFRの指標は、全通貨ベースでの充足が求められる規制である。潤沢な円預金を保有する邦銀にとって、現時点ではそれほど厳しくない規制といえるかもしれない。ただし、これが通貨ごとに充足が求められるとなると、大きく様相が異なる。邦銀は、国内の貸出需要が低迷するなか、潤沢な円預金を通貨スワップ（いわゆる円投）で外貨（主にドル）にかえ、海外で資産の積み上げを図っている。したがって、外貨（主にドル）に限定してLCR／NSFRを算出すると、低い数値となることが想定される。図表2は、BISが推計した各国別の銀行間取引の通貨スワップのボリューム（網掛けのある面部分）であるが、①の邦銀が突出していることがわかる。

図表2　通貨スワップ調達額の国際比較

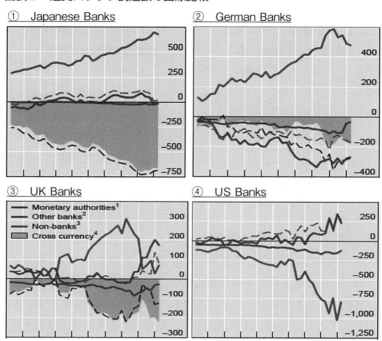

① Japanese Banks
② German Banks
③ UK Banks
④ US Banks

Monetary authorities[1]
Other banks[2]
Non-banks[3]
Cross currency[4]

（注）　破線は、インターバンク取引・Cross currencyに関する異なる手法での
　　　BISの推計値。
（出所）　BIS Working Paper No. 291 "The US dollar shortage in global banking
　　　and the international policy response"

　また、図表3は預貸ギャップ（預金超過額＝預金－貸出）と為替水準で
LCRがどう変化するかを一定の前提のもとに試算したものであるが、円
投（通貨スワップを利用し、円をドルに変える）のボリュームが相応にあ
ると為替に対する感応度は無視できないレベル（下記試算では10円の円
安でおおむねLCRが5％低下する）にあることがわかる。前述したバラン
スシート・コントロールのむずかしさに、もう1つ為替変動の要素が加
わることになる。

図表3　預貸ギャップ、為替水準とLCRの関係

USD／JPY水準		95.00	105.00	115.00	125.00
預貸 Gap 拡大	＋100百億円	145%	140%	135%	130%
	＋200百億円	140%	135%	130%	125%
	＋300百億円	135%	130%	125%	120%
	＋400百億円	130%	125%	120%	115%

第2節　バーゼルⅢ中盤戦——FRTBとIRRBB

本節では、バーゼルⅢ規制に関する議論の中盤戦として、金利を含む市場リスクに関する「トレーディング勘定の抜本的見直し（FRTB）」と「銀行勘定の金利リスク（IRRBB）に対する規制強化」の2つを取り上げる。

(1)　FRTB

2016年1月、バーゼル委は「マーケット・リスクの最低所要自己資本」と題する規則文書を公表した。2019年1月1日の適用が求められている（その後、各国当局より最低1年以上の延期が発表された。さらに新型コロナ禍を受けた現時点では、規制適用時期は2023年1月末とされている）。これは、2009年以降続けられた「トレーディング勘定の抜本的見直し（FRTB）」の検討の集大成としてまとめられたものである。ここに至る経緯をまず説明しよう。

リーマンショックにおいて、損失の多くやレバレッジの積み上がりの大半は、トレーディング勘定で発生したという事実や、バンキング勘定取引に比べ所要自己資本が小さくなる傾向があり、規制上のアービトラージ（バンキング勘定でブックすべき取引をトレーディング勘定でブックし資本を節約する行

動）があったとの指摘から、大幅な見直しが行われた。これがいわゆる「バーゼル2.5」と呼ばれるもので、2009年7月に発表され、2011年末より適用開始となった。ポイントは次の2点（詳細は後掲BOX10を参照されたい）。

①トレーディング勘定に対する過小資本の解消（資本賦課額の大幅な引上げ）。従来、流動性の高さを前提にトレーディング勘定で保有する金融商品の資本賦課額は銀行勘定に比べ小さい扱いとなっていたが、欧米金融機関はO&D[18]型ビジネスを展開するなかで、流動性の低い商品をトレーディング勘定で大量に抱えるようになり、過小資本につながったとの問題意識がある。その対応策がストレスVaRや追加的リスクの導入である。たとえば、ストレスVaRの導入により少なくとも所要自己資本額は2倍以上になる。

②証券化商品に対するリスク計測の強化。証券化商品に関しては、そのリスク把握・計測が不十分であった（たとえば、再証券化商品と一次証券化商品ではリスクに大きな違いがあるにもかかわらず、リスク計測上、これが反映されていなかった）ことや、外部格付に過度に依存していたとの反省があり、大きな変更が加えられた。

しかしながら、新規制が策定された当初より、「VaRとストレスVaRの合算に関しては、その理論的妥当性が見出せない」「VaRモデルではテイルリスクが捕捉されない」「市場流動性リスクが十分に捕捉されない」「トレーディング勘定と銀行勘定の境界が曖昧である（規制裁定が防げない）」「標準的方式がリスク感応的でなく内部モデルと整合しない」等の課題が指摘され、すぐに「トレーディング勘定の抜本的見直し（FRTB）」の検討が開始された。度重なる議論の末にまとめられたものが2016年1月に公表された「マーケットリスクの最低所要自己資本」である。

特徴は、次の5点。①VaRから期待ショートフォール（ES：expected shortfall）への移行、②市場流動性リスクの考慮、③トレーディング勘定と銀行勘定の境界（boundary）の厳格化、④内部モデル方式（IMA：Internal

---

18 Originate & Distribute

132

Models Approach）の適格性の決定プロセス、⑤標準的方式（SA：Standard-ized Approach）の改定である。以下、概説する。また、最後に⑥として、FRTB（トレーディング勘定の抜本的見直し）による影響についても簡単に触れる。

① VaRから期待ショートフォール（ES：expected shortfall）への移行

期待ショートフォールとは、下式(1)に示すとおり損失額がVaR以上となることを条件とした損失額の条件付期待値[19]である。図表3－12をみるとイメージしやすいと思うが、「損失がVaRを越える場合に平均的にどの程度の損失を被るか」を表すリスク指標である。

$$ES_a(X) = E[-X|-X \geq VaR_a(X)] \quad \cdots \quad (1)$$

現在、リスク指標として広く使われているVaRについては、以前より「リーマンショックのようなテールリスクをとらえられない」「劣加法性を満たさない[20]」等の欠点が指摘されていた。山井／吉羽（2001）によれば、期待ショートフォールは①（定義により）VaRでとらえられない信頼区間外のリスクも織り込んでいる（テールリスクに対応している）、②劣加法性を満たしている、③シミュレーション法でリスク計測を行う場合にポートフォリオの最適化が容易、等の利点がありVaRよりも優れたリスク指標といえる。一方で、①信頼水準の決め方がむずかしい[21]、②バックテスティングがむずかしい[22]、等の欠点も指摘されている。

19　金融商品のポートフォリオの損益額を示す確率変数をX、信頼水準$100(1-a)$％のVaRを$VaR_a(X)$とすると、これに対応する期待ショートフォール$ES_a(X)$は式(1)のように定義される（山井／吉羽（2001））。

20　全体のポジションのVaRが個別ポジションのVaRの総和を上回る事態が生じることを指す。このことがリスク管理上の問題となるのは、デスク・レベルの個別ポジションのVaRを適切に管理していても、全体ポジションのVaRがリミットを越えてしまうことがある点にある。

21　期待ショートフォールはその損失の発生確率は示さない。したがって、「自社の倒産確率を一定値以内に抑えるためにリミットをいくらに設定する」という利用がむずかしくなる。

図表 3 −12　損失額分布、VaRと期待ショートフォール

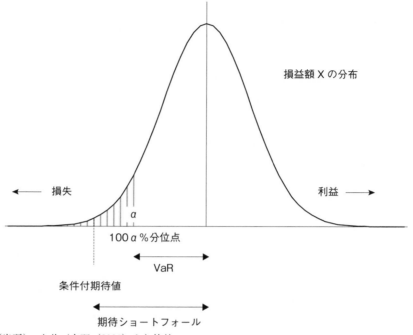

損益額 X の分布

←── 損失　　　　　　　　　　　　　　　　　　　　　利益 ──→

a

100 a ％分位点

VaR

条件付期待値

期待ショートフォール

（出所）　山井／吉羽（2001）より抜粋。

②　市場流動性リスクの考慮

　期待ショートフォールの基本的な考え方は上述のとおりだが、規制上は下式(2)に従い、リスクファクターに応じた流動性ホライズンが加味され算出される。その際、信頼区間は97.5パーセンタイル（片側）、観測期間は最も深刻なストレスがかかった12カ月を特定したうえで計測される。

$$\text{ES} = \sqrt{(ES_T(P))^2 + \Sigma_{j \geq 2}\left(ES_T(P, j)\sqrt{\frac{(LH_j - LH_j - 1)}{T}}\right)^2} \quad \cdots \quad (2)$$

$ES_T(P)$：ベース・ホライズンT（＝10日）におけるポジションP＝(p_i)

―――――――――――――

22　分布の裾における平均値を安定的に推計するためには多数のデータが必要であるため。

に対するすべてのリスクファクターのショックに係るES

$ES_T(P, j)$：他のリスクファクターを不変とし、TにおけるP=(p_i)に対するリスクファクターQ(p_i, j)のサブセットの各ポジションP$_i$に対するショックに係るES

$Q(p_i, j)$：p$_i$がブックされる各デスクのリスクファクターのサブセット。図表3−13①のリスクファクターに応じた流動性ホライズンが②のLH_jと同じかそれよりも長い期間の組合せ[23]。

なお、モデル化可能なリスクファクター間の相関は下式(3)により勘案される。下記にて定義されるIMCC(C)とIMCC(C_i)のρ（=0.5）での加重平均値となる。

$$\text{IMCC} = \rho\,(IMCC(C)) + (1 - \rho)\,\left(\textstyle\sum_{i=1}^{R} IMCC(C_i)\right) \quad \cdots \quad (3)$$

$IMCC(C)$：金利リスク、エクイティ・リスク、為替リスク、コモディティリスク、信用スプレッドリスクという規制上のリスク・クラス間の相関を考慮した銀行全体のES

$\sum_{i=1}^{R} IMCC(C_i)$：規制上のリスク・クラス間の相関を考慮せずに、他のリスクファクターを不変とした場合のリスク・クラスに関する部分的なESの合計値

モデル化できないリスクファクターに係る資本賦課は、下式(4)により計測される。

$$\text{SES} = \sqrt{\textstyle\sum_{i=1}^{L} ISES_{NM,\,i}^{2} + \sum_{j=1}^{K} SES_{NM,\,j}} \quad \cdots \quad (4)$$

$ISES_{NM,\,i}$：信用スプレッド・リスクファクターLから生じるモデル化できない固有の信用スプレッドリスクiのストレスシナリオに基づく資本賦課（相関＝0で集計）

$SES_{NM,\,j}$：モデル化できないリスクファクターKから生じる固有のリスクj

23　たとえば、$Q(p_i, 4)$であれば、流動性ホライズンが60日と120日となるリスクファクターの組合せになる。

図表3－13　流動性ホライズン

① リスクファクターに応じた流動性ホライズン

リスクファクターの カテゴリー		n日 （注2）	リスクファクターの カテゴリー	n日 （注2）
金利	特定の通貨（注1）、自国通貨	10	信用スプレッド	ソブリン（投資適格）	20
	その他通貨	20		ソブリン（ハイイールド）	40
	ボラティリティ	60		コーポレート（投資適格）	40
為替	特定の通貨ペア	10		コーポレート（ハイイールド）	60
	その他の通貨ペア	20		ボラティリティ	120
	ボラティリティ	40	コモディティ、他	エネルギー、排出権	20
株価	大規模	10		貴金属	20
	小規模	20		エネルギー、排出権：ボラティリティ	60
	大規模：ボラティリティ	20		貴金属：ボラティリティ	60
	小規模：ボラティリティ	60			

（注）　1　ユーロ、米ドル、英ポンド、豪ドル、円、スウェーデンクローナ、カナダドル。
　　　　2　デスクごとに必要に応じて規定されたnから20、40、60、120日へと増やすことも可能。

② 流動性ホライズンLHj

j	LHj
1	10
2	20
3	40
4	60
5	120

（出所）　金融庁告示より抜粋して作成。

のストレスシナリオに基づく資本賦課

この結果、資本賦課額C_Aは、モデル化可能なリスクファクターに係るIMCCとモデル化できないリスクファクターに係るSESより、下式(5)にて決定される。

$$C_A = max\{IMCC_{t-1} + SES_{t-1}; m_c \times (IMCC_{avg} + SES_{avg})\} \quad \cdots \quad (5)$$

添字$t\text{-}1$：直近の観測値を表す

添字avg：過去60日間の平均値を表す

m_c：1.5または監督当局が内部モデルの質を評価して設定する乗数

一方で、トレーディング勘定の信用エクスポージャー、エクイティ・エクスポージャーに関するデフォルト・リスクについては、別途デフォルト・リスク・チャージ（DRC：default risk charge）がかかる。また、上記はいずれも適格トレーディング・デスク（後述）の資本賦課C_Aに関する説明であるが、非適格トレーディング・デスクに関しては、標準的方式（後述）で計測される規制資本C_uが必要。したがって、銀行全体の総資本賦課額ACCは下式(6)により計算される。

$$ACC = C_A + DRC + C_u \quad \cdots \quad (6)$$

③　トレーディング勘定と銀行勘定の境界（boundary）の厳格化

従来の枠組みでは、トレーディング勘定と銀行勘定の切り分けは、銀行の取引の意図という主観的な基準に基づき判断されていたが、規制アービトラージを抑制する観点から、金融商品の保有目的とそのエビデンスに基づくより客観的な境界を定めるものに変更されることとなった。具体的には、下記の目的で保有するものは、トレーディング勘定の金融商品として指定される。

a）　短期の再売却

b）　短期の価格変動からの利益の獲得

c）　裁定利益の獲得

d） 上記ａ）〜ｃ）の要件を満たす金融商品から生じるリスクのヘッジ

また、コリレーション・トレーディング、銀行勘定の信用・エクイティの
ネットショート・ポジションが生じる取引、コミットメントの引受けから生
じる金融商品等はトレーディング勘定に区分けされる。さらに、マーケッ
ト・メイキング業務から生じる金融商品、ファンドに対するエクイティ投
資、上場株式、オプション等は、監督当局の承認を得ない限りトレーディン
グ勘定となる。

　銀行が金融商品を計上する勘定を最初に指定した後、自らの意思でトレー
ディング勘定と銀行勘定の間で勘定を変更することは厳格に制限され、監督
当局の承認のもと、例外的な状況（トレーディング・デスクの廃止や会計基準
の変更等）にのみ勘定の変更が認められる。

④　**内部モデル方式（IMA：Internal Models Approach）の適格性の決定プ
ロセス**

　銀行が、マーケット・リスクの所要資本の計測に内部モデル方式を利用す
る場合、一般基準に加え、リスク管理を含む定性基準、モデルの質に関する
定量基準を満たす必要がある。

　具体的な適格性の決定プロセスは、図表３−14に示すとおり３段階で構成
される。ステップ１では、銀行の組織インフラ（トレーディング・デスクの定
義およびストラクチャーを含む）と内部モデルの双方について、定量的（バッ
クテスティングを含む）および定性的なファクターに基づき、全体的な評価
が行われる。この段階で不適格となれば、トレーディング勘定全体に標準的
手法が適用される。

　ステップ２では、トレーディング・デスク単位でモデル承認が行われる。
銀行は、内部モデル方式を適用するデスクとそれ以外のデスクを区別しなけ
ればならない。前者に対しては、内部モデルのパフォーマンスを評価するた
めに、バックテスティングと損益要因分析（P&L attribution）が行われる
（詳細は、BOX 9を参照されたい）。

　最後にステップ３では、内部モデル方式が適用される適格トレーディン

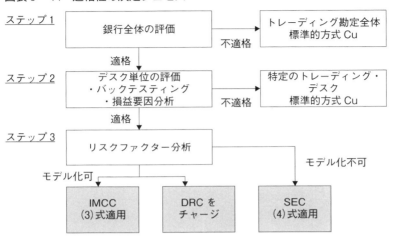

図表3－14　適格性の決定プロセス

グ・デスクにおいてリスクファクター分析が実施され、モデル化可能なリスクファクターが特定される。同リスクファクターに関しては、十分な数の価格データが継続的に利用可能であることが求められる。この区分けに基づき、モデル化可能なリスクファクターには前述の(3)式が、モデル化できないリスクファクターには前述の(4)式が適用される。

BOX 9　　バックテスティングと損益要因分析（P&L attribution）

〈バックテスティング〉

✓　1 day VaR（99％タイル、97.5％タイル）と損益指標（前日ポジションを固定して再評価した日次の仮想損益、および日中取引を含めた日次の実損益）を比較。以下の場合には、内部モデル方式を利用できなくなる。

…99％タイル：1年間で12回超の異常値

97.5%タイル：１年間で30回超の異常値

✓ 流動性ホライズンにわたるリスク指標を用いた検定や期待ショート
フォール（ES）を用いた検定は困難であるため、従来の枠組みを拡
張して継続利用するもの。

〈損益要因分析（P&L attribution）〉

✓ ポジションを固定のうえ、内部モデルを用いて再評価した日次の
「理論損益」とフロントシステムを用いて再評価した「仮想損益」を
用い、以下２つの分析指標を算出。過去12カ月に４回以上、閾値を外
れると、内部モデル方式を利用できなくなる。

① $10\% \geq \dfrac{\text{Hの平均}}{\text{Kの標準偏差}} \geq -10\%$

② $\dfrac{\text{Hの分散}}{\text{Kの分散}} \geq 20\%$

説明不可能損益（H）＝理論損益（R）－仮想損益（K）

⑤ **標準的方式（SA：Standardized Approach）の改定**

新たな枠組みのもとでは、内部モデル方式を利用する銀行を含むすべての
銀行は、以下にて説明する標準的方式による資本賦課額を計測し、月次で監
督当局宛てに報告することが求められる。

新たな標準的手法は図表３－15に示すとおり、ａ）センシティビティ（感
応度）ベースの資本賦課額、ｂ）デフォルト・リスクに係る資本賦課額
（DRC）、ｃ）残余リスクに係るアドオン（RRAO）３つの要素の単純合算で
計算される。

以下、詳細な数式は省くが、計測の流れを概説する。

ａ）感応度方式

〈デルタ／ベガ・リスクに対する資本賦課〉

ステップ１：リスクファクターごとの感応度に当局指定のリスクウェイト

図表 3 −15　標準的方式の枠組み

a) 感応度 方式	7つのリスク・クラスごとに計測 ・一般金利リスク ・信用スプレッド・リスク（非証券化） ・信用スプレッド・リスク（証券化） ・信用スプレッド・リスク（CTP） ・株式リスク ・為替リスク ・コモディティ・リスク	①デルタ／ベガ・リスク 　…感応度×RW ②カーベチャー・リスク 　…時価変動−デルタリスク

＋

b) デフォル ト・リスク （DRC）	JTD（Jump to Default）リスクを計測 ・デフォルト・リスク（非証券化） ・デフォルト・リスク（証券化） ・デフォルト・リスク（CTP）	・商品ごとにJTDを計算 ・発行体ごとにJTDをネット ・バケット内でのヘッジ効果

＋

c) 残余 リスク （RRAO）	エキゾチック商品	資本賦課＝想定元本×1％
	その他 ・ギャップリスク…経路依存型オプション ・相関リスク…スプレッドオプション ・行動リスク…固定利付きモーゲージ債	資本賦課 ＝想定元本×0.1％

を乗じる。

　　ステップ2：同一バスケット内で当局指定の相関係数を適用し合算する。

　　ステップ3：同一リスク・クラス内で当局指定の相関係数を適用し合算する。

　　ステップ4：各リスク・クラスの資本賦課額を単純合算。

　〈カーベチャー・リスクに対する資本賦課〉

　　ステップ1：リスクファクターごとにカーベチャー・リスクを算出。

　　ステップ2～ステップ4：デルタ／ベガ・リスクに対する資本賦課額算出
　　　　　　　　　　　　　と同様。

　b）　デフォルト・リスクに係る資本賦課額（DRC）

　　ステップ1：商品ごとにJTD（Jump to Default）[24]金額を算定。

　　ステップ2：発行体ごとにJTD金額を相殺（同一発行体に対するロング・
　　　　　　　ショートポジションはショートがロングと同一順位または劣後し

ている場合、相殺可能）。

　　ステップ３：格付ごとのリスクウェイト乗じ、同一バケット内でのヘッジ
　　　　　　　　効果を勘案。

　　ステップ４：バケット間の相関効果は勘案せずに単純合算。

ｃ）　残余リスクに係るアドオン（RRAO）

・エキゾチックな商品（保険や地震デリバティブ）：想定元本×１％

・その他（バニラ・オプションでは複製できない商品）：想定元本×0.1％

　⑥　FRTB（トレーディング勘定の抜本的見直し）による影響

　　バーゼル委は、マーケット・リスクの資本賦課の改定に関する規則文書を
公表するとともに、定量的影響度調査（QIS）の結果を明らかにしている。
2015年６月末データに基づくQISによれば、新方式による資本賦課額は、中
央値で22％、加重平均で40％の増加という結果になっている（その後、2019
年１月に最終基準が変更されたが、同基準で行われたQISでは増加率が緩和されて
おり、リスク量は2015年比75％の水準に減少している）。

　　邦銀は欧米銀に比べ、トレーディング勘定が相対的に小さいことから改定
の影響は小さいといわれている（後述する銀行勘定の金利リスク＝IRRBBの影
響のほうが大きい）。ただ、ESベースでの内部モデルの開発、新たな標準的
方式での算出用システムの開発、バックテスティングや損益要因分析（P&L
attribution）による検証体制の整備、デスク単位でのモデル申請等、対応の
負荷はきわめて高い。また、後述するフロアの議論の行方によっては、保守
的な標準的方式による算定額で必要資本金額が決定されることにもなりかね
ない。引き続き、今後の規制議論に注意する必要がある（最終的には、資本
賦課が大幅に増加されるという事態は回避されたが、標準的方式による算定額が
影響を与える枠組みは内包された）。

24　以下算式にて、ロング・ショート別に算出。
　　$JTD(long) = Max[LGD \times notional - MtM\ loss, 0]$
　　$JTD(short) = Min[LGD \times notional + MtM\ gain, 0]$
　　（ただし、シニア債のLGD＝75％、非シニア債・株式のLGD＝100％、カバードボンド
　　のLGD＝25％）

BOX10 「バーゼル2.5」の概要

〈概　要〉

「バーゼル2.5」にて変更されたポイントを整理すると、図表1のとおり。以下で、主要なポイントを概説する。

図表1　変更のポイント

			標準的方式	内部モデル方式
一般市場リスク	金利リスク		（変更なし）	（VaR＋ストレスVaR）×乗数
	株式リスク			
	為替リスク			
	コモディティ・リスク			
個別リスク	金利リスク	(イ)証券化商品（下記(ロ)以外）	外部格付がある場合 ①銀行勘定に準じた手法（リスク・ウェイト表を使用） 外部格付がない場合 ①銀行勘定の指定関数方式 ②追加的リスク算出と同じパラメータを用いた指定関数方式 ③集中レシオ方式 ④バーゼルⅡ「枠組み文書」パラグラフ571〜575の適用	
		(ロ)コリレーション・トレーディング	上記と同様。ただし、ロング・ポジションとショート・ポジションのいずれか大きいほうの所要自己資本額を適用	包括的リスクに係る所要自己資本を適用

	（ハ）上記以外	（変更なし）	（VaR＋ストレスVaR）×乗数
	株式リスク	リスク・ウェイトを8％に統一（従来、流動性が高く、かつ分散されたポートフォリオには4％を適用）	
追加的リスク	金利リスク（上記（ハ））		デフォルト・リスクおよび格付遷移リスクを対象に、VaR（99.9％、1年）を追加的リスクとして算出
	株式リスク	（計測対象外）	監督当局の承認を条件に、上場株とそのデリバティブを追加的リスクの算出対象に加えることも可
包括的リスク	上記（ロ）		デフォルト・リスクおよび格付遷移リスクに加え、信用スプレッド・リスク、ベーシス・リスク等を含めた包括的リスクを算出

（出所）　金融庁／日本銀行（2009）より抜粋（若干の修正を加えた）。

〈ストレスVaR〉

・銀行のポートフォリオに関連する、連続する12カ月間の重大な金融ストレス期（多くのポートフォリオでは2007〜2008年にかけての12カ月間が

該当）のヒストリカル・データを変数としたVaR（信頼水準＝99％、保有期間＝10日）を算出し、現行VaRに合算するルール。所要資本が過小であるとの問題意識に基づくものであろうが、VaRとストレスVaRを合算することの理論的な妥当性は見当たらない。

・また、ボラティリティの計測を変動率ではなく、変動幅で行うことを検討すべきとされている。

〈証券化商品〉

・銀行勘定とトレーディング勘定間における規制上のアービトラージに対する懸念から、トレーディング勘定でも銀行勘定に準じた方法が採用される。

・外部格付がある場合には、下記リスクウェイト表[1]が適用される。従来、再証券化商品と一次証券化商品ではリスクに大きな違いがあるにもかかわらず、リスク計測上、これが反映されていなかったことから、大幅に変更された。

・外部格付の利用に関しては、裏付資産プールのリスク特性やウォーターフォール[2]等の構造的な特性の理解、パフォーマンス情報のタイムリーな入手等の要件が新たに求められた。

・また、証券化商品のウェアハウジング・ポジション（組成準備段階のポジション）は、トレーディング勘定の定義に該当しない旨、明確化された。

図表2　リスクウェイト表

［従来の取扱（標準的手法）］

格付 長期／短期	残存期間 6カ月以内	残存期間6カ月 超24カ月以内	残存期間 24カ月超
AAA／A-1			
AA			
A＋			

A／A-2	0.25%	1.00%	1.60%
A −			
BBB＋			
BBB／A-3			
BBB −			
BB＋	28.00%		
BB			
BB −			
BB −／A-3 未満・無格付	自己資本から控除		

［今後の取扱（銀行勘定で内部格付手法採用行）］　　　　　　　（標準的手法採用行）

格付 長期／ 短期	証券化			再証券化		証券化	再証券化
	最優先 部分	最優先部分以外		最優先 部分	最優先 部分 以外		
	高分散型	高分散型	高分散 型以外				
AAA／ A-1	0.56%	0.96%	1.60%	1.60%	2.40%	1.60%	3.20%
AA	0.64%	1.20%	2.00%	2.00%	3.20%		
A＋	0.80%	1.44%	2.80%	2.80%	4.00%	4.00%	8.00%
A／A-2	0.96%	1.60%		3.20%	5.20%		
A −	1.60%	2.80%		4.80%	8.00%		
BBB＋	2.80%	4.00%		8.00%	12.00%	8.00%	18.00%
BBB／ A-3	4.80%	6.00%		12.00%	18.00%		
BBB −	8.00%			16.00%	28.00%		

BB＋	20.00%	24.00%	40.00%		
BB	34.00%	40.00%	52.00%	28.00%	52.00%
BB−	52.00%	60.00%	68.00%		
BB−／ A-3 未満・ 無格付	自己資本から控除			自己資本から控除	

〈コリレーション・トレーディング〉

・当初の市中協議文書では、すべての証券化商品について上記の手法による所要自己資本の算出を求めていたが、最終的にコリレーション・トレーディングに関しては、当局の承認のもと、後述する包括的リスクを把握する内部モデル方式が認められた。

〈追加的リスク〉

・グローバル金融危機の前から検討されていたもので、個別リスクに関し内部モデル方式を採用する場合、VaR（信頼水準＝99%、保有期間＝10日）に加え、追加的リスク（IRC：Incremental Risk Charge）に係る所要自己資本がアドオンされる。

・対象となるポジションは、証券化商品およびバスケット型クレジット・デリバティブ以外のクレジット関連商品（監督当局の承認のもと、上場株とその派生商品を算出対象に加えることも可）。

・デフォルトおよび格付遷移に関するリスクを、信頼水準＝99.9%、リスク評価期間（資本ホライズン）＝1年、流動性ホライズン[3]のフロア＝3カ月、各流動性ホライズン末のポジション再調整可能という条件のもと算出される。相関に関しては、債務者間のデフォルトと格付遷移の間の相関は考慮する必要がある一方、他の市場変数との分散効果は勘案不可となっている。また、ヘッジ効果に関しては、ダイナミック・ヘッジの効果は勘案可能だが、債務者間のヘッジ効果は勘案不可

となっている。

〈**包括的リスク**〉

・包括的リスク（comprehensive risk）とは、追加的リスクに相当するデフォルトおよび格付遷移に係るリスクに加え、裏付資産の複数のデフォルトから生じる累積的リスク、信用スプレッド・リスク、相関変動リスク、ベーシス・リスク、回収率変動リスク、リバランスのリスク等が包括されたもの。

・モデル化を承認された銀行は、通常VaRおよびストレスVaRに当該包括リスクをアドオンする。当該包括リスクに係る所要自己資本額は、「算出基準日を含む直近12週の平均または算出基準日の値の大きいほう」に乗数（現時点では「1」）を掛け合わせた額となる。

1　リスクアセット率でみたい場合は、12.5倍（8％の逆数）すればよい。たとえば、ＡＡＡ格の（一次）証券化商品の場合、額面100に対し7％（＝0.56％×12.5）のリスクアセットとしてカウントされる。
2　一般的に証券化商品では優先劣後構造をつくり、投資家のリスクアピタイトに応じたトランシェが組成される。裏付資産から得られるキャッシュフローをどういう順序で投資家へ支払うかを示したものをウォーターフォールと呼ぶ。
3　ストレスのかかった市場において、ポジションの売却またはその重要なリスクのすべてをヘッジするための期間。

(2)　IRRBB

2016年4月、バーゼル委は「銀行勘定の金利リスク（IRRBB）」の取扱いに関する最終規則を公表した。2015年6月の市中協議文書では、資本賦課を求める「第1の柱（Pillar 1）」と監督上の取扱いとする「第2の柱（Pillar 2）」が両論併記（詳細はBOX11を参照）されており、その行方がおおいに注目された。パブコメのなかPillar 1 に対しては、邦銀をはじめとする多くの金融機関から「国ごとの金融構造の違い（直接金融主体か間接金融主体か等）や顧客動向の違い（預金の粘着性や金利感応度等）が大きく一律の資本賦

課はなじまない」「銀行の資金供給機能に重大な影響を及ぼす」等の懸念が示され、最終的には「Pilla 2（監督上の取扱い）」で決着し、自己資本比率の大幅な低下は避けられ多くの金融関係者は安堵した。本規制は、2018年より適用されることとなる。以下、概観する。

① Pillar 2 の枠組み

IRRBB（銀行勘定の金利リスク）の枠組みは、最終的に12の原則（うち3つは監督当局に対するもの）に基づくプリンシプル・ベースのアプローチで着地した。12の原則では、リスクアペタイトをふまえたIRRBBの特定、計測、モニタリングやIRRBBの適切な開示、自己資本充実度評価プロセス（ICAAP[25]）での評価等が求められている。

銀行は、原則4に基づき内部モデル[26]を利用して、経済価値ベース（EVE[27]）と収益ベース（NII[28]）両方のIRRBBを計測する必要がある（詳細は後述する）。原則9（ICAAPの実施）のもと、IRRBBと関連するリスクをカバーするための十分な自己資本を確保しなければならない。また、原則8（開示）のもと、後述する6つの金利ショック・シナリオでの⊿EVEおよび⊿NIIを開示しなければならない。その際、IRRBB計測における主要な前提条件等、十分な定性的情報あるいは補足的な情報を提供することが求められる。

原則10～12は監督当局を対象とした原則であるが、原則12では過度のIRRBBを潜在的に有すると判断されるアウトライヤー銀行を特定するための基準を公表しなければならないとされている。最終規則では、少なくとも6つの金利ショック・シナリオでの最大の⊿EVEとTier1資本の15％を比較するテストを求めている。従来のアウトライヤー基準は、Tier 1 + Tier 2 の20％であったので、厳格化されたことになる。ただし、過度の金利リスクを抱えているかどうかの実態的な判断は各国当局に委ねられているため、機械

25　Internal capital adequancy assessment process：自己資本充実度評価の略。
26　当局によるレビューの対象ではあるが、モデル承認の必要はない。
27　Economic value of equityの略。
28　Net interest incomeの略。

的な資本の積み増しにはならない。

BOX11　「Pillar 1」案と「Pillar 2」案（2015年6月の市中協議文書）

〈**Pillar 1 案**〉

・図表1に示すステップで標準的手法により資本賦課額を計算する枠組み。

・標準化がむずかしいコア預金は、コア預金額＝流動性預金額×安定的な預金の率×（1−追随率）で算出。期日の割振りについては、最長満期6年で均等とするか、平均満期3年以下の制約付きで裁量に委ねるかの2案。

・金利ショックは、各国通貨別の金利水準×グローバルな金利変化率で算定。パラレルシフト、スティープ化など6つのシナリオで計算し、最大損失を採用。

・⊿EVEは、下式にて算出。

$$\Delta EVE_{i,c} = \sum_{k=1}^{K} CF_{0,c}(k) \times DF_{0,c}(t_k) - \sum_{k=1}^{K} CF_{i,c}(k) \times DF_{i,c}(t_k) + KAO_{i,c}$$

（CF：キャッシュフロー、DF：ディスカウントファクター、KAO：オプション価値変動）

・⊿NIIは、下式にて算出。

$$\Delta NII_{i,c}^{g} = \overline{\Delta R_{i,c}} \times \sum_{k:t_k \leq T} CF_{i,c}(k) \times (t_k \cdot DF_{0,c}(t_k) - T \cdot DF_{0,c}(T))$$

（⊿R：金利ショック幅、t：タイムバケット、T：保有期間）

・資本賦課額の計算にあたっては、複数のオプションを提示。

　…①EVEのみ、②EVEとNIIの比較（大きいほう）、③EVEとNIIをネットしたものとNIIの比較（大きいほう）、④EVEとNIIの比較（ただ

し、一定の閾値を越えた分のみ資本賦課）

図表1　標準的手法のステップ

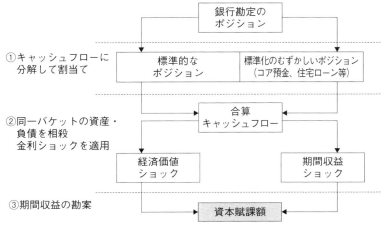

①キャッシュフローに
　分解して割当て

②同一バケットの資産・
　負債を相殺
　金利ショックを適用

③期間収益の勘案

（出所）　金融庁／日本銀行（2015）より抜粋。

〈**Pillar 2 案**〉

・アウトライヤー規制を強化（CET 1 あるいはTier 1 を使用）。ただし、実態的な判断は各国当局に委ねるので、機械的な資本の積み増しにはならない。

・内部モデルでの計測において、6 シナリオでの計測を義務づけ。また、各国当局によるパラメータの制限、監督上の検証プロセスを導入。

・標準的手法の計測義務づけ。

・開示の強化（6 シナリオに基づく、⊿EVE、⊿NII、および主要な前提等。標準的手法の計測結果の開示の義務づけについては、その要否を金融機関に問うかたちとしている）。

②　6つのシナリオと⊿EVE、⊿NII

　銀行勘定では、預金や貸出、有価証券の長期保有を行っており、当然に金利水準の変動により資産・負債の現在価値や収益は変動する。図表3－16に示すとおり、金利上昇のケースでは、資産・負債ともに現在価値が低下するが、一般的に銀行では資産のほうが負債よりも満期が長いために、資産の現在価値の低下額が負債の現在価値の低下額を上回り、バランスシート全体では資本の現在価値（経済価値）が低下する。この部分が⊿EVEとして表現される（具体的な算出式は前掲BOX11を参照）。一方で、金利上昇時には利鞘の改善[29]により期間収益は増加する。この部分が⊿NIIとして表現される。

　銀行勘定の金利リスクに対する規制は、最終的に「Pillar 2（監督上の取扱い）」で決着したが、原則4および原則8に基づき内部モデルを利用して、図表3－17で示す6つのシナリオのもとで⊿EVEおよび⊿NIIを計測し開示

図表3－16　金利上昇が銀行のバランスシートに与える影響

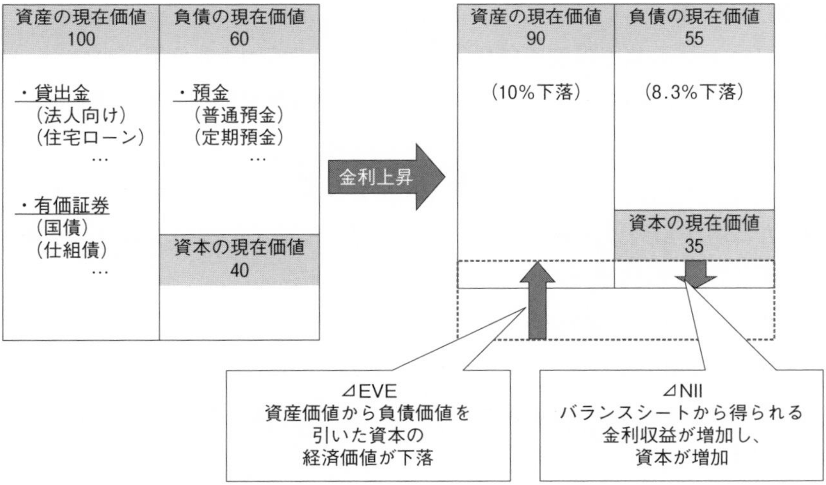

（出所）　金融庁／日本銀行（2015）より抜粋（若干の修正を加えた）。

---

[29]　一般的に、預金金利の市場金利に対する追随率（感応度）は、貸出金利の追随率より低いために、金利上昇時に利鞘（貸出金利－預金金利）は拡大する。

図表 3 −17　6 つの金利シナリオ

	現行基準 （2004年ガイドライン）	最終文書（2016年4月）
シナリオ数	2シナリオ ・上方／下方パラレルシフト	6シナリオ ・上方／下方パラレルシフト ・スティープ化（短期金利低下＋長期金利上昇） ・フラット化（短期金利上昇＋長期金利低下） ・短期金利上昇／低下
ショック幅	①200bp または ②過去5年の1％／99%タイル値	・日本円：100bp（パラレル・短期金利・長期金利） ・米ドル：200bp（パラレル）、300bp（短期金利）、150bp（長期金利） ・英ポンド：250bp（パラレル）、300bp（短期金利）、150bp（長期金利） ・ユーロ：200bp（パラレル）、250bp（短期金利）、100bp（長期金利）

しなければならない。①パラレル上昇、②パラレル低下、③スティープ化（短期金利低下、長期金利上昇）、④フラット化（短期金利上昇、長期金利低下）、⑤短期金利上昇、⑥短期金利低下の6つである。また、金利ショック・シナリオを生成する際の金利水準は、たとえば、日本円はパラレル、短期、長期のいずれのシナリオにおいても100bpである一方、米ドルはパラレルが200bp、短期が300bp、長期が150bpに設定されている。これは、各通貨の2000年から2016年までの時系列データをもとに設定されたものであり、今後、定期的にレビューされる。

③　標準化フレームワーク

　監督当局がIRRBBを計測する内部モデルに欠陥があると判断した場合、内部モデルの改善を図るか、標準化フレームワークで⊿EVEを計測する必要がある。⊿EVEの標準化フレームワークは、市中協議文書（BOX11参照）

	コア預金の割合に対する上限	コア預金の平均満期に対する上限
リテール／取引口座	80％	5年
リテール／非取引口座	70％	4.5年
ホールセール	65％	4年

（出所）　野村資本市場クォータリー（2016）より抜粋。

で示されたものとおおむね同じである。以下で、標準化不適とされる満期の無い預金（NMD）、期限前償還リスクのある固定金利ローン、標準化不可とされる契約等でオプションが明確に規定される金利オプションの扱い（キャッシュフローの割当）について、若干の補足説明を加える。なお、⊿NIIの標準化フレームワークは設定されていない。

満期の無い預金（NMD）

満期の無い預金（NMD）は、過去10年間のボリュームの変化をもとに安定的なNMDと非安定的なNMDに区分され、安定的なNMDのうち、金利環境が大きく変わってもリプライシングされない預金がコア預金となる。さらに、リテール預金（取引口座[30]と非取引口座）とホールセール預金に分けられたうえで、コア預金の割合に係る上限と平均満期に係る上限の2つ制約が課せられる。

期限前償還リスクのある固定金利ローン

期ごとのキャッシュフローの額を決める期限前償還率[31]は、ベースラインとなる条件付期限前償還率（CPR：conditional prepayment rate）を推計した

---

[30] 給与支払等の定期的取引が行われている場合、あるいは付利されていない場合には取引口座となり、それ以外は非取引口座として扱われる。

[31] キャッシュフロー（CF）は、この期限前償還率（CPR）を使い下式より計算される。
$$CF_{i,c}^p(k) = CF_{i,c}^S(k) + CPR_{i,c}^p \cdot N_{i,c}^p(k-1)$$
（$CF_{i,c}^S$：契約スケジュールに基づくCF、$N_{i,c}^p(k-1)$：1期前（$k-1$時点）の元本残高）

図表3−19　CPRに関するシナリオ乗数

シナリオ番号（i）	金利ショック・シナリオ	シナリオ乗数（γ_i）
1	パラレル上昇	0.8
2	パラレル低下	1.2
3	スティープ化	0.8
4	フラット化	1.2
5	短期上昇	0.8
6	短期低下	1.2

（出所）　野村資本市場クォータリー（2016）より抜粋。

後に、図表3−19に示す当局設定のシナリオ乗数で調整される。

$$CPR_{i,c}^{\rho} = min(1, \gamma_i \times CPR_{0,c}^{\rho})$$

$CPR_{0,c}^{\rho}$：ポートフォリオρ、通貨c、シナリオiのCPR

γ_i：シナリオiの乗数

契約等でオプションが明確に規定される金利オプション

当該金利オプションは、計測されたΔEVEに加算されるアドオンの位置づけである。これは売りポジションに対して適用されるが、買いポジションに対してはすべてのポジションを考慮するか、売りポジションをヘッジするための買いポジションのみに適用するかの選択肢が与えられている。

$$KAO_{i,c} = \sum_{o=1}^{n_c} \Delta FVAO_{i,c}^{o} - \sum_{q=1}^{m_c} \Delta FVAO_{i,c}^{q}$$

$KAO_{i,c}$：通貨c、シナリオiにおけるアドオン

$\Delta FVAO_{i,c}^{o}$：ポジションo、通貨c、シナリオiの価値変化

n_c：売りポジション（m_c：買いポジション）

④　モニタリング手法の見直し

2017年6月30日、金融庁はバーゼル委「銀行勘定の金利リスク（IRRBB）」の取扱いに関する最終規則の国内実施に係るルール案を公表した。バーゼル規制の対象である「国際的に活動する銀行」に加え、地域銀行を中心とする

国内基準行も規制強化の対象とすることを提案した。この背景には、本邦における資金需要低迷、オーバーバンキング、日銀のマイナス金利政策等により貸出業務の収益性が低下し、国内貸出への依存度が高い地域銀行において有価証券運用への依存を高めていることがある。

　ルール案では、「重要性テスト」と「オフサイトモニタリングデータの追加分析」を新設し、それらの結果をふまえ必要に応じて当局が銀行と深度ある対話を実施することが提案されている。「重要性テスト」は、アウトライヤー基準と同様であり、国際統一基準行はTier1の15％、国内基準行は自己資本の20％が基準値となり、抵触すると「オフサイトモニタリングデータの追加分析」の対象となる。この追加分析では、「金利ショックによる有価証券の価格変動リスクと自己資本の余裕額」「通貨別の金利リスクと自己資本の余裕額」「金利に係るリスクテイクと収益力の関係」「金利ショックが将来収益に与える影響」の観点をふまえ、銀行と深度ある対話を行う必要性を判断するとされている。そのうえで、改善計画を確実に実行させる必要があると認められた場合には業務改善命令が発出される。この新たなモニタリングは、国際統一基準行は2018年3月、国内基準行は2019年3月から実施されている。

　IRRBBに関する最終規則は「Pillar2（監督上の取扱い）」で決着し、自己資本比率の直接的な低下は避けられたが、アウトライヤー基準は厳格化された。本邦においては、日銀がマイナス金利政策（含むイールドカーブ・コントロール）を導入し、金利の低位安定が続いているが、出口に向け金利が大きく動き出した際には、金利ショック・シナリオの変更も含め、アウトライヤー基準に抵触する可能性は高まる。当局との深度ある対話も考慮したかたちで、金利リスク管理を高度化する必要があろう。

第3節 バーゼルⅢ終盤戦——RWAのバラツキ問題

　本節では、バーゼルⅢ規制に関する議論の終盤戦として、リスクアセット（RWA）のバラツキ問題を取り上げる。バーゼル委は、2014年11月、自己資本比率の分母であるRWAについて銀行間で生じているバラツキに対応する方針を明らかにした。図表3－20は、2013年7月に公表されたバーゼル委の報告書であるが、同じポートフォリオを前提に内部モデルに基づく仮想ポートフォリオ検証を行ったところ、10%の自己資本比率をベンチマークとすると±2％もの乖離が生じることが明らかとなった。そのため、バーゼル委は、過度のバラツキを抑制するための政策方針を打ち出したのである。第1に、信用・市場・オペレーショナルの各リスク・カテゴリーの標準的手法を見直し、これをフロアやベンチマークとして利用しようというもの。第2に、信用・市場・オペレーショナルの各リスク・カテゴリーの内部モデルの使用に制限を加えようという方向感である。たとえば、デフォルト発生件数の少ない銀行や大企業向けの債権に関しては、固定的なLGD（デフォルト時損失率）を適用したり、オペレーショナル・リスクであれば先進的モデルを全面的に廃止しようという提案である。

　本節では「信用リスク」「オペレーショナルリスク」「資本フロア」の3つに関し、執筆時点での議論の概要を紹介する（その後の議論のなかで修正が加えられ、資本への影響は緩和されたが、考え方の大枠はあまり変わらないかたちで最終案はまとめられた）。

(1)　信用リスク

　2016年3月、バーゼル委は「信用リスクアセット（RWA）のバラツキの削減－内部モデル手法の利用の制約」と題する市中協議文書を公表した。これは、内部モデルに基づく内部格付手法（IRB）[32]の利用に大きく制限を加え

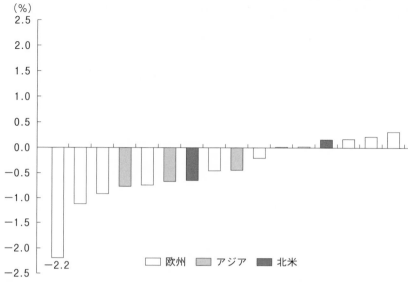

図表 3 −20　銀行間のリスクウェイトのバラツキを修正した場合の自己資本比

(注)　欧州、北米、アジア（オーストラリア）の主要銀行（13カ国、32銀行、日本は
　　　ル・ポート）を前提にリスクウェイトを計測。各行のリスクウェイトを標本の中
(出所)　BCBS（2013）より抜粋。

ようという内容になっている。主な提案は、①金融機関向け債権、大手法人
（総資産500億ユーロ超）向け債権、株式保有についてはIRBの利用を禁止し標
準的手法のみを適用、②年間収入２億ユーロ超の連結グループに属する企業
についてはA-IRB（先進的内部格付手法）を廃止する一方F-IRB（基礎的内部
格付手法）の適用は認める、③プロジェクト・ファイナンス、不動産ファイ
ナンス等の特定貸付債権（specialized lending）に関するIRBのパラメータは
当局設定の簡易手法を適用、④カウンターパーティー・リスクの内部モデル
手法（IMM-CCR）に関し標準的手法に対する比率のフロアを設定、⑤CVA
リスクについて内部モデル手法（IMA-CVA）を廃止し標準的手法（SA-

32　本節で言及する内部格付に関する各種モデルの概要は、BOX12を参照されたい。

率への影響

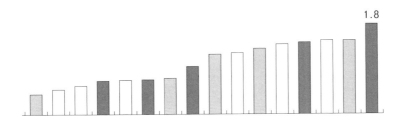

３メガ）を対象に仮想ポートフォリオ（ソブリン・銀行・事業法人からなるホールセー
央値に変更した場合のベンチマーク自己資本比率（10％）からの変化幅を示す。

CVA）または基礎的手法（BA-CVA）を適用、⑥内部モデルにて銀行が推計
するデフォルト確率（PD）やデフォルト時損失率（LGD）等のパラメータに
規制上のフロアを設定する、等、バーゼルⅡまでの内部モデル利用を促進す
る枠組みとはまったく異なるものとなっている。

　これに先立つ2015年12月、バーゼル委は「信用リスクに係る標準的手法の
見直し」と題する第２次市中協議文書を公表している。第１次市中協議案
（2014年12月）では、「銀行向け債権・法人向け債権における外部格付の参照
を廃止するとともにリスクウェイトの上限を150％から300％に引き上げる」
という提案がなされていたが、市中からの強い反発もありこれを撤廃してい
る。これにより、標準的手法採用行の自己資本比率への影響はマイルドにな
ることが期待されるが、「株式保有のリスクウェイトを現行の100％から

250％に引き上げる」という提案は不変であり、邦銀全体へのインパクトは引き続き大きい点には留意が必要である。

　こうしたなか、全国銀行協会は2016年3月に「標準的手法の見直し」へのコメント、同6月に「内部モデル手法利用の制約」へのコメントを各々発信している。前者に関しては、「標準的手法採用行は地域に根差した金融機関が多いので金融システムへの影響を十分考慮し、定量的影響度調査（QIS）等をふまえ、見直し前後で資本賦課水準が不変となるよう適切な水準訂正を行うべき」と主張している。後者に関しては、「一部の資産区分（金融機関や大手法人）に対する標準的手法の適用や資本フロア（アウトプットフロア）の適用」に強く反対する内容になっている。これは、標準的手法という画一的な手法の義務づけは銀行のリスク管理水準の後退を招くほか、システミック・リスクを増幅する懸念があるためである。加えて、信用力の高い顧客（デフォルトデータが少ないがゆえに標準的手法の適用が求められる）のほうが必要資本量は大きくなり、いびつなかたちでコスト転嫁が進むおそれもある。

　こうした民間サイドからの意見発信を受け、その後も議論は継続し、執筆時点では最終合意に至っていなかった。しかしながら、2016年11月30日にIngves（イングヴェス）議長は、「①内部モデルの利用はおおむね維持される（ただし、インプットフロアという安全策は導入される）、②標準的手法の改訂は内部モデル手法と整合的なものになり資本へのインパクトは中立的になる、③長い導入期間とフェーズイン期間が準備される見込み」といった内容の講演を行うなど、当初懸念された悪影響が相当程度に緩和されるかたちで導入されることが期待されるようになった。

BOX12 信用リスクに関する各種モデル

手法の数が非常に多いので、まずは下表に整理する。

	当局が掛け目等を設定		内部モデル等を使用
信用リスクアセット	標準的手法（SA） →	新SA	基礎的内部格付手法（FIRB）
			先進的内部格付手法（AIRB）
デリバティブ取引	カレントエクスポージャー方式（CEM） 標準方式（SM） →	SA-CCR	期待エクスポージャー方式（IMM）
CVA	基礎的アプローチ	標準的アプローチ（SA-CVA）	内部モデルアプローチ（IMA-CVA）

以下、主な手法を簡単に説明する。

〈信用リスクアセット〉

✓　標準的手法（SA）……バーゼルⅡは、融資額や保有する有価証券の額（与信額）に当局より与えられた与信区分ごと一律のリスクウェイトを乗じて信用リスクアセットを計算するシンプルな手法であった。今回提案されている手法（新SA）は、外部格付への依存を低減する一方、リスク感応度を高めるというコンセプト（第2次市中協議案では大幅に緩和された）のもと、次表のように与信区分ごとのリスクウェイトの決定方法が変更されている。

	現行	第1次市中協議案 （2014年12月）	第2次市中協議案 （2015年12月）
銀行	国債の格付、または 貸出先の格付、参照 RW＝20～150％	自己資本比率と不 良債権比率、参照 RW＝30～300％	貸出先の格付、参照 RW＝20～150％
事業法人	貸出先の格付、参照 RW＝20～150％	売上高と レバレッジ、参照 RW＝60～300％	貸出先の格付、参照 RW＝20～150％
リテール （中小企業、 個人）	RW＝75％	RW＝75％	RW＝75％
住宅 ローン	フル保全： RW＝35％ 未保全有： RW＝75％	LTV（保全の程 度）と借手の支払 能力 RW＝25～100％	LTV、参照 RW＝25～75％
株式	RW＝100％	上場株： RW＝300％ 非上場株： RW＝400％	RW＝250％
コミット メント	無条件で取消可能 　掛け目＝0％ その他 　掛け目＝20％、 50％	無条件で取消可能 　掛け目＝10％ その他 　掛け目＝75％	無条件で取消可能 　掛け目＝10～20％ その他 　掛け目＝50～75％

✓　基礎的内部格付手法（FIRB）と先進的内部格付手法（AIRB）……内部格付手法においては、デフォルト確率（PD）とデフォルト時損失率（LGD）を自行で推計する。ただし、基礎的手法では、LGDは当局より指定される（次表参照）。バーゼルⅢでは、前述したとおり、資産カテゴリー単位でモデルの使用が制限され、またPDやLGDのパラメータにフロアが導入される。

	基礎的内部格付手法 （FIRB）	先進的内部格付手法 （AIRB）
デフォルト確率（PD）	銀行推計	銀行推計
デフォルト時損失率 （LGD）	当局指定	銀行推計

〈デリバティブ取引〉

✓ カレントエクスポージャー方式（CEM）……エクスポージャー（与信相当額）は下式より計算される。ここで、再構築コストは計算基準日の正の時価評価額（負の場合はゼロ）となる。アドオンはポテンシャル・フューチャー・エクスポージャーに相当する部分で、想定元本額に掛け目（デリバティブ取引の種類と残存期間に応じて定められている）を乗じた値となる。

　　エクスポージャー（与信相当額）＝再構築コスト＋アドオン

✓ 新標準的手法（SA-CCR）……エクスポージャー（与信相当額）算出方法の大枠は、現行のCEM（上述）のそれを維持している。しかしながら、CEMおよび現行SMの欠点を補い、「担保による信用リスク削減効果を反映する」「ストレス期間を考慮しパラメータを設定する」「ネッティングによる信用リスク削減効果を精緻に反映する」等により、リスク感応度の向上が図られている。

　　エクスポージャー（与信相当額）＝乗数（1.4）×（再構築コスト＋PFEアドオン）

　・再構築コスト（RC）は、マージン・アグリーメントの有無（変動証拠金（VM）授受の有無）により2通りに分かれる。

　　マージン・アグリーメント無しの場合：RC＝max（デリバティブの時価合計－正味の取得担保額、0）

　　マージン・アグリーメント有りの場合：RC＝max（デリバティブの

時価合計－正味の取得担保額、VMのマージンコールのトリガーとならない最大値、0）

　　（2項目＝信用極度額＋最低引渡額－正味の独立担保額）
・PFEアドオンは、下式より算出される。

　　PFEアドオン＝掛け目×（資産クラスごとのアドオン合計値の単純合算）

　　掛け目＝$\min \{1, \text{floor}＋(1－\text{floor})×\exp^{\left(\frac{デリバティブの時価合計－正味の取得担保額}{2×(1－\text{floor})×アドオン}\right)}\}$

　　　　（floor＝5％）

　　　資産クラスごとのアドオン合計値は、金利・為替・信用・株式・デリバティブの資産クラスごとに算出方法が定められている（本稿では説明省略）。

〈CVA〉

✓　標準的アプローチ（SA-CVA）……FRTB（トレーディング勘定の抜本的見直し）で提案されている標準的方式の改定案を援用したもの。また、会計上のCVAとの整合性が求められており、算出にあたっては、市場が織り込んでいる（market-implied）デフォルト確率（PD）と期待デフォルト時損失率（ELGD）をインプットする必要がある。なお、CVAの概念については、第2章のBOX7を参照されたい。

✓　内部モデルアプローチ（IMA-CVA）……FRTBで提案されている内部モデル方式の改定案を援用したもの。同アプローチを採用するためには、規制当局の承認を得る必要がある。

(2)　オペレーショナルリスク

　2016年3月、バーゼル委は「オペレーショナルリスクに係る標準的手法の見直し」と題する（第2次）市中協議文書を公表した。これは、図表3－21に示すとおり、内部モデル手法である先進的計測手法（AMA）を廃止し、

図表3-21　オペリスク計測手法～現行と今後

手法名		所要オペリスク資本額の計測手法	
標準的手法	基礎的手法（BIA）	粗利益に<u>15%</u>を乗じて得た額の直近3年間の平均値	SMAに一本化
	粗利益配分手法（TSA）	<u>8つのビジネス・ライン</u>ごとの粗利益に、<u>各ラインに対応する掛け目</u>を乗じて得た額の合計の直近3年間の平均値 ～ビジネス・ラインの例としては、リテール・バンキング（掛け目：12%）、コーポレート・ファイナンス（同：18%）等。	
先進的計測手法（AMA）		銀行の内部モデルを使用して計測される予想損失額（信頼区間：片側99.9%、期間：1年）…BOX13参照	廃止

（出所）　金融庁／日銀（2016）より抜粋（若干の修正を加えた）。

かつ現在3つある標準的手法[33]を新たな標準的計測手法（SMA：Standardized Measurement Approach）に一本化しようという提案になっている。内部モデルの廃止は、リスクアセットのバラツキ問題への対応として打ち出されたものであるが、民間におけるリスク計測精緻化努力を規制に取り込みリスク管理の高度化を図る（AMAの利点はBOX13を参照）というバーゼルの思想が打ち砕かれた決定的瞬間であり、金融関係者に衝撃を与えた。また、第1次市中協議文書では粗利益にかわる指標としてビジネス規模が提案されていたが、リスク感応度に欠けるとの指摘を受け、ビジネス規模から算出される所要資本額を個別行のオペ損失実績に応じて上下に調整する提案へと変更されている。

　この第2次市中協議案に対しては、①銀行セクター全体でみた所要オペレーショナルリスク（以下、オペリスク）資本額が大幅に増加する、②巨額

[33]　バーゼル規制上は、「粗利益配分手法」を改良した代替的手法も存在するが、本邦ではその採用が認められていない。

の罰金等（昨今のAMLやLibor指標事案等）のオペ損失を計上した金融機関の所要オペリスク資本額が著増する、③現在のリスクプロファイルと無関係な（たとえば売却した事業から生じた）損失が所要オペリスク資本額に影響を与える、等の批判が寄せられていた。

こうした議論の結果、2017年12月、最終合意に至り、2022年1月末の実施が決まった（その後コロナ禍対応で1年延期）。新しい標準的手法では、下式に示すとおり、ビジネス規模部分（BIC：Business Indicator Component）と損失実績部分（ILM：Internal Loss Multiplier）を掛け合わせたものが所要オペリスク資本額となる。

$$所要オペリスク資本額＝ビジネス規模部分（BIC）×損失実績部分（ILM）$$

ここで、BICは図表3－22（左表）に示す3要素の過去3年間の平均値を足し合わせた値（BI：Business Indicator）に、規模に応じたバケットごとに累積的な掛け目（右表）を掛け合わせることで求められる。ILMは、過去10年間に発生した年間平均オペ損失額を15倍した値（LC：Loss Component）を下式に当てはめ算出する。ここで、LC／BIC部分を0.8乗するのは、第2次

図表3－22　BIの区分とBIC算出の掛け目

［BIの3つの要素］

コンポーネント	
interest, lease and dividend component（金利等）	資金利益・リース・受取配当金
service component（サービス）	役務取引等利益
	その他業務利益
financial component（金融取引等）	銀行勘定
	トレーディング勘定

［BIC算出の掛け目］

BIのレンジ		掛け目
第1バケット	～10億ユーロ	12%
第2バケット	10億～300億ユーロ	15%
第3バケット	300億ユーロ～	18%

市中協議文書への批判に応え、オペ損失の大小が過度にILMに影響を与えることを避けるためである。また、現在のリスクプロファイルを反映していない損失については、当局の個別の承認を条件に損失実績の計算対象から除外することが可能になった。さらに、各国裁量により、損失実績部分（ILM）を勘案せずビジネス規模部分（BIC）だけから算出することも可能なルールとなった。

$$ILM = \ln\left(exp(1) - 1 + \left(\frac{LC}{BIC}\right)^{0.8}\right)$$

このように、2度の市中協議を経て、資本へのインパクトは軽減され、妥当な内容になったととらえることもできるが、BOX13に示すとおりリスク削減に向け正しいインセンティブを与えることができるAMAが廃止されたことは残念でならない。

BOX13　先進的計測手法（AMA）の概要

〈管理の枠組み〉

　オペレーショナルリスクを適切に「特定・認識」し、「評価・計測」、それを「制御」、「監視・報告」するというのが一連の流れである。事案が発生すれば、それを内部損失データとして蓄積しリスク計量に用いる。ただ、内部データだけではデータ数が不足（これは数のみならず損失事象のタイプ等も含む）するので、外部損失データも用いてリスク計量（計測手法は後述）することになる。これらのリスク量から部門ごとの経済資本量（割当資本量）を算出するが、その際に原因分析に基づく制御策（再発防止策）の効果を織り込んで算出する。ここが、AMAの最も優れたポイントであると筆者は考えている。再発防止策の効果を含め経済資本をモニタリングし、経営宛報告する。また、リスク管理にあた

っては損失事象ごとの事故発生件数等の主要リスク指標（KRI）やCSA
（コントロール・セルフ・アセスメント）[1]の結果も活用する。

図表1　オペレーショナルリスク管理の枠組み

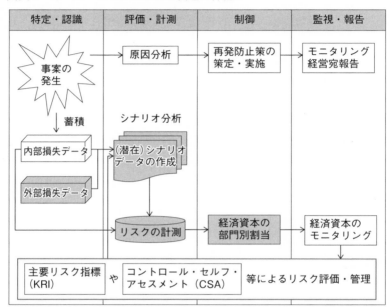

〈計測モデルの概念〉

　次に計測モデルの基本的な考え方を概説する。発生頻度分布（図表2
ではポアソン分布を仮定）と損失金額分布（図表2では特定の分布を仮定し
ないノンパラメトリック手法を想定）から、モンテカルロシミュレーショ
ン手法を用いてリスク相当額を算出する。その際、内部損失データだけ
ではデータが不足する（特に巨額損失の事例）ので、外部損失データ、
および業務環境と内部統制状況を反映（CSAの結果などを活用）し、シ

1　CSA（Control Self Assessment、統制自己評価）とは、組織に存在するリス
　クと統制を、実際に業務を実施している担当者自身が評価・モニタリングする
　ことにより、自律的なリスクマネジメント体制の構築・維持を可能とする手法
　のこと。

ナリオ（大規模損失発生を想定）を選定し、シナリオデータ（(2)図の点線で囲んだ部分）を作成する。ここに恣意性が入るという欠点は否めない

図表2　リスク計量のプロセス

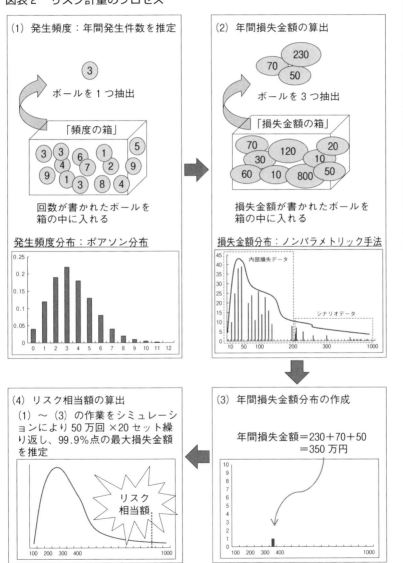

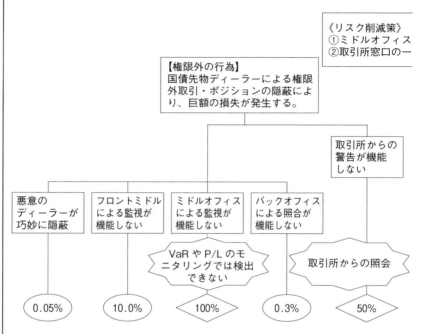

[リスク削減策実施前]

《リスク削減策》
①ミドルオフィス
②取引所窓口の一

【権限外の行為】
国債先物ディーラーによる権限外取引・ポジションの隠蔽により、巨額の損失が発生する。

取引所からの警告が機能しない

悪意のディーラーが巧妙に隠蔽

フロントミドルによる監視が機能しない

ミドルオフィスによる監視が機能しない

バックオフィスによる照合が機能しない

VaRやP/Lのモニタリングでは検出できない

取引所からの照会

0.05%　　10.0%　　100%　　0.3%　　50%

ので、モデル検証が重要となる。

〈シナリオ分析：フォールトツリー分析〉

　シナリオ分析の一つであるフォールトツリー分析を紹介する。まず、外部損失データ等を用い低頻度・高額の損失につながるリスクイベントを抽出する。次に、損失を想定する当該業務を可視化する。巨額損失事故の事象（頂上事象）、図表3では「国債先物ディーラーによる権限外取引・ポジション隠蔽により巨額の損失が発生する」を出発点として、発生原因を掘り下げる。「取引所からの警告が機能しない」「バックオフィスによる照合が機能しない」「ミドルオフィスによる監視が機能しない」などが発表原因としてあげられる。このツリー図と行内データから発生確率や損失額を推定し、リスク計測へとつなげるのである。この

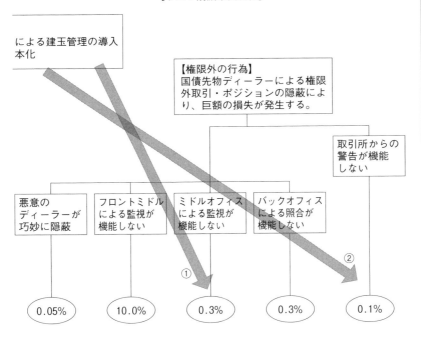

[リスク削減策実施後]

による建玉管理の導入
本化

【権限外の行為】
国債先物ディーラーによる権限
外取引・ポジションの隠蔽によ
り、巨額の損失が発生する。

取引所からの
警告が機能
しない

悪意の
ディーラーが
巧妙に隠蔽

フロントミドル
による監視が
機能しない

ミドルオフィス
による監視が
機能しない

バックオフィス
による照合が
機能しない

①

②

0.05%　　10.0%　　0.3%　　0.3%　　0.1%

際、発生原因となる大きな要因に対し、たとえば「ミドルオフィスによ
る建玉管理の導入」「取引所窓口の一本化」等の防御策（リスク削減策）
を打つことで、その発生確率を下げリスク量を大きく下げることが可能
となる（左図→右図）。

〈リスク削減への取組み→割当資本制度への組込み〉

　オペレーショナルリスクの場合、こうしてAMA手法で計測したリスク量が規制資本（＝経済資本）となる。これを各部門に割り当てることになるが、上述したように、AMAではリスク削減策を講じれば、その効果に応じ必要資本を減らすことが可能となる。図表4で示すとおり、期初に部門ごとにリスク影響度の高いシナリオに対する削減策を立案し、期中これらを実施、期末に評価し効果が認められれば各部門に割り当てられた経済資本（＝規制資本）を削減できる。地震対策などコストのわりに効果がすぐにはみえない施策に対しても、正しいインセンティブを与えることが可能となる。ここに筆者はAMAの魅力を感じていた。

図表4　リスク削除効果の反映方法

【期初】リスク影響度の高いシナリオに対する削減策の立案

〔A部門〕

イベントタイプ	リスク寄与額	シナリオ内容		リスク削減方針	削減効果（億円）
		内容	損失額（億円）		
物的資産	影響度の高いシナリオ	地震による建物・システムの損傷	200	各シナリオに対するリスク削減策	▲70
内部不正		○○業務における資金着服	30		▲15
内部不正		△△業務における預金着服	120		▲10
取引実行		□□業務における限度額誤設定による損失	400		－
…					

| 計 | 800 | | | | ▲100 |

【期中】
業務部門による
リスク削減策の実施

翌期のリスク
削減活動への反映

【翌期初】リスク削減活動の効果測定

部門	リスク量						増減要因
	合計	内部不正	外部不正	取引実行	物的資産	システム	リスク削減策とその効果等、リスク増減要因
A部門	360（▲40）	180（▲20）			94（▲3）	72（＋5）	
B部門							
C部門							
計							

(3) 資本フロア

　2017年12月7日、バーゼルⅢがついに最終合意に至った。2008年のリーマンショック後に議論を始め約10年の歳月を費やしたが、最後まで揉めたのがフロアに関する議論であった。

　そもそもフロアとは、バーゼルⅠからバーゼルⅡの内部モデル手法に移行する際、所要自己資本額が急激に減少することを防ぐために、バーゼルⅠに基づく所要自己資本に一定の掛け目（95〜80％）を乗じた水準を、所要自己資本額の下限（フロア）として定めたものである。すなわちバーゼルⅡの導入に伴う移行措置だったわけだが、この枠組み自体、時間の経過とともに、①バーゼルⅠを導入せずにバーゼルⅡやⅢを導入している国がある状況下、バーゼルⅠに係るシステムの保有を義務づけることは合理的でない[34]、②バーゼル2.5やバーゼルⅢ、標準的手法見直しの重要な進展を現行フロアは反映していない——等の課題が生じていた。そこで、①内部モデルがもつモデルリスクを軽減、②過度に楽観的な内部モデルを利用しようとするインセンティブに対処、③リスクアセットの比較可能性を高める、④リスクアセットのバラツキを抑えることを目的に、資本フロアの参照基準を現行のバーゼルⅠから新標準手法に変更することを骨格とした提案がなされた（2014年12月22日「資本フロアの見直しに関する市中協議文書」）。

　その後、さまざまな議論が展開されたが、最後まで揉めたのがフロアの水準。75％を主張する米国と70％を主張する欧州。最終的には妥協の産物として72.5％で決着した（別の言い方をすれば、内部モデルを使うことで最大27.5％までのリスク削減効果が認められたということ）。資本フロアの計算方法は、図表3−23に示すとおり。内部モデル手法に基づき算出したリスクアセット（RWA）の合計額が標準的手法に基づく算出結果を大幅に下回らないよう、

34　ただし、本邦においては独自の方法が別途認められている。当初、FIRBを導入し、その後にAIRBへ移行した金融機関は、フロアのベースとしてバーゼルⅠではなくFIRBによる計算結果を用いることが許容されている。

図表 3 −23　資本フロアの計算方法

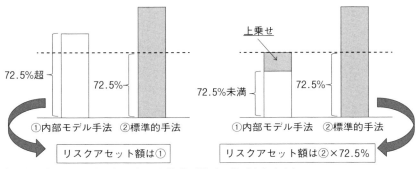

（出所）　金融庁／日銀（2018）より抜粋（若干の修正を加えた）。

図表 3 −24　資本フロアの段階的導入スケジュール

2023年	2024年	2025年	2026年	2027年	2028年
50％	55％	60％	65％	70％	72.5％

一定の下限値（フロア）が設定された。具体的には、内部モデル手法による
RWAが標準的手法によるRWAの72.5％を下回る場合、72.5％になるよう上
乗せされる（右側図）。このルールは、図表 3 −24に示すとおり、コロナ禍
対応を受けて2023年から 5 年かけて段階的に導入される。また、フロア適用
前後におけるRWAの増加率の上限を25％とする移行措置を各国裁量で導入
してよいルールとなった（ただし2027年には終了）。

⑷　レバレッジ比率規制

　リスクベースの指標である自己資本比率規制だけでは、銀行の過度なレバ
レッジの積み上がりを抑止できなかった反省として、下式に示すとおり、
Tier1資本をエクスポージャー額で除すというきわめてシンプルなレバレッ
ジ比率に関する規制が導入される。このレバレッジ比率規制は、2010年12月
に基本的な枠組みが公表された後、2014年 1 月に開示義務を中心とした枠組

みがいったん確定した（開示は2015年１月よりスタート）。しかし、その後、G-SIBs（グローバルなシステム上重要な銀行）に対するレバレッジ比率に係るバッファーの議論が持ち上がり、2017年12月、バッファーを導入することが正式に決まった。

$$レバレッジ比率 = \frac{Tier1資本}{エクスポージャー額} \geq 3\% + バッファー$$

エクスポージャー額＝オンバランスシート項目＋デリバティブ取引
＋証券金融取引(SFT)＋オフバランスシート項目

　上式で示すとおり、レバレッジ比率の最低水準は３％であるが、G-SIBsに対してはバッファーが導入される。具体的には、各G-SIBsのバケットに応じて自己資本比率上求められる資本サーチャージ（CET1比率）の上乗せ水準の50％に相当する比率が上乗せされる。たとえば、自己資本比率における資本サーチャージが１％の銀行は、レバレッジ比率では0.5％の上乗せとなる。この上乗せ幅を下回ることになった場合、図表３−25に示す割合で、配当等の資本流出を制限する扱いとなっている。また、詳細は記述しないが、最終案ではデリバティブ取引、有価証券の未決済取引、オフバランスシート項目、中銀預金の定義が見直されている。なお、本規制（G-SIBsへの上乗せ）の適用はコロナ禍対応で１年延期され、2023年１月からとなっている。

図表３−25　バッファーに係る社外流出の制限割合（バッファー水準＝0.5％の場合）

レバレッジ比率（Tier11資本ベース）	社外流出の制限割合（利益対比）
３〜3.125％	100％
3.125〜3.25％	80％
3.25〜3.375％	60％
3.375〜3.5％	40％
3.5％〜	０％

グローバル規制からマルチナショナル規制へ

　図表3−26に欧米における主要な新規制をまとめた。第1〜3節では、グローバルな規制としてバーゼルⅢ規制の概要を整理したが、リーマンショック以降、各国それぞれが規制改革を積極的に推進し、かつそれを域外適用するという動きに出ている。グローバルな規制からマルチナショナルな規制へという動きである。各国当局がそれぞれの視点で規制を強化することから、グローバルに業務展開する民間金融機関にとっては、規制対応負荷が従来以上に重くのしかかる。トランプ政権発足により、規制緩和を期待する向きもあったが、自国の中小金融機関に対する規制緩和は行われても、America Firstの方針のもと、外銀に対する規制緩和はほとんど進展しなかった。以下では、米国、欧州（含む英国）の順で、主な規制改革の動きを概観する。

(1)　米国における規制改革

①　ドット・フランク法

　2010年7月21日、オバマ大統領が「金融規制改革法 "Dodd-Frank Wall Street Reform and Consumer Protection Act"」に署名し、紆余曲折の末、ついに同法が成立した。同法は、両院協議会等で中心的役割を果たしたドット上院銀行委員長とフランク下院金融サービス委員長の名をとり、「ドット・フランク法」と呼ばれている。

　ドット・フランク法は、1933年に成立したグラス・スティーガル法以来の抜本的な金融規制改革を行うものであり、システミック・リスク対応、Too Big To Fail対応（秩序ある破綻処理の枠組み構築〜リビング・ウィル）、自己勘定（プロップ）取引やヘッジ・ファンドへの投資を制限するボルカー・ルール、スワップ・デスクの別会社化や集中清算機関を通じた清算を求めるデリバティブ規制、報酬規制の強化、証券化業務に係る規制強化、消費者保護規

図表 3 −26　米国、欧州における主要な新規制

カテゴリー	項目	概要（含む最近の動向）
米国規制	ドット・フランク法	・2010年 7 月に成立した包括的な金融規制改革法（金融監督体制の整備、金融機関破綻に伴う納税者負担の回避、消費者保護等）
	ボルカー・ルール	・銀行によるリスクの高いトレーディングやファンド投資の原則禁止。（ドット・フランク法619条に基づくもの、2015年 7 月から全面実施）
	FBO規制	・外銀向けのプルデンシャル規制（IHC設立、CCAR適用、流動性規制、リスクガバナンスの態勢整備等）
	CCAR（包括的資本分析）	・資本計画の評価、検証（ストレスシナリオ下での基準以上の自己資本比率維持が配当等の条件）
欧州規制（含英国）	リングフェンス（英国）	・預金取扱金融機関によるリスクの高いトレーディング業務等への関与抑制（2013年12月に法案成立、2019年 1 月までの実施を予定）
	Bank Levy（英国）金融取引税（EU）	・英国の銀行等のグローバルベースのバランスシートに対する課税 ・金融取引税は、広範な金融商品の取引に対して課税するもの（調整難航）
	中間持株会社設立義務づけ	・米国FBO規制の欧州版で、EU中間持株会社の設立を求めるもの（EU理事会・欧州議会の承認が必要であり、相応の時間が掛かる見込み）
	MiFID Ⅱ	・OTC取引の取引所への移行促進、市場の透明性向上を図るもの（各種金融取引の報告義務、リサーチ費用のアンバンドリング（分離明確化））
	Libor改革（Wheatley Review）	・新たなレート提示プロセスの確立 ・一部インデックスの廃止 ・牽制の強化（記録化、物理的隔離、内部監査等）

制の強化などきわめて多岐にわたっており、全2,307ページ、条文数にして1,601条にも及ぶものである。そのため、成立当初においては、「野球でいえば4回が終わった程度」「今後2年間で243の規制の整備、67の1回限りのレポートや研究、22の定期的なレポート作成が必要」といわれ、詳細化・具体化には長い時間を要する内容であった。同法に関しては、グリーンスパン元FRB議長の「同法案は金融危機の原因に対し適切な対応をとるものではないし、その実施は予期せぬ副作用をもたらす」との警告[35]をはじめ、その成立当初より「規制が厳しすぎると信用供与に影響が出て景気回復の足を引っ張る」「米金融機関の国際競争力が削がれる」などの懸念が噴出した。さらに具体化の過程のなかで活発なロビー活動が展開され、きわめて厳しい規制となる可能性のあったボルカー・ルールやデリバティブ規制も現実的なものとなった。

　ドット・フランク法を俯瞰すると、以下のポイントが指摘できる。すなわち、①実質自由の規制体系から、広く網をかけつつループホール・自由裁量の余地を狭めた実質不自由な規制体系へ、②金融工学の発展を土台とした利便性、柔軟性、イノベーション促進重視から、安全性、透明性、標準化を重視した規制体系へ、③金融機関の民間としての自由な経営よりもその公共性を重視、④（従来はメリットであった）金融機関が巨大であること・複雑であることに対してペナルティを負荷する、ことの4点である。その結果、投資銀行業務を主体とした米国金融機関のダイナミズムが失われ、金融技術の発展停滞や金融ビジネスの収益性低下などが予見されていたが、各金融機関は新しい規制に応じたビジネスモデルの再構築に注力し、これを乗り越えてきた。

②　ボルカー・ルール

ボルカー・ルールとは、ドット・フランク法619条に基づき、銀行による

35　"The implementation of the Dodd-Frank Act will result in unanticipated adverse outcomes. The act does not necessarily address the causes of the financial crisis." Financial Times（2011/3/29）

リスクの高いトレーディングやファンド投資の原則禁止を規定するルールで、最終ルールは2013年12月に確定し、2015年7月より適用が開始されている。

　大きな柱は、「自己勘定トレーディングの原則禁止」。グループ内に預金取扱金融機関を有するすべての会社が、自己勘定トレーディング（プロップ取引）が禁止される。ただし、マーケットメイク業務や引受業務、ヘッジ目的の取引、国債、政府機関債、地方政府債などのトレーディングは禁止対象外となり、当初懸念されていたものに比べれば現実的なかたちで最終着地した（一方で、マーケットメイクとプロップ取引の境界線を引くのは困難で、これが抜け道となる可能性も指摘されている）。それでも、大手金融機関から大物トレーダーが独立してヘッジ・ファンドを設立したり、自社のアセット・マネジメント部門に移籍させる、あるいは、同業務から撤退する等の動きもみられ、トレーディング業務の収益性は落ちたといえよう。

　もう一つの柱が、「ヘッジ・ファンド、プライベート・エクイティ・ファンドへの出資等の原則禁止」である。同事業が許容されるのは、あくまでも投資家（顧客）のための資産運用事業としてファンドを組成・募集する場合のみで、ファンド設立に必要となる当初資本への投資に対しても持分比率3％以内、期間1年以内という制限が課せられる。加えて、出資する金融機関のファンド向け投資持分の合計はTier1資本の3％以内という制限も課せられる。

　業務制限による直接的な影響に加え、法令順守のために求められている「コンプライアンス・プログラムの作成」や「トレーディング業務に関する定量的データの報告」等の負荷はきわめて高く、コスト増要因となっている。なお、本規制は米国に拠点を有する米国外の銀行グループも含まれる。

　③　FBO（外国銀行）規制

　2014年2月、ドット・フランク法165条に基づき、米国内外の大手銀行に対する監督・規制を強化するための最終ルールが公表され、2016年7月から外国銀行への適用を開始している。

これは一定規模以上（米国非支店資産500億ドル以上）の外国銀行は、米国での中間持株会社（IHC）の設立が義務づけられ、かつ米国の銀行持株会社と同等の健全性要件等が適用されるというものだ。「自己資本」に関しては、後述するCCAR（包括的資本分析・審査）の実施や、一定の要件を満たす本国の自己資本ストレステストの枠組み遵守等が求められる。「流動性」に関しては、流動性管理（緊急時の資金調達計画の策定、月次での流動性ストレステストの実施、手続の整備等）や流動性バッファーの保持等が求められる。「リスク管理」に関しては、ガバナンス強化のために米国内にリスク委員会や米国CRO（最高リスク責任者）を設置すること等が求められる。

　銀行・信託・証券等の各業態がそれぞれの業法に従い運営している日本の金融グループにとって、米国中間持株会社の設立や適用される健全性要件の遵守は、組織を複雑化し、運営コストがかさむ要因となっている。また、各国当局によるストレステストは米当局の要件を一定程度満たすことが求められており、本来は各国独自に実施されるべき当局ストレステストも米国並みに負荷の高いものになっていく可能性がある。

④　CCAR（包括的資本分析・審査）

　連結総資産500億ドル以上の銀行持株会社は、年１回、FRBによるCCAR（Comprehensive Capital Analysis and Review：包括的資本分析・審査）が実施される。FRBによるこのストレステストに合格しないと、配当等の資本政策が制限される。

　FRBが策定するストレスシナリオ（深刻な景気後退等）のもとで、将来の連続する９四半期にわたり定量基準（CET1比率：4.5％、Tier1比率：6.0％、Tier1レバレッジ比率：4.0％など）を満たす必要がある。加えて、資本計画のプロセスを支える内部管理、ガバナンス態勢やストレステストの方法等の定性基準も満たさなければならない。2016年は、ゴールドマン、モルガン・スタンレー、JPモルガン、ドイツ銀、サンタンデール等がいずれも定性要因で不合格となっている。

　CCARの作業負荷はきわめて高く、かつ、不合格となったシティ・グルー

プはCEOの解任が一時期噂されるなど、その結果はシビアだ。FRBが使用している評価モデルは、ブラックボックスであるため、金融機関は定量基準をクリアすべく、より厚めの資本を積む傾向にあり、資本効率の悪化につながっている可能性もある（その分、健全性が増しているとみることもできるが）。

(2) 欧州における規制改革

① リテール・リングフェンス（英国）

2011年9月、ヴィッカーズ委員会がリテール・リングフェンス案を提示、2013年12月に法案が成立し、2019年1月に実施された。

英国の大手銀行（バークレイズ、HSBC、RBS、サンタンデールなど5行）に対して、リテール預金業務は独立した別エンティティ（リングフェンス・バンク）で行うことを義務づけ、同エンティティではトレーディングやその他ホールセール・投資銀行業務などリスクの高い業務を禁止するとともに、高い自己資本比率、健全性の確保が求められた。同規制を受け、英国大手行は大型の組織再編を余儀なくされ、2018年3月、バークレイズはリテール・リングフェンス規制に対応するための組織再編計画（持株会社の傘下にリテール事業を担う銀行、投資銀行等を担う銀行、グループサービス会社の3エンティティを設置）が英高等裁判所に承認されたと発表。承認第1号となった（高等裁判所およびPRAの承認が必要）。

また、EUでも大手銀行約30行を対象に、銀行自身の利益獲得のみを目的とする自己勘定トレーディングの原則禁止や、トレーディング業務のリスクが一定水準を越える銀行から一定のトレーディング業務を分離・別会社化する等の「EU銀行構造改革案（＝欧州委員会案）」が2012年のリーカネン報告以来、検討されている。

② Bank Levy（英国）、金融取引税（EU）

英国では、2011年1月に銀行税（Bank Levy）が導入された。グローバルベースのバランスシートを課税対象とし、負債等の額に税率を乗じた額が徴

収される。さらに、2015年より、2016年から2021年にかけて法人税率を引き下げる一方、銀行の利益に対する税率について8％の上乗せを開始することを決めた。ただし、Bank Levyの課税対象をグローバルベースのバランスシートから英国内のバランスシートへと変更することも提案されている。

また、EUでも金融セクターに対する課税として、金融取引税（FTT）の導入を2011年および2013年に欧州委員会が提案しているが、各国間の調整に難航しており、制度開始のメドは立っていない（フランスなど一部の国では導入されたが、EU全体としては英国等の強い反対があり、導入は見送られた）。FTTとは、金融危機コストの公平な負担、金融市場の効率性に貢献しない取引に対するインセンティブの抑制、統一された制度導入によるEU域内のゆがみ是正を目的として、株式・債券・デリバティブ等の広範な金融商品の取引に対して一定税率の課税を行おうというもの。目的には賛同するものの、導入されれば流動性への悪影響は避けられまい。

③　中間持株会社設立（IPU提案）

2016年11月、欧州委員会は自己資本要求規制（CRR）、自己資本要求指令（CRD）、再建・破綻処理指令（BRRD）等の修正法案からなる銀行規制改革案を公表した。そのなかで、EU域内に複数の現地法人をもつEU域外のG-SIBs等に対して、第三国金融グループのResolvability（破綻処理実行可能性）向上、監督強化を目的として、EU中間親会社（intermediate EU parent undertaking）の設置を義務づけることを提案している。米国FBO（外国銀行）規制の欧州版といえるが、G-SIBsであれば、EU域内の資産規模や業務の複雑さにかかわらず一律の対応を求める等、より厳しい面がある。

この銀行規制改革案の協議はBrexit交渉と並行して進むため、どう着地するのか読みにくく不確実性が高い。仮に提案どおりに導入されるとすると、邦銀のEUにおけるオペレーションの規模やビジネスモデルを勘案すると、収益に比しコストはきわめて大きいといえよう（2018年5月、EU理事会は適用対象をEU域内の資産が400億ユーロ以上の銀行に限定することを提案し、影響の軽減化が図られている）。

④　MiFID Ⅱ

第 2 次金融商品市場指令（Markets in Financial Instruments Directive 2）の略称で、2018年 1 月より施行された。これは、2007年11月に施行されたMiFIDを改正したもので、金融商品市場規則（Mifir：Markets in financial instruments regulation、EU加盟国すべての市場に対する共通の基準）とともにEU理事会で可決された（2014年 5 月）。

MiFIDからの主な改訂ポイントは、①市場透明性の向上（ダークプール[36]規制などの導入）、②アルゴリズム取引に対する取引規制の導入、③商品デリバティブ市場に対する監督権限の強化、④投資家保護の強化（リテール顧客を手厚くする等）、⑤第三国のEU市場へのアクセスを認めるための統一的な枠組みの導入、⑥運用機関への規制強化（取引報告や手数料の透明性、金融商品ガバナンスの厳格化等）。手数料に関しては、ブローカーに支払う売買手数料とリサーチに対する対価の分離（アンバンドリング）が求められている。

金融・資本市場における環境変化をふまえての改正であり、市場の透明性向上、競争促進に資するものと思われるが、民間金融機関の対応負荷は重い。また、リサーチに携わる人には、逆風といえるかもしれない。

⑤　Libor改革

Libor[37]等の不正操作問題（第 5 節で詳述）を受け、英国では2012年 9 月に再発防止に向けたウィートレー・レビューが公表され、Libor改革が行われた。Liborの運営機関およびデータ提示者は規制対象となり、2014年 2 月からLiborの運営者はBBA（英国銀行協会）から独立組織であるIBA（ICE Benchmark Administration）に変わった。また、FSB（金融安定理事会）は、主要な金利指標（Libor、Euribor、Tibor）を可能な限り実取引のデータに基づく金利指標（IBOR＋）に改革するとともに、主要 5 通貨について金利水準に含まれる取引主体の信用リスクがほぼゼロに近いリスクフリー・レート

36　コンピュータ・システムを用いて、顧客の注文と対当する取引相手を探し出し、立会外取引システムに取り次ぐ仕組みが「ダークプール」と通称されている。

37　London Interbank Offered Rateの略。ロンドンにおける銀行間の無担保での調達金利を示す金利指標。

（RFR）を開発・導入するという複数金利アプローチを提言した。これを受け、IBORの各運営機関や民間セクター・グループは関係当局と連携しつつ、IBOR＋やRFRの開発に地道に取り組んできたが、2017年7月、FCA（英国金融行為規則機構）のベイリー長官が2021年末導入という具体的な時期に言及したことで、その動向に再び市場関係者の注目が集まっている。

　Liborに関しては、2016年3月、IBAが改革の実施に向けたロードマップを公表している。可能な限り実取引に基づくよう、①3段階のウォーター・フォールの導入（レベル1：実取引→レベル2：実取引に基づく推計値→レベル3：関連する市場データに基づく推計値の優先順位でレートの算出に使用)[38]、②対象とする取引相手方の拡大、③対象商品の明確化、④最低取引規模の設定、⑤対象とする調達市場の特定、という内容が盛り込まれている。

　一連の金利指標改革では、実取引をきわめて重視しているが、金利市場の流動性は為替や株式ほどには高くない。気配値も利用しながらプライシングしているのが実態だ。実態に即したルールになることを期待したい。また、金利指標の算出方法を変更する（IBOR＋）にしても、代替指標（RFR）に移行するにしても、膨大な既存契約があるので、その実務対応はきわめて負荷が高く、十分な経過期間が必要である。しかし、残念ながら現時点においても2021年末以降Liborが恒久的に公表停止となる可能性は不変であり、市場全体の取組みの遅れが大きな問題となっている。

38　日本円Tiborにおけるウォーター・フォールは、順位1：無担保コール市場→順位2：無担保コール市場に準じるインターバンク市場のデータ→順位3：ホールセール市場を含む関連市場のデータ→順位4：エキスパート・ジャッジメントとなっており、データが存在しない場合は、実取引のデータ以外も勘案したエキスパート・ジャッジメントが許容されている。

2012年夏、Libor等の不正操作問題が明るみに出た。Liborは、金利スワップ等のデリバティブから、社債、貸出等幅広い取引のプライシングに用いられているが、パネル行（Liborの提示を行っている銀行）のトレーダーが自らのデリバティブのポジションを有利にする目的で、あるいは自行の信用力を高くみせるために、実勢から乖離した水準で金利の提出を行っていたことが明るみになり、大きな問題へと発展した。2012年6月には、バークレイズがLiborおよびEuriborの不正操作の疑いで米英当局から多額の制裁金等を課され、その後も大手金融機関が各国当局から制裁金等を課される事態が相次いだ。

問題は、Libor事案にとどまらなかった。米国では、リーマンショックの前後で住宅ローンの差押えやMBSで不適切な販売が摘発され、またグルーバルな為替市場では為替レートの不適切な操作が明るみになるなど、金融機関の不適切な行動が次々に糾弾されていった。この過程のなかで、コンプライアンスやオペレーショナルリスクなど従来のリスク管理のフレームワークでは収まりきれない「コンダクト・リスク」という概念が生まれ、注目されることとなった。以下、その内容を概説する。また、BOX14では、当該問題に対する当局のきわめて厳しいスタンスを紹介する。

(1) コンダクト・リスク

英国金融当局FCA[39]は、「顧客の正当かつ合理的な期待に応えることを金

---

39 Financial Conduct Authority（金融行為監督機構）の略。英国では、リーマンショック後にFSA（Financial Service Authority：金融サービス機構）を解体し、FPC（Financial Policy Committee：金融安定政策委員会）、PRA（Prudential Regulatory Authority：健全性監督機構）と、このFCAを新たに創設した。FCAは、金融サービス分野における業務行為に関して責務を負う監督当局。

融機関自らが第一の責務としてとらえ、顧客への対応や金融機関同士の行動、市場での活動で示すこと」を金融機関に期待されるコンダクト（行為）とし、「顧客保護」「市場の健全性」「有効な競争」に対して悪影響を及ぼす行為が行われるリスクをコンダクト・リスクとして定義している。従来のコンプライアンス（法令順守）で求められていた目線より格段に上がっている。

　問題の背景には、顧客と金融機関の情報の非対称性、収益重視のインセンティブ体系やリスク・カルチャーが存在する。また、不適切なビジネスモデルが結果として不公正な取引をもたらすといった側面がある。したがって、従来のコンプライアンスやオペレーショナルリスクなどの管理フレームワークでは対応しきれず、次章で取り上げる「健全なリスク・カルチャーの醸成」「戦略リスクへの対応」といったよりハードルの高い課題へのチャレンジが必要になっている。

BOX14　当局の金融機関に対する厳しいスタンス

　以下に、2014年頃の欧米金融当局高官の講演での発言を抜粋する。金融機関に対するきわめて厳しいスタンスがうかがえる。

〈NY連銀　ダドリー総裁（2014年10月20日講演[1]）〉

「ウォール・ストリートは社会の信頼を失った。これは腐ったリンゴの問題ではない。リンゴ樽のつくり手の問題だ」

…金融機関の数名の不正トレーダーのせいだとする説明に対し、企業内の倫理の問題は個人（腐ったリンゴ）の問題ではなく、組織（樽のつくり手）の問題だという指摘。

「いままでの罰金は株主が払った。今後は上位経営層とトレーダーの報酬を繰り延べて、彼らに負担させるべきではないか？」

「不正を働いた従業員を金融業界から追放し、永久に雇用機会を失わせるリスクに直面させる仕組みが必要だ」

〈英国PRA　ベイリー総裁（2014年10月16日講演[2]）〉

「金融システムの修復には資本と流動性の修復だけでは足りない。金融機関のガバナンス、行動規範、正しいインセンティブのすべてが重要だ」

「金融危機の第2フェーズの根源的な問題は、顧客に対する行動規範、金融制裁、アンチマネーロンダリングのような政策分野にある。私は金融機関の誤った行動を容赦するつもりはない」

〈米国FRB　タルーロ理事（2014年10月20日講演[3]）〉

「金融危機の負の遺産ではなく、Libor不正操作など危機後の不正行為に基づく事例が発生し始めている」

「金融機関の従業員は法律違反を犯さない限り、どのような方法を用いてでも収益を最大化することが自分の仕事だとでも考えているのか？」

「われわれがみたいのは単なるコンプライアンスではない。優れたコンプライアンスなのだ」

…チェックボックス方式のコンプライアンス作業を批判しての言葉。

（出所）　水野裕二（2014）Moody's ANALYTICSより抜粋。

1　"Testimony on Improving Financial Institution Supervision：Examining and Addressing Regulatory Capture"

2　Speech given by Andrew Bailey, Chief Executive, the PRA, at the City Banquet, London

3　"Good Compliance, Not Mere Compliance"

　AML（アンチ・マネーロンダリング）と
FD（フィデューシャリー・デューティ）

　規制の幅が広がったという観点で、前節のコンダクト・リスクに続き、本節ではマネーロンダリングに対する規制対応であるAMLと顧客本位の業務運営が求められるFDを取り上げる。

(1)　AML（アンチ・マネーロンダリング）

　反社会的勢力やテロ組織への資金供与、詐欺や横領など違法な収益の源泉を隠す行為は、マネーロンダリング（Money Laundering：資金洗浄）と呼ばれ、それへの対策（AML：アンチ・マネーロンダリング）は、国際的な重要課題である。しかしながら、マネーロンダリングの定義が国により異なる[40]状況では、規制の強い国と甘い国が存在することとなり、結果として犯罪収益は規制の少ない国へ水のように流れ、これを根絶することができない。そこで、1989年にアルシュ・サミットでの経済宣言を受けてFATF（Financial Action Task Force on Money Laundering：金融活動作業グループ）が設立され、それ以降国際基準の策定と見直し（FATF勧告）が継続的に行われている。

　2001年10月、FATFの使命は改定された。米国での同時多発テロを受け、従来のマネーロンダリング対策のみならず、テロ資金供与対策の問題も取り扱うよう拡大されたのである。FATFが策定した新「40の勧告」および9特別勧告は、IMFおよび世界銀行によりマネーロンダリング対策およびテロ資金供与対策の国際基準として認識された。金融機関に対しては、厳格な顧客の本人確認（KYC：Know Your Customer）と記録保全、特にPEPs（Politically Exposed Persons：重要な公的地位を有する者）に対する管理強化、海外コルレス銀行[41]との取引管理強化、疑わしい取引の届出等が求められてい

40　米国の基準はきわめて幅広い。犯罪収益には、将来犯罪を行う意図で米国を移動するきれいな金も含まれるし、脱税収益も含まれる。

る。

　そうしたなかにあって、米国の基準は特に厳しく、金融機関に対しAML
にゼロ・トレランス（いっさいの逸脱を許さない）を求めている。2001年9月
11日のテロリストによる米国本土攻撃を受け、テロ資金供与を含む犯罪支援
ファイナンスを根絶するための国家戦略と位置づけているからである。まさ
にテロとの戦争であり、金融機関にとって大規模なシステム投資なくしては
対応できないレベルにある。ドル取引に対しては、外国銀行であってもこの
高い基準が求められる。図表3-27にAMLに関連する主な罰金・制裁金・
和解金をまとめたが、多くの外国銀行が多額の罰金等を支払っている。フェ
ナーゴ社[42]の調査レポートによれば、2008年から2018年までの10年間で
AML／経済制裁等の違反事例で課された罰金は260億ドルにのぼるが、その
うちの実に91％が米当局に対して支払われている。

　一方、日本の状況はどうか。残念ながら、2008年に実施されたFATF第3
次対日相互審査のレビュー結果は加盟国中の下から5番以内[43]というきわめ
て厳しい状況だった。仮に、FATF勧告の遵守が不十分な国（ハイリスク国）
と認定されてしまうと、海外送金やコルレス業務に大きな制約（当該国の銀
行は外国銀行からコルレス契約を解除される等）がかかり、日本の産業界全体
に大きな支障が生じる。2019年10月、FATF第4次対日相互審査が始まる。
国をあげての対応が必要になっている。インフラ整備はもちろんのことだ
が、平和な国、日本においてもテロとの戦いであるというリスクマインドの

41　海外に送金するにあたり、その通貨の中継地点となる銀行のことをいう。海外送金の
　　場合、国内送金における中央銀行に当たる存在（中央銀行にある当座預金口座間で資金
　　を振り替える）がないため、銀行は海外の銀行との間で口座（コルレス口座）を開設し
　　合い、その口座を用いて資金を振り替えることで決済を行う。ただ、すべての銀行と同
　　口座を持ち合っているわけではないので、送金先がコルレス先でない場合には、中継と
　　なるコルレス銀行に送金指示を行うことで資金決済を行う。すなわちコルレス銀行は、
　　国内送金における中央銀行のような役割を果たしている。
42　金融機関向けに法令遵守システムを提供するプロバイダー。
43　マネロンに関する40の勧告とテロリスト資金供与に関する9つの特別勧告に対する履
　　行率をみると、審査年が違うので単純比較はできないが、米国の88％（2006年評価）に
　　対し、日本は48％（2008年評価）ときわめて低い。

図表3-27 主な罰金・制裁金・和解金の事例

[単位 百万ドル]

時期	金融機関	金額	当局
2009年12月	クレディ・スイス	536	OFAC、他
2010年5月	ABNアムロ	500	OFAC、DOJ、FRB、他
2010年8月	バークレーズ	298	OFAC、DOJ、FRB、他
2012年6月	ING	619	OFAC、他
2012年8月	スタンダード・チャータード	340	NYDFS
2012年12月	スタンダード・チャータード	327	OFAC、DOJ、FRB、他
2012年12月	HSBC	1,921	OFAC、DOJ、FRB、他
2013年6月	三菱東京UFJ銀行	250	NYDFS
2014年6月	BNPパリバ	8,834	OFAC、DOJ、FRB、他
2015年3月	コメルツ銀行	1,454	OFAC、DOJ、FRB、他
2015年11月	ドイツ銀行	258	OFAC、NYDFS
2016年4月	中国農業銀行	215	NYDFS
2017年1月	ドイツ銀行	630	NYDFS、UKFCA
2017年11月	ソシエデ・ジェネラル	554	NYDFS

(注) 当局に関する略称は、次のとおり。OFAC：米国財務省外国資産管理室（Office of Foreign Assets Control）、DOJ：米国司法省（United States Department of Justice）、FRB：米連邦準備制度理事会（Federal Reserve Board）、NYDFS：ニューヨーク州金融サービス局（The New York State Department of Financial Services）、UKFCA：英国金融行為監督機構（The UK Financial Conduct Authority）。
(出所) 新聞報道等より作成。

醸成が必要である。

(2) FD（フィデューシャリー・デューティ）

　前節では、Libor等の不正操作問題からコンダクト・リスクへの関心が高まったことに触れた。本邦においても、近年、商工中金やスルガ銀行の事案など金融機関の不祥事が後を絶たず（BOX15参照）、これらも背景として、2017年に金融庁は「顧客本位の業務運営に関する原則」を発表し、フィ

デューシャリー・デューティ（以下FD）の重要度がますます増している。FDそのものは、Fiduciary（受託者）とduty（責任）を組み合わせた言葉であり、信託の歴史から生まれたものであるが、金融庁は「真に顧客本位の業務運営」と幅広い概念へと定義を見直し、金融行政の最重要施策とした。

橋本（2017）によれば、FDの概念は、医師と患者や弁護士と依頼人など情報の非対称性がある職業を考えるとわかりやすい。これらは対等な関係にないので、圧倒的な情報量、専門性を有する強者が、弱者である受益者の利益を優先して考え、行動しなければならない。これがまさにFDである。資産運用の世界においても、同様の関係が成り立つ。資産運用のノウハウや情報に圧倒的な情報格差があるので、顧客は資産運用会社を信頼して託すしかない。そのため、資産運用会社は顧客の最善の利益を追求することが求められており、この顧客利益は株主利益よりも優先すべきとされている。金融庁は、この考え方を広く拡張し、図表3−28に示す顧客本位の業務運営に関する7つの原則を打ち立てた。①顧客本位の業務運営に係る方針等の策定・公表等、②顧客の最善の利益の追求、③利益相反の適切な管理、④手数料等の

図表3−28　顧客本位原則の体系

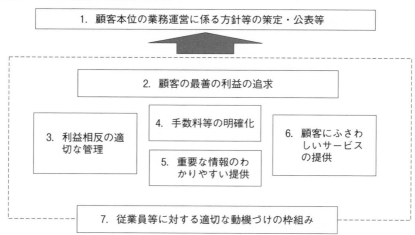

（出所）　金融審議会「市場ワーキング・グループ」（第10回）参考資料。

明確化、⑤重要な情報のわかりやすい提供、⑥顧客にふさわしいサービスの提供、⑦従業員等に対する適切な動機づけの枠組み、の7つである。⑦は後述するリスク・カルチャーの醸成、浸透にとってもきわめて重要な原則である。

　この顧客本位原則は、「ルール」ではなく「プリンシプル」である。この定着に向け、金融庁は、定着度合いを客観的に評価するための成果指標（KPI）を定め、金融業者にその公表を促したり、自らモニタリングを通じて把握した事例を公表することを開始している。金融機関は顧客本位原則にのっとったビジネスへとそのモデルの変革が求められている。

BOX15　最近の本邦金融機関不正事案

　最近の本邦における金融機関の不正事案を2つ紹介する。
〈商工中金事案〉
　2016年11月、商工中金は鹿児島支店の行った危機対応業務[1]において不適切な貸付が行われたことを公表、同年12月には第三者委員会を設置し調査を開始した。2017年5月には関係省庁より行政処分を受け、同年6月には業務改善計画を公表した。
　第三者委員会公表の「調査報告書」によれば、事案概要は、実際には危機要件を充足していないにもかかわらず、エビデンスの偽造、危機要件チェックシートの不正記入等の手口による偽装で債務者に対して危機対応融資および利子補給を実行していたというもの。第三者委員会が約22万口座の危機対応融資（2008年10月〜2017年2月に実行したもの）のうち、約2.8万口座（約12.6％）を調査した結果、不正があると判定した口座は760口座（99名）にのぼった。その口座は当初発覚の鹿児島支店、および池袋支店に集中しているが、発生した拠点は全国に及んでいた。

本事案発生の要因は多岐にわたるが、第5章で述べる「不正のトライアングル」（BOX20参照）で整理すると、次のとおり。「機会」という視点では、改ざんが容易にできる環境、内部牽制・管理体制が機能していない（チェック体制の形骸化）、現場と本部（含む経営）の距離感（認識にギャップが生じていた）等。「動機」という視点では、過度な収益プレッシャー（平時でも実需のない危機対応業務の予算を機械的に割当）、達成度合いで決まる人事評価、危機対応融資はやって当たり前という雰囲気、等。「正当化」という視点では、信用力のない顧客への融資ではないのでだれも困らない、周囲も皆やっている、危機対応業務は社会的な意義があるという思い、等。きわめて根は深いが、「動機」や「正当化」のポイントは、どこの金融機関でも少なからず起こりうる。金融機関は、ビジネスモデルの変革が求められている。

〈スルガ銀行事案〉

2018年9月、スルガ銀行のシェアハウス関連不正融資問題に関する第三者委員会の調査結果が公表された。シェアハウス関連不正融資問題とは、不動産販売・サブリース業者（スマートデイズ）が、関係会社等を通じた転売により不動産価格を吊り上げる一方、二重契約（売買額を水増しした売買契約書を銀行に提出）、顧客の自己資金残高の偽装等によってスルガ銀行からサラリーマンを中心とする投資家向けに過大融資を引き出した事案である。本件により、スルガ銀行は2018年3月期にシェアハウスローン関連で420億円、それ以外の投資用不動産関連融資で162億円の貸倒引当金を計上。さらに、2018年6月期までに収益不動産ローン全般で718億円の貸倒引当金を計上した。

第三者委員会公表の「調査報告書」によれば、業者との異常な関係から業者職員のみならず、行員も偽装に関与しており、直接的な偽装以外にも各種の不正行為が銀行不動産ローン全般に蔓延していた。同報告書は、不正行為に歯止めがかからなかった要因として、以下7つの問題点を指摘している。①審査体制の問題（審査の営業からの独立性が確保され

ていなかった、新商品としての検証未実施、等）、②営業の問題（営業のプレッシャーが大きい、効率性志向でチャネルへの依存大、業者の管理不徹底、等）、③内部監査の問題（形式的、前例踏襲的な監査）、④統制環境（コンプライアンス意識の欠如）、⑤ガバナンスの問題（取締役会の牽制が効いていない）、⑥パーソナル・バンクの聖域化（経営層は執行の現場に深入りせず）、⑦問題表面化後の経営対応（主体的な対応をする意識の欠如、内部統制の未整備、等）、という諸点である。収益に苦しむ地銀のなかにあって、高収益を計上し続けてきたそのビジネスモデルは一時期賞賛されていたが、こうして振り返ると、そこには無理があったといわざるをえない。FDを中核に据えたビジネスモデルへと大きく変革する必要があろう。

1　危機対応業務とは、大規模災害等に対応するため、指定金融機関が日本政策
　金融公庫からの信用供与を受け、事業者の必要資金を貸付する制度。

第7節　会計（IFRS）とリスク管理

　一度規制から離れ、本節では会計の世界を覗いてみよう。2001年にIASB（International Accounting Standards Board：国際会計基準審議会）が発足[44]して以降、会計基準の国際的な統一を目指すIFRS（International Financial Reporting Standards：国際財務報告基準）導入に向けた動きがいまなおグローバルに続いている。図表3−29に、日米欧の地域別にリーマンショック前後の主な出来事を年表ふうにまとめてみた。IFRS導入は、金融危機が起こるか

44　IASC（International Accounting Standards Committee：国際会計基準委員会）から
　の改組。

図表 3 −29　IFRSの動向

	日本	米国	欧州
2002年		「ノーウォーク合意」 …FASBとIASBは、両者の会計基準の互換性をより高めることに合意。	
2005年	ASBJは、IASBとのコンバージェンス作業を開始。		EU域内上場企業、IFRS適用を義務化。
2006年		「MoU（覚書）」 …コンバージェンスを加速させることを約束、具体的な作業計画を示す。	
2007年	「東京合意」 …コンバージェンス作業に関し期日目標（2011年6月）を設定することで合意。	米国で資金調達する外国企業に対し、IFRSの使用を認める。	
2008年	コンバージェンス作業の結果、IFRSとの同等性評価を得る。	「ロードマップ案」公表 …2011年までにIFRSを採用するか否かを決定する。また、IFRSとの同等性評価を得る。	
2009年	「中間報告」 …IFRS強制適用の判断時期は2012年、適用時期は2015年か16年。		
2010年	IFRS選択適用を開始。	「ワークプラン」 …早期適用は制度化しない。2011年決定の方針は不変だが、適用時期を後ろ倒し。	

2011年	6月、金融担当大臣は、準備期間には5〜7年必要であると発言（→適用時期は2017年3月以降に後ろ倒し）。	コンバージェンス作業の延期を発表。シャピロSEC委員長は、適用に慎重方針。→強制適用判断延期	
2012年	「中間的論点整理」公表 強制適用判断延期	「SECスタッフ最終報告書」公表	
2013年	企業会計審議会当面の方針、自民党提言公表（6月）任意適用要件緩和		モニタリング・ボードメンバー選定要件決定 会計基準アドバイザリー・フォーラムの設置
2014年	政府の成長戦略で任意適用企業拡大促進		
2015年	「修正国際基準」公表 金融庁が「IFRS適用レポート」を公表		

なり以前から続いている議論であるが、ローカルな危機をグローバルに伝播し助長した原因の一つが会計問題との指摘も多く、2008年前後からその動きが加速されたように思われる。ただ、BOX16に示すとおり公正価値のプロシクリカリティをめぐる議論は当局を含めた各ステークホルダー間でも危機の前後で二転三転している。

　ここで、簡単にその経緯を振り返る。IFRSは国際会計（国際財務報告）基準といわれているが、生まれも育ちも英国である。IASBの前身であるISAC が数十年かけて開発してきたIAS（International Accounting Standards：国際会計基準）をベースに世界統一基準をつくろうというものであるが、それが実用的な段階に入ったのは、2000年にIOSCO（証券監督者国際機構）[45]がIAS を外国会社が国際的に資金調達する場合の基準として承認したことに始まる。その後、影響力の大きい米国がエンロン事件[46]等の影響もあり、米国基

準（US-GAAP[47]）とIFRSをコンバージェンス（収斂）[48]させるという「ノーウォーク合意」を2002年に結んだこと、欧州においても2005年からEU域内の上場企業に対しIFRS適用を義務づけたことからグローバルにIFRS導入の動きは本格化した。米国においては、2006年に「MoU[49]（覚書）」を結びコンバージェンスの作業を加速させることを約束、その後2008年には「ロードマップ案」を公表し、コンバージェンスからさらに歩みを進め2011年までにIFRSを採用（アドプション）するか否かを決定し、採用する場合には2014年から段階適用するとした。しかしながら、実際には強制適用の判断は行われなかった。その後2019年7月の時点に至ってもなお、SECはIFRS導入に対するスタンスは明確にしていない。一方で、米国上場の外国登録企業（FPI）に対しては、米国基準との調整表なしにIFRSでのファイリングを認めており、2014年時点ですでに約3分の2のFPIがIFRSでファイリングしているといわれていた。

　このような動きのなかで、日本は2005年にASBJ[50]がコンバージェンス作業を開始し、2007年にコンバージェンス作業の期日目標を2011年6月とする「東京合意」を結んだ。2009年には、米国の動きに呼応するかのように「金融庁中間報告（日本版ロードマップ）」[51]を発表し、2012年までにIFRSを採用（アドプション）するか否かを決定し、採用する場合には2015年または2016年に適用を開始するとした。さらに、2010年3月期からは、一定の要件を満た

45　International Organization of Securities Commissionの略。
46　米エネルギー卸売大手のエンロンが不正経理（石油・天然ガス・電力の先物契約に関し、契約がとれた段階で利益計上することで利益を水増しさせていたもの）により、破綻した事件（2001年）。また、同社の利益操作をアドバイスしたとして、大手会計事務所であったアーサー・アンダーセンも解散に追い込まれた。
47　US‐Generally Accepted Accounting Principlesの略。
48　各国の会計基準とIFRSの間の大きな相違を調整することをいう。一方、自国の会計基準ではなくIFRSを直接採用することを「アドプション（直接適用）」と呼ぶ。
49　Memorandum of Understandingの略。FASB（Financial Accounting Standards Board：米国財務会計基準審議会）がIASBと交わした覚書。
50　Accounting Standards Board of Japan：企業会計基準委員会。
51　金融庁企業会計審議会が2009年6月16日にまとめた「我が国における国際会計基準の取扱いについて（中間報告）」。

す企業については、IFRSの任意適用が容認された。しかしながら、日本においても、2011年5月に当時の自見庄三郎金融担当大臣は、IFRSの導入を決定した際の準備期間には5～7年必要、すなわち適用時期は2017年3月以降に後ろ倒しすると発言し、結局2012年までに結論は出なかった。2013年6月、企業会計審議会が「当面の方針」を、自民党が「提言」を公表。強制適用の是非等を判断すべき状況にないとし、任意適用の積み上げを図る方針のもと任意適用の要件を緩和し、今日に至る。日米ともに、（強制適用の）判断は先送りされ、民間の自主的判断に委ねられた（本邦においては自主的判断で導入することが期待されている）。

　第1項では、IFRSの主要な特徴とその問題点を整理（ただし、2011年時点での整理。2014年7月の「IFRS第9号」の内容は、BOX17を参照されたい）した後に、第2項でIFRSが導入された際の金融機関経営に与える影響を概観する。

BOX16　　公正価値のプロシクリカリティをめぐる議論

　時価会計（公正価値会計）に対するスタンスは、そのプロシクリカリティや市場の価格発見機能に対する評価に依存する。VaRのように市場リスクを過去のマーケットデータから統計的に計量する場合には、市場の価格発見機能に依存（Mark to Market、価格は正しいとのスタンス）しているわけで、会計もそれに従うほうが望ましいと考えることができる。筆者もかつてはこの考え方に近かったが、リーマンショックの際にファイヤー・プライス（投売りによる異様な価格下落）を目にし、時価会計に対してやや懐疑的になっている（その当時に執筆した論文をベースに構成した本書第1章は、時価会計に批判的）。ただ、その後の実証分析では、時価会計がプロシクリカリティを高めるという証拠は見出されてい

ない。いまだこの問題に結論を出すのはむずかしい。

　このあたりの事情は、宮内惇至（2015）に詳しい。以下、そのいくつかを紹介する。

➤　ターナー・レビュー（FSA（2009））は、「資産価格の時価評価が自己増強的に根拠なき熱狂を焚きつけた」「銀行等が公正価値会計を採用することで評価損が金融システム全体に波及してプロシクリカリティが発生する」と主張。

➤　一方で、金融機関の会計と規制をめぐる近年の研究に関するバーゼル委の包括的なサーベイ（BCBS（2015））は、「金融危機における公正価値会計と投売りの間には因果関係は乏しい」との実証研究を示している。

➤　Diamond and Rajan（2011）は、「投売りは自己資本制約からではなく、主に流動性制約から生じている」と主張。BCBS（2015）のレポートも「資産価格の低下と投売りのフィードバック・ループは会計制度を介するものではなく市場構造や金融機関のビジネスモデルから直接生じたものである」と結論づけている。

➤　さらに、Badertscher et al.（2012）は、損益に公正価値を反映しない会計処理が危機を増幅した可能性があることを実証的に指摘している。「売却可能債券の損益に公正価値を反映しないといった短期的にプロシクリカリティを引き下げるようにみえるルールが、実はデット・オーバーバンキングによる金融システムの不安定化を通じて、より大きなプロシクリカリティにつながった」とリーマンショック時にとられた時価会計の凍結という措置を批判している。

➤　Laux（2012）は、「カウンターシクリカルな要素を取り入れたいのであれば、会計で対応するのではなく、規制上のフィルターを用いる」ことを主張している。

(1)　IFRSの主要な特徴

　日本基準と比較した場合のIFRSの主要な特徴は、図表3－30に示すとおり「原則主義（プリンシパルベース）」「資産負債アプローチ（B／S重視）」「時価主義（公正価値による評価）」という3つの会計観、およびそこから導かれる「包括利益」の重視。以下では、各項目別にその概念と問題点を整理する。

①　原則主義（プリンシパルベース）

　日本基準や米国基準（US-GAAP）は「細則主義（ルールベース）」で、数値基準を含め細かく定められたルールに従って、会計処理が行われる。一方、IFRSは会計処理の原則だけを示し、数値基準を含めた細部は会社の判断に委ね、その適否を監査人による専門的判断に任せるという「原則主義（プリンシパルベース）」に基づいている。すなわち、会計インフラの成熟が必要なフレームになっている。したがって、会計インフラの成熟度に差があれば、選択の幅が広いがゆえにIFRSによる国際会計基準統一のメリットの一つとされる比較可能性は逆に後退する可能性もある。

　また、岩井／佐藤（2011）が指摘するとおり、細部の設計に自由度があるため、（きわめて大きいとされる）IFRS導入の負荷は企業側のスタンス次第で大きく変わる[52]が、本邦の場合はバーゼルⅡやSOX対応でみられたように過

図表3－30　IFRSと日本基準の違い

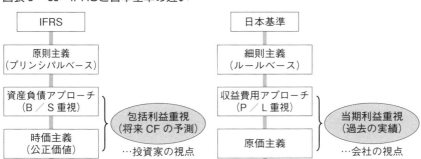

度に保守的な実務になる可能性が高い（すなわち国際競争力を削ぐ要因の一つとなる）。

② 資産負債アプローチ（B／S重視）と包括利益

従来、日本を含めた世界の多くの会計実務は、「収益費用アプローチ」にのっとっていた。すなわち、損益計算書を中心にし、ある期間に実現した収益からそれに対応した費用を差し引くことで、その期間の業績（利益）を示すことを目的とした会計である。これに対し、IFRSは「資産負債アプローチ」にのっとっており、図表3－31に示すとおり純資産の期首から期末にかけての増加分を利益と定義する。そのため、期首・期末における純資産（資産から負債を差し引いたもの）を見積もる必要があるが、これは将来キャッシュフローの現在価値を算出することに相当し、多分に経営者の主観的な要素が入ってくる。すなわち、IFRSにより過去の実績を表す会計から将来のキャッシュフロー予測を表す会計へと変質するのである。

また、図表3－31に示すとおり純資産の増加は、実際の事業活動による利益（収益から費用を差し引いたもの）だけでなく、保有している株式の評価益増加など事業活動以外の要因によってももたらされる。IFRSでは、両者を区別することなく、かつ実現と未実現（株式を売却しない限り評価益は実現しない）の差も考慮することなく包括利益[53]としてとらえようとしている。そのため、物づくりに適さない会計として製造業経営者は批判的である（といわれている）。

③ 時価主義（公正価値による評価）

前述したように「収益費用アプローチ」では、資産および負債の価値を評価する必要があるが、IFRSではこれを「公正価値（Fair Value）」という概念によっている。公正価値そのものの課題は後述することとし、ここではマーケットで観測される市場価格（時価）とほぼ同義としておく。岩井／佐

52　言い方は悪いが、「なんちゃってIFRS（面従復配）」という対応も可能。
53　多くの批判を受け「包括利益」だけでなく、「当期利益」も表示される方向にはあるが、IFRSが重視する利益はあくまでも「包括利益」（当期利益とその他包括利益の合算）。

図表3－31　収益費用アプローチと資産負債アプローチ

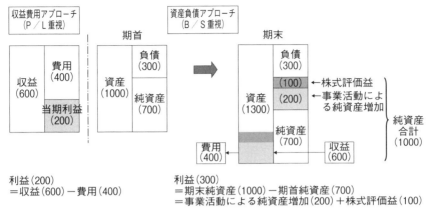

利益（200）
＝収益（600）－費用（400）

利益（300）
＝期末純資産（1000）－期首純資産（700）
＝事業活動による純資産増加（200）＋株式評価益（100）

（出所）　岩井／佐藤（2011）より作成。

藤（2011）は、公正価値に関する最大の問題は自己創設のれんの問題であると指摘している。負債の時価評価は資産の時価評価以上にむずかしい面があり、たとえば、業績不振等で企業の信用度が悪化した場合に、この企業の負債（銀行借入れや社債による調達など）を時価評価すると評価益が生じるという「負債のパラドックス」が存在する。

　リーマンショックの際には、多額の損失計上で信用度が失墜した欧米金融機関[54]が金融負債の時価評価で多額の利益を計上し、違和感を覚えた読者も多いと思う。IFRSによる時価評価は企業の清算価値を表しており、株主の立場からすれば、負債の評価益は株主の踏み倒し益[55]であると解釈できるが、負債の評価益を計上するような経済環境にあれば、資産の側でも自己創設のれん[56]が減少しているはずであり、これを計上しなければバランスしない。従来の会計原則では、自己創設のれんの時価評価はきわめて困難であるため、貸借対象表上計上しない（オンバランスしない）ルールとなっている

54　たとえば、シティ・グループは、2009年第1四半期に金融負債の時価評価で27億ドルの利益を計上している。
55　会社が倒産したとき、株主は株式に投資した自己資金は失うが、会社の負債は結果的に踏み倒すことができる。

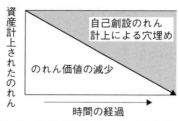

図表 3 −32　自己創設のれん

（出所）　岩井／佐藤（2011）より抜粋。

が、公正価値評価を推し進めるIFRSにおいては、この計測不可能な自己創設のれんを計上する方向に踏み出さざるをえなくなる。ここに論理的な矛盾が生じるのである。

　実は、現行のIFRSにおいてもすでに矛盾が生じている。IFRSでは、M&Aの際に発生したのれんの規則償却を認めていない。しかし、図表 3 −32に示すとおり、競争のなかで既存の技術等は陳腐化することを考えれば、これを企業努力等による自己創設のれんの増加で穴埋めしないとのれんの価値は維持されない。つまり、自己創設のれんの計上を一部容認していることになり、すでに論理的な矛盾が生じている。

　また、公正価値とは何かという根本に関してもむずかしい問題がある。ファイナンス理論でいう効率的市場仮説が成り立つのであれば、市場で観測される価格（時価）が公正価値となるが、リーマンショックの際に、投売り（ファイアー・セール）により成立した市場価格（時価）はファンダメンタル価値から大きく乖離するという問題が生じた。また、第 1 章では公正価値会計の導入（時価会計）は金融機関同士の相互依存性を通じて、プロシクリカ

56　会社が持続的に超過収益を生み出しているとき、会計ではその超過収益の源泉となる会社独自の差異性を一種の無形固定資産とみなし、それを「のれん（英語ではGood-will）」と呼ぶ。M&A（企業合併や買収）により外部から移植した場合には、貸借対照表の資産の項目にのれんとして計上する。一方、外部からの移植ではなく、会社自らの努力でその組織のなかに育成してきたのれんは「自己創設のれん（Internally Developed Goodwill）」と呼ばれるが、客観的な価値の測定が不可能なため、貸借対照表の資産としては計上しない。

リティを強める（売りが売りを呼ぶ）弊害があることを説明した。このため、危機の最中には時価会計を緩める対応を各国当局はとったが、BOX16に示すとおり、その是非の判断は割れている。

(2) IFRSが金融機関の経営に与える影響

金融商品会計（IAS第39号の改訂）を中心に、IFRSが金融機関の経営に与える影響をまとめる[57]。図表3-33に示すとおり、主な項目として、「分類と測定」「減損」「ヘッジ会計」の3つを取り扱うが、与信管理を含めたローンビジネスの変質、ヘッジ操作を含めたALMの変質、持合株式の意義見直しなど広範な影響が予想される。

① 分類と測定

IAS第39号における「分類と測定」の4分類（日本基準では売買目的有価証券、満期保有目的有価証券、その他有価証券の3分類）から、簡略化を志向するIFRSでは、償却原価と公正価値の2分類に変更される。金融資産が償却原価で測定されるためには、ⅰ）ビジネスモデル要件：金融資産の保有が契約上のキャッシュフロー回収を目的としたものであること、ⅱ）SPPI[58]要件：金融資産の契約条件が元本および元本残高に対する支払のみのキャッシュフローであることの2つの要件を満たす必要がある。それ以外の場合は、公正価値で測定される。公正価値の変動は、原則として損益に計上されるが、トレーディング目的以外（持合株式など）で保有される場合は、その他の包括利益（OCI[59]）に計上することも選択可能となった。

償却原価で測定されるための要件であるビジネスモデルに関しては、公正価値の変動に伴う利益獲得を目的とした金融資産の保有は認められないことに留意が必要だ。邦銀のALMにおいては大量の国債を保有し頻繁な売買も

57　2011年時点での整理。2014年7月の「IFRS第9号」の内容は、BOX17を参照されたい。

58　solely payment of principal and interestの略。契約上のキャッシュフローか「元本および元本残高に対する利息」のみで構成されるという条件。

59　other comprehensive incomeの略。

図表 3 −33　金融商品会計が金融機関に与える影響

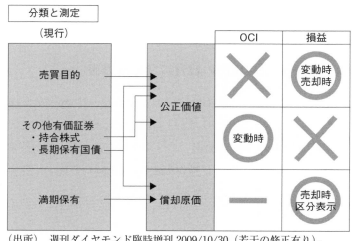

（出所）　週刊ダイヤモンド臨時増刊 2009/10/30（若干の修正有り）。

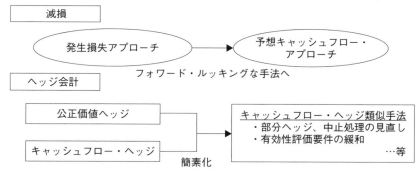

実施しているが、売却の目的や頻度によってはビジネスモデル要件を満たさなくなる可能性がある。価格変動をベースとしたVaRや損失限度などのリスク管理フレームワークも同様でビジネスモデル要件に適合しない可能性があろう。ALM運営やそれに関するリスク管理のあり方など根幹部分を見直す必要が出てくる可能性がある。また、SPPI要件に関しては、適用例を図表3 −34に掲載した。たとえば、リーマンショックの際に需給要因で大幅に価格が下落（ファイアー・セール）した変動利付国債を満期保有目的で保有し

資本
変動時 売却時 （剰余金）
変動時 （剰余金） 売却時 （累積OCI）
売却時

金融機関に与える影響

・ALM操作の変質
　（NII：期間損益を重視）

・持合株式の意義見直し
　（含む年金資産）

・ローンビジネスの変質
　（O&Dが進展する可能性）

・与信管理の変質
　（フォワード・ルッキング）

・ヘッジ操作の変質
　（円投がしにくくなる一方、
　CDS操作や政策株ヘッジが
　利用しやすくなる可能性）
　　　　　　　　　…等々

ている金融機関もあると思うが、図表3－34のCMS債に準じSPPI基準を満たさないと判断される可能性は高い。IFRS移行時には、多大な財務インパクトが生じる可能性がある。また、証券化商品のSPPI基準の判定に関しては、形式面に加えルックスルー（キャッシュフローを生み出している原商品プールを特定すること）、信用リスクテスト（トランシェの信用リスクは原商品プールが晒されている信用リスクと同等かそれ以下であること）などの要件が求められる見込みである。

図表 3 −34　SPPI要件の適用例

商品例	SPPI要件を満たす
インフレ指標連動債券	Yes
利息が株価指数や債務者の業績に連動する商品	No
CMS債	No
キャップ付変動利付債	Yes
転換社債	No
インバース・フローター債	No

（出所）　あずさ監査法人（2011）より簡略化のうえ抜粋。

　前述したように課題の多い金融負債に関しては、トレーディング目的は公正価値、それ以外は公正価値オプション[60]適用などいくつかの場合を除き償却原価で測定される。公正価値の場合、その変動額が毎期損益計上されるが、リーマンショック後の金融機関決算（脚注54参照）に対する批判もあり、企業自身の信用リスク変動に起因する公正価値変動額については、その他包括利益（OCI）に計上することとなった。

②　減　　損

　IAS第39号における貸倒引当金は、発生損失モデル（Incurred Loss Model）に基づいている。これは、損失事象の結果としての減損の客観的証拠があり、かつ信頼性をもって見積もることが可能な場合に限って減損損失を認識する（貸倒引当金を積む）アプローチであるが、リーマンショックの後、信用損失の認識を遅らせる、あるいは利息収益を過大計上しているとの批判が集中した。これを受け、2009年11月にIASBよりフォワード・ルッキングな予想キャッシュフローモデル（ECF：Expected Cash Flow Model）に基づく公開草案が公表された。ただし、この草案に対しては実務上適用困難との批

60　償却原価で測定される金融資産・負債についても、「会計上のミスマッチ」を回避するためであれば、公正価値変動を損益計上する区分に指定することが選択できるというもの。

図表 3 −35　good bookとbad book

判が数多く寄せられ、同様の（しかし細部はかなり異なる）提案を行っていた
FASBと共同で、2011年1月に公開草案への補足文書が公表された。以下で
は、補足文書で提案された手法を中心にその概要を説明する。

　補足文書のポイントは3点。ⅰ）実務上の適用が最もむずかしいオープ
ン・ポートフォリオ（期間を通じて、構成される金融商品の組成・購入等による
追加や、返済・売却等による除去が行われるポートフォリオ）に対する提案であ
る[61]。ⅱ）Good BookとBad Bookの2種類に分けて、貸倒引当金を見積も
る（図表 3 −35参照）[62]。両者の区分に関しては、IFRSの原則主義に基づき明
確な数値基準は示されないため曖昧さが残るが、要管理先にするのか破綻懸
念先にするのか等内部の信用リスク管理との平仄を考え慎重に決める必要が
ある。ⅲ）Good Bookについては、期間比例配分された予想信用損失
（TPA：time-proportional approach、図表 3 −36参照）[63]と予見可能な将来（12
カ月を下回らない）における予想信用損失（FFP：credit losses expected to oc-
cur within the foreseeable future period）[64]のいずれか大きい金額を貸倒引当金
とする。Bad Bookについては、予想信用損失の全額を貸倒引当金とする[65]。

61　すなわち、オープン・ポートフォリオ以外に対しては、今後の課題ということ。
62　この点は、IASBの主張が通ったかたち。
63　予想損失の按分方法としては、①割引前の定額法、②割引後の定額法、③年金法の3
　つが認められている。図表 3 −37は、①割引前の定額法の例を示す。
64　具体的な計算方法は明示されていない。
65　この点は、IASBとFASBで最も異なる考え方をもっていた部分であり、結果的に両
　者を折衷した案に落ち着き、実務的には双方を計算する必要があり負荷の高いものとな
　った。

図表 3 −36　good book ポートフォリオの引当額の計算例（割引なし定額法）

ポートフォリオ	残りの残存期間にわたっての予想信用損失	加重平均経過期間	加重平均存続期間	年額
	A	B	C	D＝A／C
Z	100	3 年	5 年	20
Y	100	2 年	5 年	20
X	100	2 年	5 年	20

［TPAに関する補足説明］

T期末

経過期間
1 年

存続期間 6 年

契約期間 7 年

残りの残存期間にわたっての予想信用損失	加重平均経過期間	加重平均存続期間	年額	期間比例配分額（TPA）
A	B	C	D＝A／C	E＝A×(B／C)＝B×D
60	1 年	6 年	10	10

（出所）　IFRS補足文書（2011）より一部抜粋。

③　ヘッジ会計

　IAS第39号におけるヘッジ会計は、複雑、リスク管理との結びつきが弱い、過度にルールベースであるといった批判があり、これらに対処すべく、2010年12月、IASBは公開草案を公表した。もっとも、本邦金融機関への影響が最も大きいと思われるオープン・ポートフォリオに適用するヘッジ会計（マクロヘッジ会計）は継続審議となった。公開草案のポイントは以下の6点

期間比例 配分額 （TPA）	予見可能な 将来期間 （FFP）	FFPの予想 信用損失 （フロア）	減損引当金
E＝A×（B／ C）＝B×D	F	G	FとGの 大きい金額
60	2年	100	100
40	2年	70	70
40	1年	35	40

T＋1期末

経過期間2年　　　　　　　残存期間5年

契約期間7年

残りの残 存期間に わたって の予想信 用損失	加重平均 経過期間	加重平均 存続期間	年額	期間比例 配分額 （TPA）
A	B	C	D＝A／C	E＝A×（B／ C）＝B×D
100	2年	5年	20	40

（＋30）

である。

 i ）ヘッジ会計をリスク管理活動と合致したものにする。ただし、ヘッジ会計の目的を「純損益に影響を与える可能性のある特定のリスク」に限定しているため、政策投資株式などその他の包括利益（OCI）で計上することを選択した資産に対するリスク管理活動（ヘッジ操作）はヘッジ会計の対象とならない。また、ヘッジ会計はあくまでも例外規定なのでリスク管理

活動を行っている場合でもヘッジ会計を適用しないことは可能である。

ⅱ）ヘッジ対象およびヘッジ手段の拡大。特定のリスクに起因するキャッシュフローまたは公正価値の変動が、独立して識別可能で、かつ信頼性をもって測定できる場合、ヘッジ対象に指定することができる。たとえば、ジェット燃料の価格変動のうち、原油価格の変動に起因する部分を独立して、かつ信頼性をもって測定できる場合には、原油先物等を使ったリスク管理活動（ヘッジ操作）にヘッジ会計が適用可能となる。また、ある資産の名目金額の階層やネット・ポジションをヘッジ対象として指定することが可能となる。

ⅲ）ヘッジの有効性テストの簡素化。80〜125％の数値基準は廃止され、かわってヘッジの有効性テストの目的が明記される。目的に合致し、要件を満たせばヘッジ関係は有効とされるため、定性的な評価も可能となるが、文書化の負担は増えることが予想される。

ⅳ）公正価値ヘッジ[66]の会計処理はキャッシュフロー・ヘッジ[67]の仕組みに近いものとなる。図表3－37に示すとおり、ヘッジ対象・手段ともに公正価値の変動がその他の包括利益（OCI）として認識されるが、非有効部分は純損益にリサイクリングされる（振り替える）。

ⅴ）ヘッジ会計の任意の中止は禁止され、バランス再調整を導入する。ヘッジ関係が有効性評価を満たさなくなった場合、（リスク管理目的に変更がない限り）ヘッジの非有効部分を最小化すべくバランス再調整することが義務づけられる。

ⅵ）クレジット・デリバティブを用いたリスク管理活動に関し、公正価値オプション（FVO：Fair Value Option）[68]を用いた3つの選択肢が提示された。

66　ヘッジ対象の公正価値変動のリスクをヘッジするためのもの。現行のIAS第39号では、ヘッジ手段であるデリバティブの公正価値変動が損益認識されるのにあわせ、ヘッジ対象の公正価値変動も損益認識する。

67　ヘッジ対象のキャッシュフローの変動をヘッジするためのもの。現行のIAS第39号では、ヘッジ手段であるデリバティブの公正価値変動を、ヘッジ対象の損益が認識されるまで繰り延べる会計処理を行う。

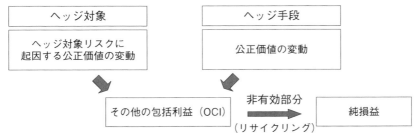

図表 3 −37　公正価値ヘッジの会計処理

（出所）　河合／大川（2011）を一部変更のうえ抜粋。

　３つの選択肢の違いは、FVOの適用を当初のみならず途中からでも選択
可能か否か、途中で選択した場合に、償却原価と公正価値の差額を即座に
損益認識するか繰り延べて償却するかの違いである。この違いにより、実
務上の自由度は大きく異なってくる。

　今般の公開草案は、企業におけるリスク管理行動の実態を会計に取り込も
うとする点で高く評価できる一方、現行の本邦ヘッジ会計との乖離も大き
く、公開草案の内容のままで決着した場合、邦銀のALM操作への多大な影
響が予想される。影響が大きいと思われる主要ポイントは、以下の４点。今
後もルール修正に向け、IASB等への働きかけが必要であろう。

ⅰ）邦銀において大きなインパクトを占める政策投資株式に対するリスク管
　　理活動（ヘッジ操作）をヘッジ会計の対象に含めるべきこと。包括利益全
　　体ではヘッジ効果は得られたとしても、OCIとPLの泣き別れで計上され
　　る今般の公開草案ルールでは、ヘッジ取引の経済効果を正しく財務諸表に
　　反映できない。

ⅱ）主要な調達手段の一つである定期預金をヘッジ対象に含めるべき。今般
　　の公開草案では、sub-Libor取引に関してスプレッドの絶対値がLiborを超
　　過し負の金利になる可能性があるためにリスク要素に分解できない（→す

68　公正価値オプションとは、一定の条件下で金融資産、金融負債もしくはその両方を期
　　末に公正価値で評価し、評価差額を損益計上することを企業が選択できること。

なわちヘッジ対象にならない）とされているが、定期預金は商慣行上、負の
金利になることはないのでヘッジ対象に含めるべきである。

iii）邦銀においてはALMセクションがヘッジ目的で行うデリバティブ取引
をトレーディングセクション経由で行うことも多いが、この内部取引に関
し、現行ルールと同様に、外部との取引によりリスクが外出しされている
ことを条件にヘッジ会計を認めるべきである。市場にアクセスする部署を
トレーディングセクションに一本化することは、業務の効率性やリスク管
理上、一定の合理性があるのでこれを阻害すべきではない。

iv）外貨の主要な調達手段である通貨スワップ取引（いわゆる「円投」）に
ヘッジ会計を認めるべきこと。一般的に、デリバティブ取引はレバレッジ
効果を有しているがゆえに公正価値会計が求められているが、当該取引は
２通貨の元本交換が存在し実質的な利息のキャッシュフローを有したもの
で、ある通貨による「ローン」とこれと等価のその他の通貨による「借入
れ」とみなすことのできる取引であり、レバレッジ効果は有していな
い[69]。その利用目的と実態にあわせ、資金運用・調達したのと同様な会計
処理を認めるべきである。通貨スワップ取引は信用リスクの観点からも合
理的な取引[70]であり、アジア地域など資金取引市場が未成熟な場合にも有
効な資金運用・調達手段となるものであり、これを阻害すべきではない。
　上記論点は、継続審議となったマクロヘッジ会計の内容いかんによって大
きな影響を受ける。フォローが必要である。

---

[69] また、片方の通貨建ての債務がもう一方の通貨建ての資産で担保されているという意
味でレポ取引に類似した取引ともいえる。
[70] 1990年代、邦銀の信用力が低下し（ジャパン・プレミアムが要求された）資金取引市
場での米ドル調達が困難となった局面でも、一定期間の通貨スワップで米ドル資金を調
達することができた。

BOX17 IFRS 9 の概要

　2014年 7 月24日、IASBはIFRS第 9 号「金融商品」を公表し、最終決着した。これは、IAS第39号「金融商品：認識および測定」を差し替える基準書となる。以下、金融商品の分類について概説する。

　図表 1 　金融商品の分類と測定の全体像

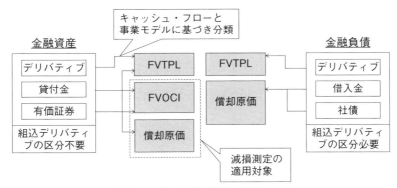

　　FVTPL：公正価値で測定、変動は損益に計上
　　FVOCI：公正価値で測定、変動はその他包括利益（OCI）に計上
（出所）　藤原初美（2014）KPMG Insight Vol. 9／Nov. 2014より抜粋。

　すべての金融資産は、契約上のキャッシュフローの特性と事業モデル（後述）により、「償却原価」「FVOCI：Fair Value Through Other Comprehensive Income（公正価値で測定し変動をその他包括利益に計上する）」「FVTPL：Fair Value Through Profit or Loss（公正価値で測定し変動を純損益に計上する）」のいずれかに分類される。なお、金融負債の分類は、IAS第39号をおおむね踏襲しており、デリバティブや公正価値オプションを適用した金融負債を除き、原則として償却原価に区分される。

図表2　金融商品の分類と測定の概要

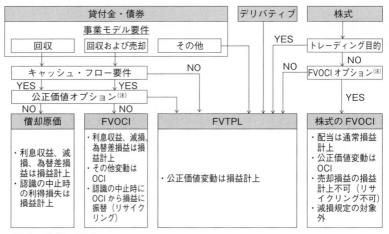

（注）　分類の例外
　　　・本来償却原価またはFVOCIの負債性商品（例：債券）をFVTPLに指定する。
　　　・資本性金融商品（例：株式）をFVOCIに指定する。
（出所）　藤原初美（2014）KPMG Insight Vol. 9／Nov. 2014より抜粋。

　図表2は、代表的な商品種類ごとに分類要件とそれぞれの分類における測定方法の概要を示している。金融資産が償却原価またはFVOCIに分類されるのは、キャッシュフロー要件（契約上のキャッシュフローが元本と利息のみから構成される）を満たす場合であり、満たさない場合にはすべてFVTPLに区分される。FVOCIに分類された場合、利息損益・減損・為替差損益等は損益計上、その他の変動は包括利益（OCI）として処理される。ただし、認識を中止した際（売却したときなど）にはOCIから損益に振り替える（リサイクリング）。

　これら分類の例外として、株式等の資本性金融商品はFVOCI区分に指定することができる。FVOCIに指定された資本性金融商品は、その配当は純損益に認識されるが、売却損益はOCIから純損益に振り替えることができない（リサイクリングの対象外）。これは、株式の含み益を損益バッファーとして使えなくなることを意味する。

図表 3　事業モデル要件

金融資産を管理する事業モデルの目的		
契約上のキャッシュ・フローの回収である	契約上のキャッシュ・フローの回収と売却の両方である	左記のいずれにも該当しない
償却原価	FVOCI	FVTPL

（出所）　藤原初美（2014）KPMG Insight Vol. 9／Nov. 2014より抜粋。

　キャッシュフロー要件を満たす金融資産は、事業モデルに応じて償却原価またはFVOCIに分類される。どちらの事業モデルにも該当しない金融資産はFVTPLに分類される。ここでいう事業モデルは個々の金融資産の保有目的ではなく、ポートフォリオ等の高いレベルで評価・判断されるものである。たとえば、回収の事業モデル（償却原価）と回収と売却の事業モデル（FVOCI）の区分も、ポートフォリオの一部売却の頻度や規模に関し、明確な基準値があるわけではない。業績評価、リスク管理方法、ポートフォリオ管理者の報酬体系等事業モデル全体を評価し決定する必要がある。

第8節　規制と監督と市場規律のバランス

　第1〜5節までで説明した主な規制の懸念される弊害を図表3−38にまとめてみた。もちろん、各々の規制にはねらいがあり、二度とグローバルな金融危機を起こさない、納税者への負担は絶対に避けるという決意のもと導入

図表 3 −38　主な規制と懸念される影響

カテゴリー	項目		金融機関の対応	懸念される弊害	参照節
BCBS（バーゼル銀行監督委員会）	バーゼルⅢ〜資本規制	➡	RAFの導入、強化TLAC債の発行	銀行の資金供給力の低下	第1節
	バーゼルⅢ〜流動性規制	➡	LCRコントロールNSFRに向けた準備	円投の制約、高まるLCRとNIIのトレードオフ	
	バーゼルⅢ〜トレーディング勘定	➡	RFTBに向けたシステム対応（PC機能の強化等）	業者の体力低下商品間の関係変化	第2節
	バーゼルⅢ〜バンキング勘定	➡	EVE、NII計測の高度化開示の強化	金利上昇時の混乱に拍車（アウトライヤー規準に抵触）	
	バーゼルⅢ〜信用リスク	➡	管理フレームワーク再考政策株の売却加速	リスク管理の後退（リスク量の逆転現象）	第3節
	バーゼルⅢ〜オペリスク	➡	管理フレームワーク再考	オペリスク削減のインセンティブ減退	
	バーゼルⅢ〜フロア議論	➡	管理フレームワーク再考	リスク管理の後退（単純さ、比較可能性の重視）	
	バーゼルⅢ〜レバレッジ比率	➡	B/Sコントロールの強化	伝統的な商業銀行業務への制約	
米国規制	FBO規制	➡	グループベース・リスク管理	ガバナンス態勢の複雑化	第4節
	CCAR（資本計画）	➡	ストレステスト強化	ブラックボックス（当局モデル）の弊害	
	ボルカー・ルール（DF法）	➡	マーケットメイク業務に特化	業者のリスクテイク力低下	
欧州／英国規制	金融取引税の導入	➡	市場業務の見直し	市場の流動性低下	
	MiFIDⅡ	➡	システム対応	市場の流動性低下アナリスト業務の縮小	
	Libor改革（WheatleyReview）	➡	モデルの開発既存契約への対応	オッズ取引の縮小	
その他規制	コンダクト・リスク	➡	リスクカルチャーの浸透	現場の萎縮	第5節
	リスクデータの集計・報告	➡	MIS（経営情報システム）	コスト増→他のシステム開発案件が遅延	
	カウンターパーティー・リスク	➡	CVAデスクの設置	デリバティブ市場の縮小日本異質論の展開	
	ソブリン信用リスク		（要フォロー）	（国債）金利の大幅上昇	

されたものであり、相応の効果は出てくるのだろうと思う。しかしながら、全体を俯瞰したうえで設計された規制体系ではないので、それらを組み合わせると弊害が生じる可能性もある。以下では、その点に触れてみたい。また、バーゼル委はバーゼルⅢのインパクトに関するリサーチペーパーを公表しているので、その内容をBOX18で簡単に紹介する。これらをふまえ、最後に望ましい規制のアーキテクチャーについて述べたい。

（1）　懸念される規制の弊害

図表3−39は規制間の相互作用という視点で整理したものである。個々の

図表3−39　規制間の関係

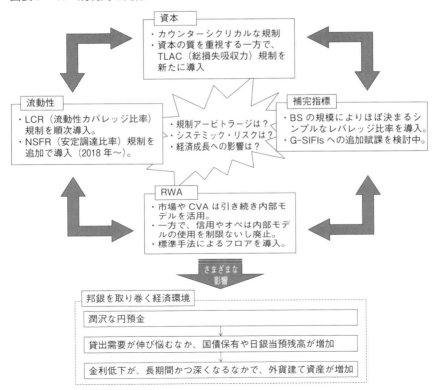

規制ごとに懸念される弊害をまとめた図表3−38とあわせ、特に気になるポイントについて以下言及したい。

① 市場機能の低下……ボルカー・ルールやFRTBにより、マーケットメーカーの負担は大きく増大するため、その活動は縮小することが懸念される。さらに、欧州で検討されている金融取引税が導入されれば、その動きに拍車を掛けるであろう。また、FRTBの流動性ホライズンは商品間のゆがみ（流動性ホライズンの長期化が求められる商品群の流動性はさらに落ちると思われる）を助長する可能性がある。

② システミック・リスクの増大……バーゼルⅢは内部モデル重用から標準的手法重視へと舵を切った。内部モデルに重きを置いていた時ですらVaRショックが生じた。リスク管理手法の標準化・同一化は、市場参加者に同じ行動をとらせ、結果として相場が一方向に進む可能性を高めるであろう。

③ 失われたリスク管理高度化のインセンティブ……標準的手法の重用、シンプルなレバレッジ比率の導入、標準的手法によるフロアの導入等は、いずれもリスク管理高度化のインセンティブを失わせる。前述したとおり、オペレーショナルリスクにおける内部モデルの全否定は残念でならない。AMAのモデル自体はアートな部分も多いかもしれないが、リスク削減策を講じれば、その効果に応じ必要資本を減らすことが可能で正しいインセンティブを与えることができていた。

④ 規制アービトラージの増加……危機が起きるたびに規制は強化されてきた。落ち着くとその弊害から緩和されることはあるが、撤廃されることは決してなく、規制は常にアドオンされより複雑なものになっていく。これが規制アービトラージを招来する要因の一つである。標準的手法を重用するバーゼルⅢはリスク感応的でないため、より規制アービトラージが生じやすい。

⑤ 規制コストの増大……危機後に導入された各種規制、特にインターナショナルな規制からマルチナショナルな規制への流れは、民間の対応コス

トを大きく増大させた。ここに規模の利益が生じる。すなわち、当局が Too big to failを撲滅したいと導入した規制が、逆にToo big to failを生み出しているともいえる。

⑥ 規制全体の鳥瞰図がない……個々の規制は意味があり有効かもしれないが、相互に矛盾するものもある。一例は、流動性規制とレバレッジ規制。もともとレバレッジ比率は流動性も意識して導入された規制であり、流動性への規制は重複しているともいえる。たとえば、預金が増えた時に国債の保有を増やす（現在の邦銀が置かれている状況）とLCRはよくなる一方、レバレッジ比率は低下する。バランスシートの運営は非常にむずかしくなった。

BOX18 バーゼルⅢのインパクト

2010年8月、バーゼル委はバーゼルⅢが主要国のマクロ経済に与えるインパクトに関するリサーチペーパーを公表しているので、以下、簡単に紹介しよう。

〈短期インパクト[1]〉

バーゼル委がまとめた当該ペーパーは、最低所要自己資本水準を決める論拠となるものであり、世界中から注目を集めていた。世界17カ国の政府、中央銀行、国際機関等が提出した89のモデルによるシミュレーション結果を比較分析したペーパーであるが、その結果概要を図表1にまとめた。資本規制に関しては1％の追加的な資本賦課がGDP成長率に与える影響を、流動性規制に関しては流動性資産の保有額を25％増加させた時のGDP成長率への影響を試算している。試算は2つのステップから成り立っており、ステップ1で過去の統計データから貸出ボリュームや貸出スプレッドへの影響を推定し、ステップ2でこれをイン

プットとしてGDP成長率などマクロ経済指標への影響をシミュレートする構成となっている。また、規制の段階的導入期間に関しても2年間、4年間、6年間の3つのオプションを用意して比較分析している。図表1では、導入期間＝2年と4年の2つのオプションに関し、18四半期（4.5年）後の累積的な影響額を掲載した。

図表1　試算結果概要

Step 1

［貸出ボリュームへの影響］　　　　　　　　　　　　　　　　　　　　　　（％）

	資本規制の影響		流動性規制の影響	
	導入期間＝2年	導入期間＝4年	導入期間＝2年	導入期間＝4年
メジアン	▲1.4	▲1.4	▲3.2	▲3.2
レンジ	▲0.7〜▲3.6	▲0.6〜▲3.6	▲0.9〜▲8.7	▲0.9〜▲8.8

［貸出スプレッドへの影響］

	資本規制の影響		流動性規制の影響	
	導入期間＝2年	導入期間＝4年	導入期間＝2年	導入期間＝4年
メジアン	17.3	15.4	14.9	14.1
レンジ	5.1〜25.0	4.9〜27.8	2.4〜29.2	1.6〜29.0

Step 2

［GDPへの影響］　　　　　　　　　　　　　　　　　　　　　　　　　　（％）

	資本規制の影響		流動性規制の影響	
	導入期間＝2年	導入期間＝4年	導入期間＝2年	導入期間＝4年
メジアン	▲0.12	▲0.16	▲0.11	▲0.08
レンジ	0.39〜▲0.96	▲0.02〜▲0.99	▲0.02〜▲0.35	▲0.01〜▲0.35

図表1より、次の点が指摘できる。

まず、当該ペーパーが主張するとおりメジアン（中央値）の数値だけをみれば景気への悪影響は小さい。たとえば、表中に網掛けした導入期間＝４年の資本規制の影響は、4.5年間累積で▲0.16％。これに国際的スピルオーバー効果[2]▲0.03％を加えても、１年当りの影響は約▲0.04％。コアTier1比率を現行の最低レベルである２％（Tier1比率４％の半分はコア資本で占められていると仮定）から、資本保全バッファー（２階部分）を加えた７％まで増強するとしても、GDP成長率への悪影響は、▲0.2％にとどまる。しかしながら、レンジの大きさに鑑みればメジアンのみで影響を判断するのは危険であろう。各国の過去の経済構造、環境によりステップ１の影響は大きく異なり、実際、日本銀行およびFRBによる推計モデルは、他のモデルと比べて明らかに大きなマイナスを示している。経済規模を考えれば、このモデルの試算結果も考慮する必要があろう。仮に、レンジの下限値を用いれば毎年のGDP成長率が▲1.13％下押しされることになり、非常に大きなインパクトを与える。

〈長期インパクト[3]〉

　当該ペーパーでは、より長期的な視点からバーゼルⅢがもたらすコストだけではなく、便益（ベネフィット）も分析したうえで最適な自己資本比率の水準を求めている。前項で分析したように新たな規制はマクロ経済成長にマイナスのインパクトを与える一方、長期的には金融危機発生の蓋然性を減らすという便益をもたらす。図表２は資本規制と流動性規制の両方を課した場合の求める資本水準別のネットの便益（便益－コスト）を示したもの。パーマネントな影響を考慮する場合には、自己資本比率（コアTier1比率）＝13％程度が、考慮しない場合には９％程度が便益を最大化する最適な自己資本比率ということになる。パーマネントな影響とは、金融危機発生に伴いGDP成長率が下方屈折しその影響が恒久的に残ることを想定している。いずれにせよ、バーゼルⅡ比かなり高い自己資本比率が望ましいとの分析結果となっている。

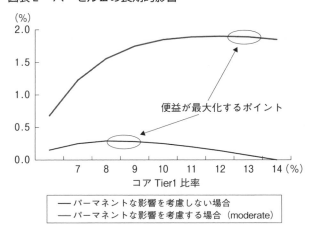

図表2　バーゼルⅢの長期的影響

便益が最大化するポイント

コア Tier1 比率

──パーマネントな影響を考慮しない場合
──パーマネントな影響を考慮する場合（moderate）

　当該ペーパーにおいて、便益およびコストをどう算出したか概説しよ
う。便益は、金融危機再発により失われる額（図表3Ａ）に、規制導入
により低下する危機発生の確率（図表3Ｂ）を掛け合わせて算出され
る。図表3Ａに示すとおり、危機再発時に想定されるGDPへのマイナ
ス影響額はモデルにより大きく異なる（16〜302％）が、メインの試算結
果としては、単純な中央値である63％（網掛け部分）を採用している。
本邦のGDPを概数で500兆円と考えれば、実に300兆円ものマイナス影
響を想定していることになる。このGDPへの影響額は、危機発生によ
り下方にシフトした成長率が危機前の成長パスに戻るまでの間に失われ
たGDPのパイの総額として計算される。大山（2011）が指摘するとお
り、危機前の成長パスはバブルを含んでいる可能性が高く、過大計算さ
れるバイアスを含んでいるといえる。発生確率に関しては、過去データ
から、金融危機発生の確率を自己資本比率や流動性比率の関数として表
すモデルを構築、図表3Ｂに結果の一部をまとめた。同ペーパーによれ
ば、主要国においては約4.6％（20〜25年に1度）の確率で金融危機が発
生しているとのことであり、たとえば規制上の自己資本比率を7％から

13%に上げれば、金融危機発生の確率は4.1%（＝4.6%－0.5%）低下することになる。一方、コストに関しては前述の短期インパクト・ペーパーの結果を活用しつつ、規制導入後の定常状態において資本コスト上昇が貸出スプレッドの上昇などを通じ、投資や消費に与える影響を分析している。図表3Cに貸出スプレッドへの影響を掲載したが、資本賦課をたとえば7%から13%に6%上げれば、貸出スプレッドは101bp上昇

図表3　便益およびコストへの分解

便益

A．GDPへの影響　　　　　　　　　　　　　　　　　　　　　　（%）

	パーマネントな影響を考慮しない場合	パーマネントな影響を考慮する場合	モデル全体
メジアン	19	158	63
レンジ	16〜21	42〜302	16〜302

B．危機が発生する確率　　（%）

Tier1比率	確率（モデル値）
6	7.2
7	4.6
8	3.0
9	1.9
10	1.4
11	1.0
12	0.7
13	0.5
14	0.4
15	0.3

コスト

C．貸出スプレッドへの影響　　　　　　　　　　　　　　　　（bp）

資本賦課の程度	資本規制のみに対応	流動性規制のみに対応	合計
0	0	25	25
＋1	13	25	38
＋2	26	25	51
＋3	39	24	63
＋4	52	24	76
＋5	85	24	109
＋6	78	23	101

することを想定していることになる。以上の想定から、各種結果は導出されている。本ペーパーは自己資本比率のあるべき水準を考えるうえで、非常に重要な位置づけにあるが、ここで紹介した分析結果の妥当性を評価できるほどにはその内容が十分に開示されているとは言いがたく、非常に残念である。

1　Basel Committee on Banking Supervision（2010）"Assessing the macro-economic impact of the transition to stronger capital and liquidity requirements" を要約。
2　国際的なキャッシュフローの流れが変わることによる為替影響や資源価格の変動による影響。
3　Basel Committee on Banking Supervision（2010）"An assessment of the long-term economic impact of stronger capital and liquidity requirements" を要約。

(2)　望ましい規制のアーキテクチャー

金融庁の森信親前長官が、2016年4月、国際スワップ・デリバティブ協会

において、「静的な規制から動的な監督へ」と題して基調講演を行った。国際金融危機の再発を防ぐために何が求められているかを話したもので、国際的に有名になった講演の一つである。そのなかで、バーゼルⅡが導入される頃の言葉、それを引用しながら次のように話している。

「バーゼルⅡは、先進的な銀行が達成した進歩を基盤にとりまとめられた。バーゼルⅡは銀行の内部プロセスの強化を続けるインセンティブを提供する。そして、銀行にリスク管理体制と、ビジネスモデルと、資本戦略、開示の水準を高めようと促すことによって、銀行の効率性と強靱性を共に改善することを目指している」

こういったねらいでバーゼルⅡは導入されたわけであるが、この言葉を引用して、「今日とは何と異なる世界でしょうか。ここに見られるのは、バンカーとリスク管理と、イノベーションに対する当局の信頼感」という話をしている。リーマンショック以降、この信頼が崩れ規制を強化するという流れのなかに、森前長官は一種の危機感を感じて、こういう話をされたのだと思う。

望ましい規制のアーキテクチャーを考える際、筆者自身はバーゼルⅡ導入の頃の規制当局と民間の信頼感を取り戻したいと思う。バーゼルⅡの枠組みは、規制と監督と市場規律、すなわちPillar1、Pillar2、Pillar3というバランスよいフレームワークだと思う。これは非常に大事で、このバランスをやはり取り戻したい。そのためには、規制はリスク感応的でリスク管理の高度化につながるものになってほしいし、監督は民間との対話を強化して、定性面やインセンティブのゆがみ、こういったものをチェックしてほしい。また民間金融機関は、この市場規律を活用するためにもコーポレート・ガバナンスを強化し、ディスクローズを充実する必要がある。一方で、投資家サイドもスチュワードシップ・コードを強化し、市場規律が生きてくるものにしなければならない（このあたりは第5章でまた触れる）。そうすることによって、規制と監督と市場規律の3つのバランスがよくなり、バーゼルⅡの世界に戻れると思っている。切にそれを願っている。

また、もう一つの大事なポイントは、シンプル。金融危機の問題の核心は規模ではない。複雑さだと思う。Too big to failではなく、Too complex to failを解決することが大事であり、規制もToo complex to observeであってはならない。危機があるたびに規制を積み重ねるのではなく、思い切って規制の数を減らしシンプルな規制体系にするほうが有効だと思う。

第4章

銀行ERM
（統合リスク管理）

再び、森前金融庁長官の「静的な規制から動的な監督へ」と題する基調講演（2016年4月、国際スワップ・デリバティブ協会）を取り上げたい。その講演のなかで、「金融システムの安定と経済成長という2つの目的を実現するためには、ただ、防御壁を高めるだけの『静的な規制』には限界がある。健全性は、一時点のB／Sだけでは決してとらえられない。悪循環に陥れば防御壁は簡単に崩れてしまう。これからは『動的な監督』が求められる」として、次の3点が重要であると指摘された。これらは、金融機関のリスク管理においても、同様に重要なポイントである。

　第1に、銀行のリスクテイクと収益と自己資本の3つの関係をみることが重要であると指摘している。これは、金融機関で取り組んでいるリスクアペタイト・フレームワーク（RAF）そのものである。

　第2に、銀行と資本市場や実体経済との関係をみることが重要であると指摘している。これは、金融機関のリスク管理上、ストレステストのなかで取り入れるべき事項である。

　第3に、銀行と顧客の関係をみることが重要であると指摘している。これは、リスクアペタイト・フレームワークが成り立つ前提でもあるリスク・カルチャーの浸透と関係がある。

　金融庁が求めていることと実際に銀行が取り組んでいることは、ほぼ合致しているといえる。本章では、リスクアペタイト・フレームワーク（RAF）、ストレステスト、リスク・カルチャーの3つを取り上げる。

図表4－1　動的な監督と銀行ERM

【静的な規制の限界】
① 金融システム全体の機能に対する効果と副作用を評価するのは容易でない
　　→当局と銀行が緊密な対話を行えば、PDCAを適時適切に回せるのではないか。
② 銀行の健全性は一時点のBSだけではとらえられない。悪循環に陥れば防御壁は崩れる
　　→A～Gの視点※を取り入れた緊密な監督で規制を補うべきではないか。
③ 静的な規制は、客観性と透明性の確保や比較には優れているが、規制裁定行為やゆがみを生じやすい
　　→監督は、予見可能性、透明性、比較可能性の面が弱点となるが、包括的なアプローチを可能とする。

【動的な監督の諸要素】
① 銀行のリスクテイクと収益と自己資本の3つの間の関係
　➡ RAF（リスクアペタイト・フレームワーク）の確立
② 銀行と資本市場や実態経済との間の関係
　➡ ストレステストの高度化
③ 銀行と顧客の間の関係
　➡ リスク・カルチャーの浸透

※森前金融庁長官が示した7つの視点
A：aggregate…さまざまな政策の複合的な影響の総体をとらえる
B：behavioral…規制導入による銀行行動の変化（たとえば群集行動）を考慮する
C：Cross-Sectoral…さまざまなかたちで資本市場に与える影響（流動性など）を考慮する
D：dynamic…動学的な変化（規制→銀行行動→市場→実体経済）を考慮する
E：eco system…金融システムは複雑な生態系のようなもの
F：feedback loop…銀行同士間、銀行システムと資本市場などさまざまなフィードバックループが存在
G：general equilibrium…A～Fまでの相互作用や依存関係も考慮する

（出所）　森信親（2016）「静的な規制から動的な監督へ」基調講演（仮訳）より作成。

第1節　RAF（リスクアペタイト・フレームワーク）

　リスクアペタイト・フレームワーク（RAF）は、財務の健全性を維持しつつ、長期的な収益の安定化と企業価値の向上を実現するための枠組みである。引き受けるリスクの種類と量のことを「リスクアペタイト」と呼ぶが、この「リスクアペタイト」を定量・定性両面から特定し内外に宣言することで、経営も現場もこういうリスクをとるのだとはっきり認識し、経営計画の透明性を向上させ、さらには規律あるリスク・リターン運営を実現することができるようになる。

　図表4－2にその概念図を示すが、リスクアペタイト・フレームワークを構築するうえでの重要なポイントは2つある。1つは、トップダウン・アプローチとボトムアップ・アプローチを併用すること。トップダウン・アプローチでは、経済資本をリスクアペタイトの方針に基づき事業や部門に割り当てるが、これだけでは十分でない。流動性リスクやオペレーショナルリスクなど必ずしも十分に計量化できていない（経済資本のなかに織り込まれているとは言いがたい）ものは、戦略・施策ごとに定性的なものも含めてボトムアップ的にリスクを表現し、モニターする必要がある。こういうトップダウン、ボトムアップ双方からのアプローチが必要である。もう1つは、リスクアペタイトと財務計画を有機的に結びつけること。残念ながらこれまで、邦銀においては財務あるいは収益計画とリスク管理計画は分離して立案されてきた。RAFを導入することで、この両者をはじめて有機的に結びつけることが可能になる。

　有機的に結びつける際にポイントとなるのは、いかに計画をつくるか、つくった計画に基づく活動をいかにモニタリングするかということ。以下では、計画策定からモニタリングまでのPDCAプロセス、計画策定の際のリスクアペタイトの検証ポイントを概説する。

図表 4 - 2　RAF概念図

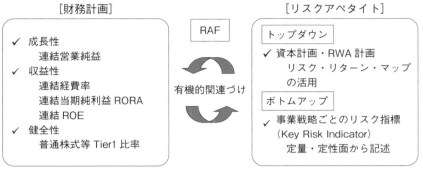

（出所）　吉藤茂（2014）「RAFにおけるストレステストの活用」（講演資料）より抜粋。

（1）　PDCAプロセス

　計画策定からモニタリングまでのPDCAプロセスを図表4 - 3に示す。Planの段階では、①まず市場環境、競争環境等をふまえメインシナリオを想定したうえで、企画部署が目指すべきROEや当期利益水準等のマクロ目線を提示する。②次に、これらを受け各業務部門が目標達成、戦略実行に向けたリスクアペタイト案を策定する。③次に、リスク管理部署がこの案に基づく想定バランスシート（BS）を策定し、④ストレステスト等を通じて検証を行う（検証内容は後述）。ストレステストを行う際には、いかにストレスシナリオをつくるかが重要となるが、この点は次節で説明する。検証の結果、戦略上、追加的な検討ポイントが浮かび上がれば、⑤関係する業務部門と企画・リスク管理部署がディスカッションを繰り返し、リスクアペタイトの見直しを行う。そして、⑥各種会議体（部門の会議やリスク、計画の会議）で議論を重ねて、計画をつくりあげる。

　Doで計画を実行に移し、Checkでは⑦パフォーマンスとリスクについてモニタリングを行う。さまざまなKPI（Key Performance Indicator）指標、KRI（Key Risk Indicator）指標を用い、トリガー・ポイントやアーリー・

図表 4 - 3　PDCAプロセス（計画策定からモニタリングまで）

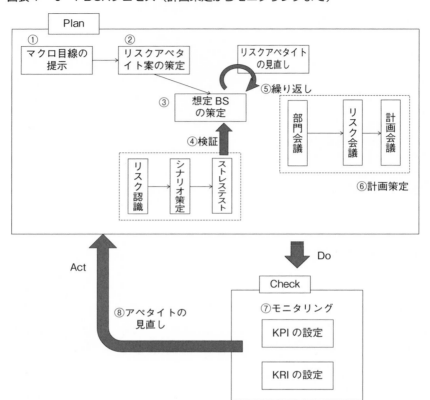

（出所）　吉藤茂（2017）「金融規制の潮流と 3 線防御体制」（講演資料）より抜粋。

ウォーニング・インディケーターを設定し、それらの数値をモニタリングする。これらのトリガーに抵触した際、⑧アペタイトの見直し、すなわちActを行う。

　こうした一連のPDCAサイクルを回すことで、規律あるリスク・リターン運営や戦略・リスク運営の実効性を確保することができるようになる。しかしながら、リスクアペタイトを機動的に見直すのは、実務上、大変むずかしい。リスクを察知した段階で、仮にリスクオフすることができたとしても同

時に収益計画を達成するのはむずかしい。収益の穴を他のリスクテイクで埋める方策を考えなければならない。たとえば、金利リスクを削減し、信用リスクを増強するなどの方策を考える必要に迫られることになる。当然、慎重な判断が求められ、再びストレステスト等を行ってチェックしなければならず、どうしても時間がかかってしまう。機動性の確保という大きな課題がいまだ残っている。

(2) リスクアペタイトの検証

計画策定時におけるリスクアペタイトの検証ポイントの一例を図表4－4に示した。前述したとおり、各事業部門のリスクアペタイト案（A）を基に、バランスシート（B）を作成する。これらに対し4つのチェックを行う（C）。

第1に資金収益力、すなわちNII（Net Interest Income）のチェック。目標に対しベースの収益力は十分か、金利水準やイールドカーブの形状変化、時間の経過に対しNIIは望ましい変化を示すか（NIIカーブの形状の問題）等をチェックする。

2番目は健全性、資本の十分性のチェック。第3章で解説したように規制が複雑化したため、従来のICAAP（The Internal Capital Adequacy Assessment Process：自己資本充実度評価）的なストレステストのみならず、レバレッジ比率やアウトライヤー比率に関しても確認する必要がある。

3番目は資金流動性、特に外貨の流動性のチェック。図表4－4は架空の数字であるが、邦銀の特徴を表している。国内の貸出需要が低迷するなか、潤沢にある円預金を円投（通貨スワップの利用）で外貨にして、そのバランスシートを大きくしている（第3章BOX8参照）ので、外貨の流動性がウイークポイントになっている。LCRやNSFR等の流動性指標はもちろんのこと、ストレス発生時の資金繰りは大丈夫か等、さまざまなことをチェックする必要がある。

4番目はリスク・カテゴリー別のチェック。たとえば、中国のあるセク

図表 4 － 4　リスクアペタイトの検証

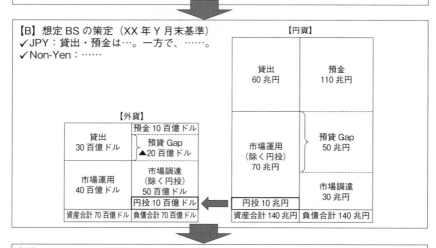

【A】リスクアペタイト案の策定
事業戦略／財務計画案とあわせて、リスクアペタイト案を設定

【B】想定 BS の策定（XX 年 Y 月末基準）
✓ JPY：貸出・預金は…。一方で、……。
✓ Non-Yen：……

【円貨】

貸出
60 兆円

預金
110 兆円

市場運用
（除く円投）
70 兆円

預貸 Gap
50 兆円

市場調達
30 兆円

円投 10 兆円

資産合計 140 兆円　負債合計 140 兆円

【外貨】

貸出
30 百億ドル

預金 10 百億ドル
預貸 Gap
▲20 百億ドル

市場運用
40 百億ドル

市場調達
（除く円投）
50 百億ドル

円投 10 百億ドル

資産合計 70 百億ドル　負債合計 70 百億ドル

【C】検証①：資金収益力
✓円貨、外貨の NII 水準を分析
✓円貨、外貨の NII カーブを分析

【C】検証②：自己資本充実度
✓自己資本充実度評価：所要 Tier1 比率／資本余裕額／レバレッジ比率
✓アウトライアー比率：

【C】検証③：資金流動性
✓（円貨）資金流出額／対応策／ストレス Gap
✓（外貨）資金流出額／対応策／ストレス Gap
✓外貨は……のため、ストレス Gap は……
✓外貨ストレス Gap は……、$/¥XXX.XX がブレークイーブン
✓円投先は……。LCR は……。

【C】検証④：リスク・カテゴリー別の検証
（信用リスク）評価方法：……
　　　　　　　評価結果：……
（市場リスク）想定損失額：……
　　　　　　　協議ポイント：……

【D】計画策定
経営計画（事業戦略・財務計画・リスクアペタイト）
リスクアペタイト・ステートメント策定

（出所）　吉藤茂（2014）「RAFにおけるストレステストの活用」（講演資料）より抜粋。

ターでエクスポージャーを増やしていくというアペタイト方針があった場合、全体のストレスシナリオとは別に、その戦略にフォーカスしたイベントドリブン・シナリオによるストレステストも必要となる。仮に、中国経済が急速に悪化した場合、それがアジア全体に波及し、アジアのエクスポージャーを拡大するという金融機関の財務計画に、どういうインパクトがあるのかということを、信用リスクや市場リスク等、リスク・カテゴリーごとにチェックする必要がある。これが前述したボトムアップ・アプローチの一つである。こういう複数のチェックをしたうえで、計画をつくりあげる（D）ということを、リスクアペタイト・フレームワークのPlanフェーズで行う必要がある。

(3) RAFが真のツールになるために

RAFの枠組みは、前述したとおりだが、これが真に経営のツールになるためには、いまだ高度化の余地は大きい。以下に、実効性を高めるための課題および方策を述べる。

- ✓ MIS（Management Information System：経営情報システム）の整備……RAFをエンティティ別（銀行・信託・証券など）、地域別（米州・欧州・アジアなど）、業務別（法人・リテール・国際・市場など）等さまざまな切り口で構築する必要がある。これを実現するためには、MISの整備が必要不可欠。

- ✓ リスク・リターンの見える化……前述したとおりRAFのねらいの一つは、リスクアペタイトと財務計画を有機的に結びつけることである。MISが未整備な間は、さまざまな切り口でのリスク・リターンを示すことができず、思うように進まないのが実情であろう。特に、コスト（間接経費＝コーポレートサービス部門等が一括してサービスを提供し部門に振り分けるもの、部門間の共同ビジネスのコストを部門間で振り分けるもの等）切り分けの精緻化は喫緊の課題と思われる。MISが整備されるまでの間は、リスクと財務計画の双方の会議（両者が別々に

開催されることが多い）で、前提付きの数字でもかまわないので外部の取締役にもわかるかたちで提示し、議論することを重ねるしかない。

✓ フロントのリスクオーナー意識……MISを整備したとしても定量化にはなじみにくい、アペタイト（積極的にとるリスク）とは表現しにくいリスク（特にオペレーショナルリスク）もある。そのため、業務を行うフロントがリスクオーナーの意識をもち、業務の戦略とそれに伴うリスクを自らの言葉でRAS（リスクアペタイト・ステートメント）に書き込み、これをベースにコミュニケーションを図るのが望ましい。

✓ シンプル化……本邦金融機関では、精緻化を好むためアペタイト指標は多くなる傾向にある。ただ、これをフロントの現場まで浸透させるためには、シンプルにする（数を減らす）必要があろう。また、バランス・スコアカード[1]など他の経営ツールとの連携を図る必要もある。経営ツールが複数乱立していたら、どれ一つとして浸透しない。

✓ レンジでの設定……本邦金融機関では、アペタイトといいながらリスク上限ととらえている人がいまだに多い。半期に何度かは抵触するレベルに設定し、議論を促すほうがRAFの浸透につながるであろう。アペタイトをレンジ（最低限とるレベル～リスク上限）で表現するのも一法だと思う。

1　バランス・スコアカード（BSC：Balanced Scorecard）とは、ロバート・S・キャプラン（ハーバードビジネススクール教授）とデビット・P・ノートン氏（コンサルタント会社社長）が、1992年に発表した新たな業績評価システムのこと。従来の財務分析による業績評価（財務の視点）に加えて、顧客の視点（企業からみる顧客、顧客からみえる企業）、業務プロセスの視点（製品のクオリティや業務内容に関する視点）、成長と学習の視点（企業のもつアイデア、ノウハウや従業員の意識・能力の視点）を加味した評価を行うことで、企業のもつ有形資産、無形資産、未来への投資などを含めたいまを総合的に評価する枠組み。

　リスクアペタイト・フレームワークのなかで重要となるのがストレステストだが、ストレステストと一口にいっても、さまざまなストレステストがあり、人によってストレステストのイメージが異なっていて、議論がかみあわないこともある。そこで、図表4－5にストレステストを目的別に4つに整理した。

　まずは、①健全性の評価で、これは従来からあるICAAP（The Internal Capital Adequacy Assessment Process：自己資本充実度評価）の世界。自己資本や流動性の観点から健全性を評価するもの。次に、②ビジネス戦略評価用のストレステスト。リスクアペタイト・フレームワークのなかで特に重要なのが、この戦略の評価。前述した中国の例のようなイベントドリブンのシナリオが起きたときに財務計画が耐えられるのかというチェックは欠かせない。③資本政策評価用のストレステスト。資本調達の規模や株主還元策としての配当やバイバック（自社株買）の金額を決定する際に重要となる。これらの資本政策を行ってもストレス下で資本の十分性が担保できるかというチェックだ。④危機対応としてのストレステスト。ストレスイベントが発生した際、たとえば中国で大きなショックが発生したとか、ブレグジット等のイベントが発生したときに、ポジションを圧縮する必要がないのか、アペタイトを見直す必要がないのか等の危機対応である。

　以下、本節では、ストレスシナリオの作成方法を説明した後に、目的別のさまざまなストレステスト、ならびに当局が行うマクロストレステストを紹介する。

(1)　ストレスシナリオの作成

　ストレステストを行ううえで最も重要となるのは、リスクをどう認識し、

図表 4 - 5　ストレステストの活用領域

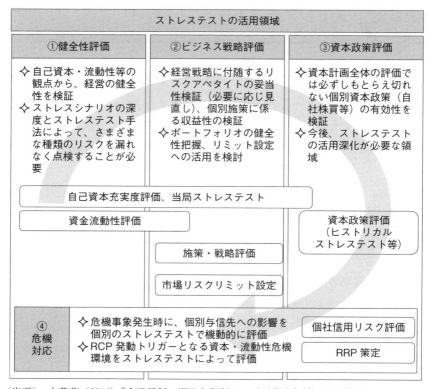

（出所）　吉藤茂（2016）「金融規制の潮流と銀行ERM」（講演資料）より抜粋。

シナリオをどうつくるか、ということである。図表 4 - 6 に「リスクマップ」を示したが、これは銀行が抱えるリスクを見える化したものである。図の網掛けの部分が外部事象で、それに対して、High、Medium、Lowという 3 つのレイヤーでリスク認識し、カテゴリーごとに、あるいはまたがる領域にリスク事象を表現している。このHigh、Medium、Lowは、起こる蓋然性と、起きたときのインパクトの大きさを、今後 1 年間という時間軸のなかで、定量・定性、両方を含めた総合判断で決めていく。これを月次等の頻度で、社長、頭取といった経営陣、あるいは各部門の企画を担っている人た

ち、リスク管理部署、監査部署が議論することで、リスク認識を共有化し、そこからシナリオをつくるというのが、効果的だ。

　図表4－7にシナリオの一例を示す。これはジャパンリスクフォーラム（JRF）が作成している「台風Map」で、アベノミクスが成功するのか失敗するのか、あるいはスタグフレーションになるのか、といったシナリオを表している（上図）。横軸に経済成長を、縦軸にインフレをとって、アベノミクスがうまくいけば右上に、失敗してデフレに戻れば左下にいくというシナリオを表現している。また、たとえば日本売り等の悪い金利上昇で、経済成長は実現せずにインフレだけが起こるという、スタグフレーション・シナリオも左上の領域で表現されている。これを一つの骨格として、これに下図で示す海外のシナリオを組み合わせ、相互作用を入れることでグローバルなシナリオをつくることができる。これは、ほんの一例を示したものだが、シナリオのつくり方というのがきわめて重要であり、ここにストレステストの成否がかかっている。シナリオのストーリー性、蓋然性、そしてストレスの深さ等、アートの領域に入る作業だけに、リスクマップ等のコミュニケーション・ツールを使って、関係者間でリスク認識を共有しておくことが非常に重要である。

⑵　目的に応じたさまざまなストレステスト

　ここまで、全社ポートフォリオを対象としたICAAP（自己資本充実度評価）を中心に解説してきたので、本項では信用・市場・流動性というリスク・カテゴリーごとのストレステスト、およびリバースやヒストリカルという異なるタイプのストレステストを紹介する。

①　信用ストレステスト

　信用リスクのストレステストの推計フローを図表4－8に示した。信用リスクでは、ストレスシナリオ発生時にどれだけの与信費用が発生するか（P／L影響）、RWAがどれだけ増えるか（B／S影響）、それらにより自己資本比率がどれだけ低下するか、を推計することが最終ゴール（図表4－8の③）

図表4－6　リスクマップ

〔リスクマップ例〕BTMU リスクマップ（2014 年 5 月）

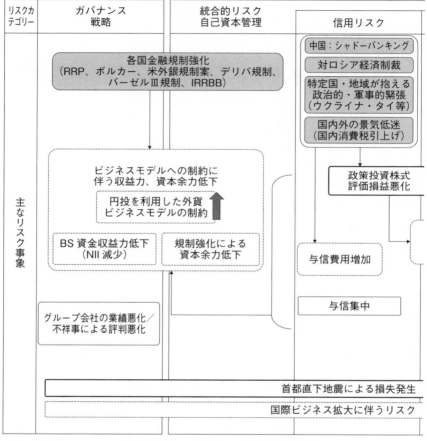

重要な外部リスク事象（規制変更、市場環境等）：

蓄然性を加味した業績・資本への影響度： High Risk　Medium Risk　Low Risk

（出所）　吉藤茂（2014）「RAFにおけるストレステストの活用」（講演資料）より抜粋。

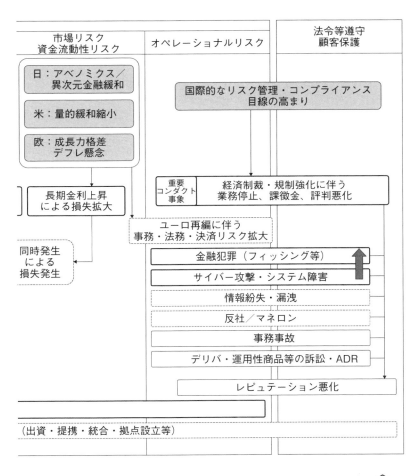

市場リスク 資金流動性リスク	オペレーショナルリスク	法令等遵守 顧客保護

日：アベノミクス／
異次元金融緩和

米：量的緩和縮小

欧：成長力格差
デフレ懸念

国際的なリスク管理・コンプライアンス
目線の高まり

長期金利上昇
による損失拡大

重要
コンダクト
事象

経済制裁・規制強化に伴う
業務停止、課徴金、評判悪化

同時発生
による
損失発生

ユーロ再編に伴う
事務・法務・決済リスク拡大

金融犯罪（フィッシング等）

サイバー攻撃・システム障害

情報紛失・漏洩

反社／マネロン

事務事故

デリバ・運用性商品等の訴訟・ADR

レピュテーション悪化

（出資・提携・統合・拠点設立等）

リスクのトレンド：

図表 4 − 7　シナリオの一例

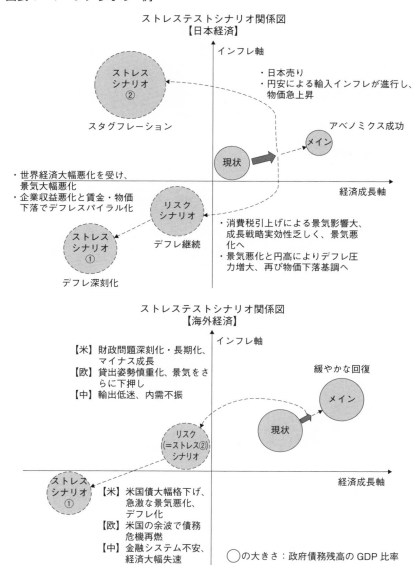

ストレステストシナリオ関係図
【日本経済】

インフレ軸

ストレス
シナリオ
②

スタグフレーション

・日本売り
・円安による輸入インフレが進行し、
　物価急上昇

アベノミクス成功

メイン

現状

経済成長軸

・世界経済大幅悪化を受け、
　景気大幅悪化
・企業収益悪化と賃金・物価
　下落でデフレスパイラル化

ストレス
シナリオ
①

デフレ深刻化

リスク
シナリオ

デフレ継続

・消費税引上げによる景気影響大、
　成長戦略実効性乏しく、景気悪
　化へ
・景気悪化と円高によりデフレ圧
　力増大、再び物価下落基調へ

ストレステストシナリオ関係図
【海外経済】

インフレ軸

【米】財政問題深刻化・長期化、
　　　マイナス成長
【欧】貸出姿勢慎重化、景気をさ
　　　らに下押し
【中】輸出低迷、内需不振

緩やかな回復

メイン

現状

リスク
(＝ストレス②)
シナリオ

経済成長軸

ストレス
シナリオ
①

【米】米国債大幅格下げ、
　　　急激な景気悪化、
　　　デフレ化
【欧】米国の余波で債務
　　　危機再燃
【中】金融システム不安、
　　　経済大幅失速

◯の大きさ：政府債務残高の GDP 比率

(出所)　吉藤茂（2014）「RAFにおけるストレステストの活用」（講演資料）より抜粋
　　　　（ジャパンリスクフォーラム「台風Map」を参考に作成）。

図表 4 - 8　信用ストレステストの推計フロー

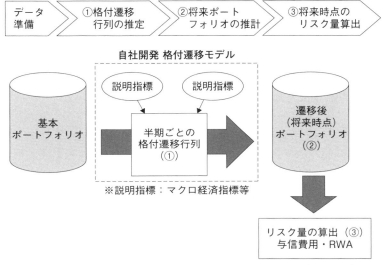

（出所）　吉藤茂（2014）「RAFにおけるストレステストの活用」（講演資料）より
　　　　抜粋。

となる。

　推計にあたっては、ストレス時のPD（Probability of Default：デフォルト確
率）、LGD（Loss Given Default：デフォルト時損失率）、EAD（Exposure at De-
fault：デフォルト時エクスポージャー）、格付遷移行列といったパラメータが
重要になる。図表 4 - 9 に格付制度（レーティング・フィロソフィー）別の
PDの挙動を示したが、自社の制度に応じたパラメータの推計が必要となる。

　格付制度（レーティング・フィロソフィー）の考え方として、大きく分ける
と「ポイント・イン・タイム（PIT：Point-in-time）」と「スルー・ザ・サイ
クル（TTC：Through-the-cycle）」の 2 つがある。PITは現在の経済状況を
考慮した情報により評価した債務者の信用力に基づく序列であるのに対し、
TTCは不況期もしくはストレス時における債務者の信用力に基づく序列で
ある。したがって、TTCの格付制度では、景気変動によって債務者の格付
は大きく変動しない（すでに景気後退に対する債務者の耐性を格付に反映してい

図表 4 − 9　格付制度別のPDの挙動

（フィロソフィー）	ストレス時の格付変動	ストレス時のデフォルト確率の変動
Through-the-cycle	変化なし	上昇
Point-in-time	下方遷移	変化なし
ハイブリッド	下方遷移	上昇

（出所）　大山剛（2012）『これからのストレステスト』より抜粋。

図表 4 −10　ストレスシナリオのパス

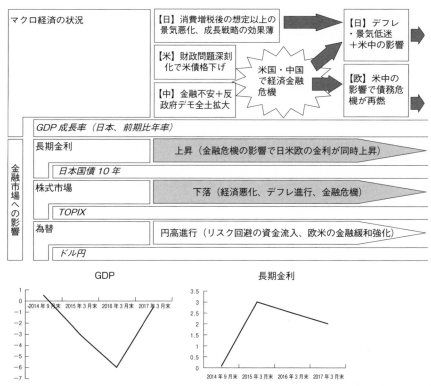

（出所）　吉藤茂（2014）「RAFにおけるストレステストの活用」（講演資料）に加筆。

るから）一方、景気変動によりPDは変動する（ストレス時にはデフォルト率が上昇する）。PITはこの逆の挙動を示す。すなわち、景気変動により格付が変動する一方、PDは安定する。この格付制度に応じ、格付遷移およびデフォルト率（PD）を推計する必要がある。なお、一般には両者の特徴を備えたハイブリッドな格付制度を採用していることが多いが、この場合は格付およびPDの両者が変動する（図表4－9、最下段）。

　ストレステストにおいては、図表4－10で示すとおり、GDPなどのマク

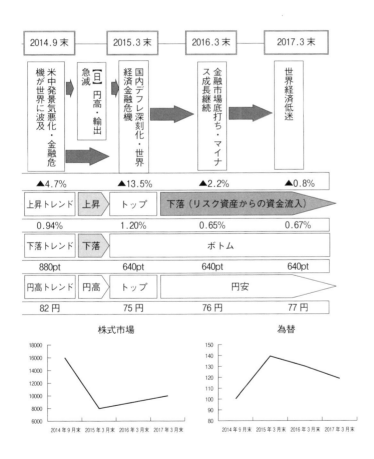

ロ経済指標と金利・株式・為替などのマーケット指標を関連づけてシナリオを設定する。信用ストレステストにおいては、これらの指標からPD、EADや格付遷移行列といったパラメータを予測するモデルを構築し、シミュレーションすることになる。また、現行会計制度のもとでは与信費用の発生は景気後退に遅行するので、モデルのなかにタイムラグを導入することが多い。その際、重要となるのはシナリオにおける時間パスのストーリーだ。次年度の財務計画の健全性チェックに主眼が置かれると、手前で景気が急減速し、その後急回復するといったシナリオが採用されがちだが、与信費用の影響が現れるのは景気が急回復し始めた後になるので、他の要素（市況回復により損失が緩和される項目）との兼ね合いや、パラメータの挙動（GDPなどのマクロ指標との連動性が高いもの）によっては影響が緩和されるケースもある。むしろ、景気後退がダラダラと続くほうが、信用ストレステストにおいては深刻な影響を与える場合もある。いずれにせよ、シナリオの深度のみならず、そのパスも結果に大きな影響を与える点に留意が必要である。

② **市場ストレステスト**

　市場リスクのストレス時影響は、全社ポートフォリオを対象としたICAAP（自己資本充実度評価）のなかでも当然に考慮されるが、市場部門にフォーカスしたストレステストも別途必要になる。金利・株式・為替などのマーケットの動きは非常に速く、迅速な対応が求められることから、市場部門に対し一定のリスク量の範囲内で自由にポジション操作を行う権限を与える運営を行っている金融機関が多い。この付与するリスク量を決定する際に、ストレステストを活用するのである。

　図表4−11に市場ストレステストのシナリオの一例を示した。ICAAP（自己資本充実度評価）用のストレステストでは、景気の大幅悪化を設定することが多いので金利は低下するシナリオになりやすい（もちろん、図表4−7のような日本売り＝スタグフレーションシナリオで金利上昇を想定することもある）。一方で、バンキング勘定での債券保有がコアポジションとなる市場部門に対しては、金利上昇シナリオを設定する必要がある。また、機動的な

図表4－11　市場ストレステストのシナリオ

シナリオ名	市場リスクシナリオ （物価上昇ならびに早期景気回復）	
蓋然性 イメージ	数年に一度	
金利 シナリオ 概要	欧州	ソブリン懸念が払拭。急回復への思惑が高まり、雇用も回復基調に転じる。
	米国	欧州債務問題に抜本的進展後、世界経済は順調に拡大。 米国経済も潜在成長率を上回り、コアインフレ上昇を受けて利上げ時期のさらなる前倒し観測が台頭。
	日本	インフレ懸念が浮上し、日銀は継続的に25bpの利上げを実施。 日銀による金融引締め観測、米欧経済の順調な拡大を受けて本邦金利は上昇。

		指標	メイン	変動幅（メイン比）	変動幅（前回比）
主要指標	円金利	無担O/N	XX	0.00%	0.00%
		2年スワップ	XX	0.40%	▲0.10%
		3年スワップ	XX	0.60%	0.0%
		5年スワップ	XX	0.70%	0.0%
		2年国債	XX	0.50%	0.0%
		5年国債	XX	0.70%	0.0%
		10年国債	XX	0.70%	0.0%
	ドル金利	FF	XX	0.00%	0.00%
		2年スワップ	XX	0.90%	0.30%
		5年スワップ	XX	1.30%	▲0.10%
		2年米国債	XX	0.80%	0.00%
		5年米国債	XX	1.30%	▲0.30%
		10年米国債	XX	1.30%	▲0.30%

ユーロ金利	リファイナンス	XX	0.80%	0.00%
	2年スワップ	XX	2.00%	▲0.40%
	5年スワップ	XX	2.10%	▲0.10%
	2年独国債	XX	2.00%	▲0.40%
	5年独国債	XX	2.20%	▲0.30%
	10年独国債	XX	2.10%	0.00%
株価	日経平均	XX	▲1,000	▲500
	DOW	XX	▲2,000	0
クレジット（社債）スプレッド		―	＋0.50%	＋0.10%
エマージング債券時価		―	▲5.00%	―
エマージング株式時価		―	▲10.00%	―

（出所）　吉藤茂（2014）「RAFにおけるストレステストの活用」（講演資料）より抜粋。

操作（早めの損切り）を促すためにも、蓋然性の高い、すなわち浅めの金利上昇を想定したシナリオでチェックすることが必要になる。ICAAPとは目的もシナリオの設定の仕方も大きく異なるストレステストといえる。

③　流動性ストレステスト

　前節でも触れたとおり、邦銀にとってバランスシート上の制約になりやすいのは外貨の流動性であり、（資金）流動性ストレステストはきわめて重要である。また、規制当局もリーマンショックの反省をふまえ、2008年にバーゼル委が「健全な流動性リスク管理及びその監督のための諸原則」を改訂公表、これを受け金融庁も2014年に「大規模で複雑な業務を行う金融グループにおける流動性リスク管理に係る着眼点」を公表している（BOX19参照）が、そのなかで、ストレステストの実施を求めている（諸原則でいえば原則10）。シナリオに関しても銀行固有のストレスや市場全体のストレスなどさまざまなシナリオの設定に加え、両者を組み合わせたストレステストが求められている。代表的な3つのシナリオを図表4－12に示す。これらのシナリ

図表4−12　想定されるシナリオ

	外的ショック （流動性危機）	自行単独ショック （格下げ）	複合シナリオ （左記の同時発生）
想定される イベント	・カウンターパー 　ティーの減少 ・ABCPのバック 　アップ ・コミットメントラ 　インの引出増加 ・ローンの増加 　…	・インターバンク調 　達が困難 ・顧客預金の流出 ・ABCPのバック 　アップ 　…	左記の全事象がさら に厳しい水準で発生
前提条件 （必要なパラ メータ）	・コミットメントラインの追加引出率 ・インターバンク調達の継続率 ・法人預金の継続率 ・リテール預金の滞留率 　…		

（出所）　吉藤茂（2014）「RAFにおけるストレステストの活用」（講演資料）より作成。

オ下で流動性に関するシミュレーション（資金ギャップの算出など）を行う際には、図表に示すとおり「コミットメントラインの追加引出率」「インターバンク調達の継続率」「法人預金の継続率」「リテール預金の滞留率」などを設定する必要があるが、本邦においては1997年の北海道拓殖銀行の経営破綻[2]等の事例はあるが、大型の資金流動性リスク顕現化事例は少なく、どのレベルにパラメータを設定すべきかの知見が不足している（海外にはLTCM[3]、ノーザンロック、リーマン・ブラザーズなど事例も多いが、市場構造や預金の粘着性などが大きく異なっており、単純には利用できない）。

2　北海道拓殖銀行（都市銀行の一つ）は1997年11月に経営破綻し、北洋銀行と中央信託銀行に事業を譲渡することになったが、経営破綻に至るまでの間、預金の流出やコール市場での資金調達が困難化するなど、資金流動性リスクが顕現化した。また、同じ時期に準大手証券会社であった三洋証券が会社更生法の適用の申請を行い、その翌日に本邦コール市場では初めての債務不履行が発生していた。

また、資金流動性も資本もALMやバランスシートのコントロールを考える際にはどちらも重要な要素である。したがって、マネジメントの立場からすれば、流動性のストレステストとICCAPのストレステストは同時にみたい、少なくとも両者の関係は明らかにしてほしい。図表4−13は、内生的要因（銀行固有）によるストレスと外生的要因（市場全体）によるストレスという2軸のなかに両者のシナリオをマッピングしたものだが、まだわかりにくいと思う。シナリオ作成の高度化余地は大きい。

　流動性リスク管理を行ううえで、CFP（コンティンジェンシー・ファンディング・プラン）の策定もきわめて重要な要素（諸原則でいえば原則11）となる。ストレステストの際には、CFPの発動により資金ギャップが埋まるかどうかのチェックを行い、埋まらない場合、計画の見直しが必要になる。さらに、CFPの策定は机上の計画で終わってはならない。CFPとして、「市場ポジションの圧縮」「通貨スワップ（円投）の追加実施」「社債発行」「資本調達」「貸出の期日回収」「顧客性資産の売却」「政策投資株式の売却」「中銀ファシリティの利用」などさまざまな手段が考えられるが、その難易度はまちまちである。実際のCFP発動に向け、CFPを発動する際のトリガー、手段間の優先順位、決定プロセスなどの枠組みをあらかじめ整備する必要がある。

　また、近年は金融グループ全体としての流動性管理が求められている。資金流動性リスクの動きはきわめて早いので、エンティティ単位で堅牢な流動性管理の枠組みを構築するのは当然のこととして、金融グループ全体としても一貫性のある流動性管理のフレームワークを構築することが求められている。

3　Long-Term Capital Managementの略称。マイロン・ショールズとロバート・マートンという2人のノーベル賞受賞者が関与したヘッジ・ファンド。アジア通貨危機とロシア危機のなかで、1998年に経営破綻した。

図表4-13　流動性ストレスシナリオとICAAPシナリオ

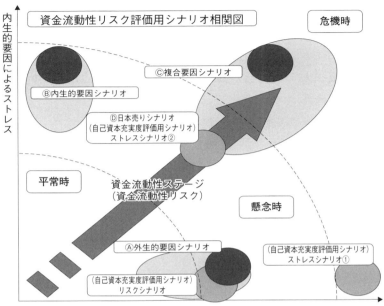

資金流動性リスク評価用シナリオ相関図

危機時

内生的要因によるストレス

Ⓒ複合要因シナリオ

Ⓑ内生的要因シナリオ

Ⓓ日本売りシナリオ
（自己資本充実度評価用シナリオ）
ストレスシナリオ②

平常時

資金流動性ステージ
（資金流動性リスク）

懸念時

Ⓐ外生的要因シナリオ

（自己資本充実度評価用シナリオ）
リスクシナリオ

（自己資本充実度評価用シナリオ）
ストレスシナリオ①

外生的要因によるストレス

（出所）　吉藤茂（2014）「RAFにおけるストレステストの活用」（講演資料）より
　　　　抜粋。

BOX19　「流動性管理の諸原則」と「流動性リスク管理に係る着眼点」

〈「**流動性管理の諸原則**」（バーゼル委）〉

（基本原則）

原則1：堅固な流動性リスク管理の枠組みを構築すること

（ガバナンス）

原則2：流動性リスクに対する許容度を定めること

原則3：取締役会は流動性に関する戦略を承認すること

原則4：流動性のコスト、便益、リスクを織り込んだプライシングを行

うこと

（リスクの測定と管理）

原則5：流動性リスクを把握、測定、モニター、統制するプロセスを保有すること

原則6：各法人、業務ライン等細分化して管理を行うこと（法律、規制も考慮）

原則7：調達源や調達条件を分散化すること

原則8：日中流動性ポジションとリスクを能動的に管理すること

原則9：担保ポジション（処分上の制約の有無等）を能動的に管理すること

原則10：ストレステストを行い、流動性リスク管理の戦略を見直すこと

原則11：コンティンジェンシー・ファンディング・プランを策定すること

原則12：高品質の流動性資産をクッションとして保有すること

（情報開示）

原則13：定期的に情報開示を行うこと

　　※原則14～17は監督当局の役割なので、省略

〈「**流動性リスク管理に係る着眼点**」（金融庁）〉

(1)　流動性リスク管理におけるガバナンス

(2)　流動性アペタイトの設定と遵守

(3)　流動性リスクの包括的な測定

(4)　流動性ストレステストの結果の活用

(5)　十分な余剰流動性資産の保持

(6)　担保の区分管理（法人別、国別、通貨別など）

(7)　流動性リスク管理手法の整備（グループ全体、部門別、法人別など）

(8)　流動性リスク低減のためのインセンティブ構造の整備

(9)　流動性リスクを踏まえた資金調達・運用に係る計画の策定と実行

(10)　コンティンジェンシー・ファンディング・プランの策定

④　リバースストレステスト

　自己資本比率など経営上の重要な指標が、どういった環境下で規制上のポイント（たとえば、コアTier1（CET1）比率＝8％[4]）を下回るかを知っておくことは重要である。図表4−14の上表は、長期金利（日本国債10年金利）と株価（TOPIX）により自己資本比率（CET1）がどう変化するかを示したもの（自己資本比率という目的変数から、説明変数である金利や株価を逆算しているので、リバースストレステストと呼ばれる）。他の項目は不変との前提でシミュレーションしているが、与信費用の影響は大きいので2つのケース別に試算している。このシミュレーションにより、どういった相場環境になると規制上のポイントである8％（最低所要水準＋資本保全バッファー＋資本サーチャージ）や7％（最低所要水準＋資本保全バッファー）に抵触するかを把握できる。

　また、図表4−14は競争相手である他行との比較をシミュレーションしたものである（有価証券報告書等公開情報のみから試算するので限界はある）。筆者は、リーマンショックの際、財務企画を担当していたが、自己資本比率の他行との差、距離感は非常に気にしていた。政策保有株を多く抱える邦銀は株価下落時に自己資本比率が低下するのは避けられないが、正直いって最下位になるのは避けたい、首の皮一枚でも優位にいたいという思いがあった（当局の対応やマーケットの反応は、絶対水準のみならず相対的な順位の影響も強く受けると思われたため）。危機時は特に、自分の立ち位置を把握しておくことは、重要である。

⑤　ヒストリカルストレステスト

　ヒストリカルストレステストとは、過去の実際の相場変動を当てはめて行

4　8％＝4.5％（最低所要水準）＋2.5％（資本保全バッファー）＋0％（カウンター・シクリカル・バッファー）＋1.0％（資本サーチャージ）を想定。

図表 4 −14　リバースストレステスト

［株価・金利による自己資本比率への影響］

与信費用XXX億円を想定した場合

		日本国債10年金利			
		+1.00%	+2.00%	+3.00%	+4.00%
T O P I X	−100	10.0%	9.0%	9.0%	8.0%
	−200	10.0%	9.0%	9.0%	8.0%
	−300	10.0%	9.0%	8.0%	8.0%
	−400	9.0%	9.0%	8.0%	8.0%
	−500	9.0%	9.0%	8.0%	7.0%

与信費用XXX億円を想定した場合

		日本国債10年金利			
		+1.00%	+2.00%	+3.00%	+4.00%
T O P I X	−100	9.0%	9.0%	8.0%	7.0%
	−200	9.0%	8.0%	8.0%	7.0%
	−300	8.0%	7.0%	7.0%	6.0%
	−400	8.0%	7.0%	7.0%	6.0%
	−500	7.0%	6.0%	5.0%	5.0%

［他行比較］

	A行グループ	B行グループ	C行グループ
普通株式等Tier1比率	10.00%	8.00%	6.00%
普通株式等Tier1	86,000	44,000	33,000
リスクアセット	860,000	550,000	550,000

株式および国債保有状況　　　　　　　　　　　　　　　　　（億円）

株式（国内）		42,000	26,000	30,000
	内、時価あり	31,000	22,000	27,000
日本国債		490,000	290,000	340,000
	その他有価証券	480,000	240,000	330,000
	満期保有目的債券	6,000	49,000	18,000

有価証券評価損益シミュレーション（普通株式等Tier1比率）

日本国債10年 金利（TOPIX ＝XXXpt）	＋100bp	7.0%	6.0%	5.0%
	＋200bp	5.0%	4.0%	3.0%
	＋300bp	3.0%	4.0%	2.0%
	＋400bp	1.0%	2.0%	1.0%
日本国債10年 金利（TOPIX ＝YYYpt）	＋100bp	6.0%	5.0%	4.0%
	＋200bp	4.0%	3.0%	3.0%
	＋300bp	2.0%	3.0%	1.0%
	＋400bp	1.0%	1.0%	0.0%

（出所）　吉藤茂（2014）「RAFにおけるストレステストの活用」（講演資料）より抜粋。

うストレステストのことである。図表 4 –15はその一例だが、リーマンショックの際の相場変動率をそのまま現在の相場水準に当てはめ、シナリオを作成している。経営陣にとっても、過去の経験と比較することが可能であり、イメージしやすい。また、下図に示すとおり、定型シナリオとして継続的に実施すれば、ポートフォリオの変化を把握することにもつながり、有益である。

図表 4 –15　ヒストリカルストレステスト

[想定される市場動向]　リーマンショック時を想定

			適用変化率	想定シナリオ	
				2013. 3 末	(期中最悪時)
主要指標	米国	ダウ平均	▲38%	7,690	6,617
		米国債10年	▲22%	1.22%	0.94%
	欧州	ドイツ国債10年	▲23%	0.92%	0.89%
	日本	TOPIX	▲36%	459	416
		（日経平均）	▲35%	(5,531)	(4,812)
		日本国債10年	＋5%	0.87%	0.75%
	ドル／円相場		▲1%	78	69

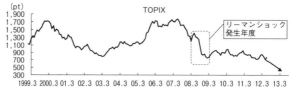

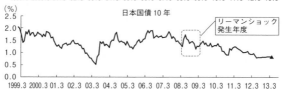

[シミュレーション結果]

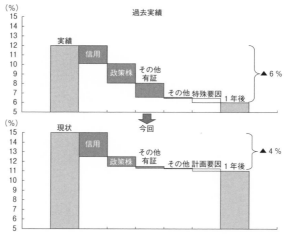

(出所)　吉藤茂（2014）「RAFにおけるストレステストの活用」（講演資料）
　　　　より抜粋。

(3) マクロストレステスト

　ここまでは、民間企業自身が自主的に行うストレステストを紹介してきたが、リーマンショック以降、規制当局がマクロプルーデンスの一環として行うマクロストレステストも強化されてきた。図表4－16に各国が行うマクロストレステストを一覧のかたちでまとめた。

　最も有名なものは、米国のCCAR（Comprehensive Capital Analysis and Review）で、FRB策定シナリオでストレステスト[5]を行い、年次の資本計画の妥当性を評価するという枠組み。CET1比率やレバレッジ比率といった定量基準に加え、ストレステストの実施体制やデータの整備状況などの定性面も検証され、これにパスしないと、配当や自社株買いなどの資本政策の実施が制限されるという非常に厳しい規制である。2018年6月に公表された直近のCCARでは、ドイツ銀行の米子会社が、資本計画プロセスやリスク管理、内部監査が脆弱であるとの理由で不合格となっている。また、ゴールドマン・サックスとモルガン・スタンレーの資本計画についても条件付きの合格となっており、資本分配を過去数年と同水準に保つことが求められた。

　EUでは、EBA（European Banking Authority：欧州銀行監督機構）が中心となり、EU-wide Stress Testを実施している。2014年には、単一監督制度（SSM）の実施に先立つ準備として、資産査定（AQR：Asset Quality Review）とストレステストが実施されている。これは個々の金融機関の強靭性に加え、金融システム全体の強靭性を評価する監督ツールの位置づけである。

　英国では、EU全体のストレステストを補完する位置づけでBOEがストレステストを実施している。シナリオは、住宅価格の大幅下落など英国経済へ

5　G-SIBs（グローバルなシステム上重要な銀行）は、ドット・フランク法165条により、FRBが年次ベースで行う監督上のストレステスト（supervisory stress test）と、銀行自らが半年ごとに実施する会社実施ストレステスト（company-run stress test）の2種類が求められている。当局自身が自らのモデル（非公開）をもち、各行に提出させたデータに基づきストレステストを行うのは、グローバルにみても相当にユニークである。なお、会社実施ストレステストは、G-SIBsには該当しない連結総資産100億ドル以上500億ドル未満の銀行持株会社についても年次ベースでの実施が求められている。

図表 4 −16　各国当局が実施するマクロストレステスト

ストレステスト種類	〈米国当局ストレステスト〉 DFAST（DF法ストレステスト）、 CCAR（Comprehensive Capital Analysis and Review）	EUストレステスト	英国ストレステスト
目的・活用方法	・FRB策定シナリオでの年次資本計画の妥当性評価 ・年次資本計画の策定 ・当局による配当・自社株買いの許可	・ストレス下の資本耐久力を審査 ・欧州銀行セクターに対する市場の信任を確実にする	・英国銀行セクターに特有のリスクを加味した、EUストレステストより厳しい基準の審査
資本の定義・合格基準	バーゼルⅢの普通株式等Tier1比率 ・7％およびレバレッジ比率4％（経過措置勘案）	バーゼルⅢの普通株式等Tier1比率（段階実施ベース） ・ベースシナリオ：8.0％ ・アドバースシナリオ：5.5％	バーゼルⅢの普通株式等Tier1比率（完全実施ベース） ・BoE独自アドバースシナリオ：4.5％ ・ベースシナリオ：7％およびレバレッジ比率3.0％
対象行	30社の銀行持株会社	124行	8行
期間	約2年	3年	3年
シナリオ　パターン	ベース、ストレス、シビアストレス	ベース、アドバース	EBAベースシナリオ＋独自アドバース
シナリオ　特色	・過去に発生した深刻な景気後退と同程度のものを想定 ・シビアストレスシナリオではアジアでのいっそうの景	・世界的な金利上昇や新興国の通貨下落・資本流出を想定し、前回よりも総じて厳しい ・国債のうち、バン	・英国銀行セクターに特有のリスクとして、①住宅市場におけるショック、②金利の大幅な上昇をマクロ経

		気減速を想定 ・大手 6 行とカスト 　ディ大手 2 行に対 　し、デリバティブ 　取引等のカウン 　ターパーティーの 　デフォルト織込み 　を義務づけ	キング勘定の AFS の取扱いを 厳格化。含み損を 資本から控除する ことを義務づけ	済ショックとして 想定（ただし、金 利上昇時のNIIの 脆弱性を評価すべ きといった制約あ り） ・制約はあるも、経 　営陣の行動を勘案 　可能

（出所）　吉藤茂（2014）「RAFにおけるストレステストの活用」（講演資料）より抜粋。

のストレスをより厳しくしたものになっている。特徴は、バランスシートが
ダイナミック（変動する）であるという前提となっており、制約（理由の文
書化など）はあるものの経営陣による行動（資産売却など）が勘案される点に
ある。また、定性的な情報の提供も多く求められている。金利上昇時にNII
（資金収益）が改善する効果を批判的に分析すること、オペレーショナルリ
スクやコンダクト・リスクも考慮すること等が期待されており、先進的な取
組みとなっている。

　ストレステストの活用例として、金融当局から要請されるRCP（Recovery
Plan：再建計画）とRSP（Resolution Plan：破綻処理計画）での利用を最後に紹
介する。FSB（金融安定理事会）は、2011年 7 月に「システム上重要な金融
機関の実効的な破綻処理」を公表した。これは、システミック・リスクを防
ぎ、かつ国民の税金は使わずに破綻処理することを目的に、G-SIFIs（グ
ローバルなシステム上重要な金融機関）にはRRP（Recovery and Resolution
Plan：回復・破綻処理計画）の策定を求めている。具体的には、図表 4 −17に
示すとおり、RCPとRSPに分かれており、前者は金融機関自身が、後者は規
制当局（米国だけは例外的に金融機関）が策定する。金融機関自身が策定する
RCPには、危機発生時のリカバリー・オプション（資本増強のプラン、ビジネ
ス・オペレーションや負債構造のリストラクチャリングなど）の策定、危機が発
生するシナリオの作成、リカバリー・オプション発動のためのプロセスの整

図表 4 −17　RCPとRSP

	RCP （Recovery Plan、再建計画）	RSP （Resolution Plan、破綻処理計画）
主体	金融機関	当局
目的	金融機関が、深刻なストレス（自己資本、流動性）にさらされた場合に、財務力を回復し自力で存続する	金融システムの混乱と納税者の損失を回避し、金融機関の破綻処理を行う
含まれるべき点	1　金融機関固有の危機事態および、市場全体（システミック）の危機事態に対応するためのリカバリー・オプションの選定 2　資本不足および流動性ストレスが発生するようなシナリオの想定 3　リカバリー・プラン発動のための組織態勢、危機管理プロセスの整備	1　当該金融機関がもつ、社会にとって不可欠な金融・経済機能を、保全または段階的に縮小するための適切な破綻処理オプション 2　金融機関の事業、構造の把握、および金融システム維持に必要なデータ要件 3　預金者および契約者を保護し、分別管理されている顧客資産の迅速な返還を確保するための施策 4　破綻処理のための留意点と障害を軽減するための施策 5　破綻処理プロセスにおける明確な指針

（出所）　吉藤茂（2014）「RAFにおけるストレステストの活用」（講演資料）より抜粋。

備等が含まれる。

　RCPで求められるリカバリー・オプション発動のためのプロセスの一例が、図表 4 −18に示す自己資本比率のステージ運営である。この例では、自己資本比率の水準に応じ、平常時・懸念時・危機時とステージ分けしているが、実際に自己資本比率がこの水準まで低下した後にリカバリー・オプションを発動しても「時、すでに遅し」となり兼ねない。そこで、ストレステストを活用し、どのようなシナリオのもとでこのステージに落ち込むのかを確

図表 4 −18 自己資本比率のステージ運営

自己資本での管理		管理方法	ストレステスト	アクション	CP（コンティンジェンシープラン）
ステージ区分	実績比率		リスクシナリオ上の比率		
①			X＋α％以上	—	—
② 平常時	X％以上	ストレステストを活用した予防的管理	X＋α％未満	CP策定の必要性を検討（実行可能なCPの選定）↓ CP策定・一部実施（CPの発動ポイント設定し、実績がポイント抵触となる際はCP発動）	CPの前倒し実施 可能な範囲での対応（例：市場性資産の売却）
③ 懸念時	Y％未満	〈RCPの枠組み〉危機管理ステージに移行、対策本部設置のうえ、抜本的なCP策定・実施	X％未満	対策本部設置の検討（抜本的なCP策定・実施）	本格的な対応実施 資産負債運営の見直し（例：資産圧縮等）
④ 危機時	Z％未満				

（出所）　吉藤茂（2014）「RAFにおけるストレステストの活用」（講演資料）より抜粋。

認し、その蓋然性の高さに応じ早めにアクションを起す枠組みを構築する必要がある。ここでは、自己資本比率を例に枠組みを示したが、新たな規制の枠組みであるLCR（流動性カバレッジ比率）やTLAC（総損失吸収力）の数値を維持するためにも同様のステージ運営が必要であろう。

第3節　リスク・カルチャー

　リスクアペタイト・フレームワークを支える基礎がリスク・カルチャーであり、本章の最後にこれを取り上げる。図表4−19に"What's Your Company's Risk Culture？"というKPMGのレポートを引用したが、リスク・カ

図表4－19　リスク・カルチャーとは

（定義）
- ✓ 「リスク・カルチャー」…リスクに関する意思決定を行う際の組織全体で共有された評価・行動のメカニズム。

（重要性）
- ✓ リスク・カルチャーは、ERMを効果的に実施するうえで根幹を成す構成要素。
- ✓ KPMGの調査によれば、約半数の人がリーマンショックで明暗を分けた主因としてリスク・カルチャーをあげている。

（議論のスタート台）
- ✓ 経営トップの真の方向性（tone at the top）は何か。
- ✓ 倫理観とリスクに関する効果的なコミュニケーションをとっているか。
- ✓ 従業員が「正しいことをする」ためのインセンティブはあるか。
- ✓ 意思決定で、リスクは正式な手続として考慮されているか。
- ✓ リスク・カルチャーを組織の外部にも浸透させる方法は。
- ✓ 採用活動においてリスクを考えるか。

（出所）　吉藤茂（2016）「金融規制の潮流と銀行ERM」（講演資料）より抜粋（本図表は、Farrell, John Michael and Angela Hoon（2009），"What's Your Company's Risk Culture?" より作成）。

ルチャーとは、「リスクに関する意思決定を行う際の組織全体で共有された評価・行動のメカニズム」であるとされており、リスクアペタイト・フレームワークの土台であるといえる。KPMGの調査によれば、リーマンショックの時、約半数の人が、明暗を分けた主要因はリスク・カルチャーであると回答している。さらに、Liborの不正操作問題でコンダクト・リスクへの関心が高まり、カルチャーの重要性が再認識されたと思う。

　しかしながら、リスク・カルチャーの重要性はわかっていても、組織内によいリスク・カルチャーを浸透させるのは、決して容易なことではない。少し抽象的になるが、KPMGレポートが示す以下の諸点は、よいリスク・カルチャーを浸透させるための「議論のスタート台」となるのではないかと思う。経営トップの真の方向性（tone at the top）。倫理観とリスクに関する効果的なコミュニケーションをとっているか。また、従業員が「正しいことを

する」インセンティブは組み込まれているか。あるいは、意思決定のなかに
リスクは正式な手続として考慮されているか。たとえば、リスクアペタイ
ト・フレームワークが導入される前は、戦略を立てる際、リスクというのは
属人的なチェックにとどまっていたが、リスクアペタイト・フレームワーク
によって、正式な手続として組み込まれたという面はあると思う。また、こ
れは外部委託先も含めて浸透させなければならない。さらに、海外では日本
と異なり人材も流動的なので、採用時にもリスク・カルチャーを考慮する必
要がある。こういった項目が、リスク・カルチャーを考えるうえで、あるい
は浸透させるうえで、議論すべきポイントとなろう。

(1) FSB（金融安定理事会）のガイダンス

　FSB（金融安定理事会）は、2014年に「リスク文化に関する金融機関と監
督当局の相互作用に関するガイダンス―リスク文化の評価の枠組み―」を公
表した。そのなかで、金融機関のリスク・カルチャーを評価するための指標
として、①トップの基本姿勢（tone from the top）、②説明責任、③効果的な
コミュニケーションと異議申立て（challenge）、④インセンティブの4つを
掲げている。以下、ポイントを述べる。

① トップの基本姿勢（tone from the top）

　PwCが2014年に実施した調査結果[6]によれば、「適切なカルチャー醸成に
責任を負うのはだれか」という問いに対してもっとも多かった回答は、「責
任者は不明である」（23％）であり、「取締役会」（13％）や「CEO」（10％）
を大きく上回っていた。これでは、リスク・カルチャーは浸透しまい。FSB
は、ガイダンスのなかで、「取締役会と上級経営陣は、金融機関に対して求
めるリスク文化、および、このリスク文化が職員の行動と組織にもたらす結
果に関する明確な見解をもつ。また、組織内に広がるリスク文化を体系的に
モニタリングし評価する。そして、弱点や懸念があると特定されたいかなる

6　世界の金融機関173社を対象にしたインタビュー調査。

領域に対しても率先して対処する」と明確に定めている。ここが出発点となろう。

また、PwCは「リスク・カルチャーの醸成」というレポートのなかで、「経営トップの姿勢や発言は、ミドルマネジメントを通じて組織内に浸透していくことになる。……（中略）……組織内で最も評価されているミドルマネジメントが自社の価値観を体現しているかはその組織のカルチャーを評価する上で一つの評価基準となりえる」と述べている。これは、有用な視点であると思う。

② 説明責任

リスクのオーナーシップを明確に定める必要がある。RAFの枠組みのなかで、アペタイト（引き受けるリスク）を定め、組織あるいは個人としての責任の所在を明らかにし、結果責任をとる必要がある。そして、説明責任を果たすためにも上位者への報告プロセスが確立している必要がある。さらに、報告プロセスが有効に機能しない場合に備えて、内部通報制度などを整備することも大事だ。また、行為規範の不遵守、リスクリミットへの抵触、方針や手続への違反に対する罰則が明確化され、適正に適用される必要もある。

英国では、SMR（Senior Management Regime）という規制の枠組みがあり、経営管理上重要な機能についてその責任を負うシニアマネジメントを特定し、その役割、責任、範囲を定めている。責任の所在の一覧化は重要なステップだと思う。

③ 効果的なコミュニケーションと異議申立て（challenge）

異議申立て（challenge）の仕組みと、それを受け入れる土壌の整備が重要。リスクマネジメント、内部監査、コンプライアンスなどの管理部門が業務執行部門と同等の地位にあるべきことを求めている。重要な意思決定への関与、必要に応じた拒否権の発動などが必要である。また、リスクやコンプライアンスの責任者をトップマネジメント候補者のキャリアパスの一環と位置づけることもリスク・カルチャーの醸成につながるとの考えは一考に価す

る。さらには、次章で取り上げるようにCRO（最高リスク管理責任者）、CCO（最高コンプライアンス責任者）、CAO（内部監査部門責任者）から、社外取締役を中心としたリスク委員会、監査委員会へのレポーティングラインを引くことはコーポレート・ガバナンスの観点からも重要であろう。

④　インセンティブ

健全なリスクテイクを行うことが評価され、強化されるためには、リスクを管理することを望むように動機づけできるかがポイントとなる。報酬、業績評価、昇進制度は短期的な収益でなく、金融機関とその顧客の長期的な利益への貢献で評価されるべきで、リスクマネジメントやコンプライアンスが評価上高い位置を占めている必要がある。過度なリスクテイクによる収益の追求を排除するためには、たとえばパフォーマンス連動報酬では支払の繰延べ、業績不振時の返上、リスク管理重視の行動など非収益面での評価の反映等が求められている。さらに、透明性の観点から報酬の総額、個別開示等も要請されている。また、後継者計画（succession plan）では、CRO、CCO、CAOがCEO（最高経営責任者）の地位を含む執行責任者の潜在的な候補であると述べられている（前述のとおり）。

また、COSO（Committee of Sponsoring Organizations of the Treadway Commission：トレッドウェイ委員会支援組織委員会）は、2017年9月に「全社的リスクマネジメント：戦略およびパフォーマンスとの統合」を公表した。これは、COSOが2004年に公表した全社的リスクマネジメントのフレームワークを全面的に見直し改訂したもので、5つの要素によって構成されるが、その第1番目に「ガバナンスとカルチャー」が掲げられている。最終章では、コーポレート・ガバナンスの要となる「3つのディフェンス・ライン」について、解説する。

第5章

3つのディフェンス・ライン

前章までで、金融危機後の金融規制強化の大きな潮流と、それを受けての銀行ERM（統合リスク管理）の対応をみてきた。実は、この銀行ERMの対応は、コーポレート・ガバナンス強化という大きな潮流の重要なパーツの一つと位置づけられる。

　アベノミクスの大きな柱の一つとして、コーポレート・ガバナンス改革が進められてきたので、その必要性をいまさら説明する必要はないかもしれないが、少しここで触れてみたい。1990年代後半に本邦で起きた金融危機（大手金融機関の相次ぐ倒産）の原因は、バブル崩壊というのが通説ではあるが、花崎（2014）は邦銀のコーポレート・ガバナンスの弱さが要因であると主張している。①手厚いセーフティーネットが用意されているために「預金者によるモニタリング」が弱い、②競争制限的な規制が存在していたために「市場競争の圧力」が弱い、③そもそもモニターすることがむずかしい、問題先送りのカルチャーがあることに加え、天下り先であることから「規制当局による規律づけ」が弱い、④持合により銀行の株主は金融機関であることが多く「株主によるガバナンス」が弱いという4つのweeknessが存在することを背景に、経営者と一般行員が一体的となり、フリーキャッシュフローが潤沢なときには拡張路線をとりやすく、危機時にはリストラが回避されやすいという主張である。また、今井（2014）は日本の社内クーデターの歴史[1]を繙き、集団愚考の罠やムラ社会意識が弊害を生むことを指摘し、社外取締役の重要性を指摘している。いずれも正鵠を得た指摘であると思う。

　図表5－1に「コーポレート・ガバナンス強化」3つのポイントを示した。A.リスクアペタイト・フレームワークは前章で説明したので、本章では、まず第1節でC.3つの防衛線（3 Lines of Defense）を解説し、続く第2節でB.に関連するかたちでガバナンス強化における内部監査（3線）の役割を論じる。

1　野村證券（1997年）、JAL（2006年）、日本振興銀行（2007年）、オリンパス（2011年）、川崎重工（2013年）など。

図表５－１ 「コーポレート・ガバナンス強化」
３つのポイント

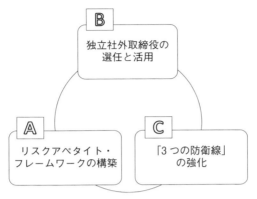

（出所） 吉藤茂（2018）「MUFG のRisk Appetite
FrameworkとThree Lines of Defense」（講
演資料）より抜粋（当該図は渡邊（2016）よ
り作成）。

3 Lines of Defenseモデル

　2015年 5 月改正会社法が施行、 6 月にはコーポレート・ガバナンス・コードの適用が開始され、金融機関におけるガバナンス改革が実践段階に入った。前章で説明したRAF（リスクアペタイト・フレームワーク）を中核とする銀行ERMの実効性を高めるために、 3 つの防衛線（3 Lines of Defense）はきわめて重要である。2015年 7 月の金融庁のモニタリングレポートには、「金融機関をはじめとして各種のリスクに直面する企業においては、一般的に、各リスク・カテゴリーの担当部門、コンプライアンス部門、内部監査部門等のさまざまな部門がリスク管理に携わるようになっている。こうしたなか、金融機関においては、先般の金融危機の反省をふまえ、複雑な業務から生じるリスクを従前のように各リスク・カテゴリーの担当部門を中心に管理することの限界が認識され、リスク管理に携わる各部門の役割・責任を見直す動きがみられる。こうした背景から、組織を第 1 の防衛線、第 2 の防衛線、第 3 の防衛線に整理したうえで、リスク管理におけるそれぞれの役割や責任を明確化したものが「 3 つの防衛線」に基づくリスク管理の枠組みである」と、記されている。

　図表 5 - 2 にIIA Working Paperより作成した 3 つのディフェンスライン・モデルの構成図を示した。バーゼル委の定義によれば、各ラインの役割は次のようになる。第 1 の防衛線（ビジネス部門、顧客と接する部門）は、割り当てられたリスクエクスポージャーの限度内でリスクを引き受け、事業のリスクの特定、評価および統制に対する責任および説明責任を負う。第 2 の防衛線（リスク管理部門、コンプライアンス部門等）は、第 1 の防衛線のリスクが適切に特定および管理されるように確実を期す。第 3 の防衛線（内部監査部門）は、第 1 の防衛線および第 2 の防衛線で築かれたプロセスの有効性を独立して評価する。また、金融機関の場合は、この外側に第 4 として「外

図表5－2　3つのディフェンスライン・モデル

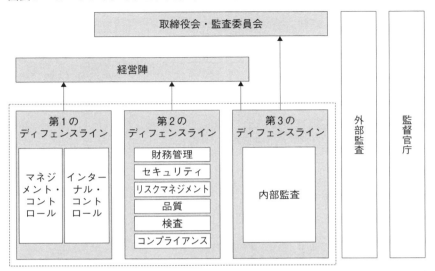

取締役会・監査委員会

経営陣

第1の ディフェンスライン	第2の ディフェンスライン	第3の ディフェンスライン
マネジメント・コントロール　インターナル・コントロール	財務管理 セキュリティ リスクマネジメント 品質 検査 コンプライアンス	内部監査

外部監査

監督官庁

（出所）　吉藤茂（2018）「MUFG のRisk Appetite FrameworkとThree Lines of Defense」
（講演資料）より抜粋（当該図はIIA（2013）より作成）。

部監査」が、第5として「監督官庁」のディフェンスラインが存在するとい
う重厚な構えとなっている。

(1)　MUFG Bankの取組み

　本項では、MUFG Bank（三菱UFJ銀行）における3つの防衛線の強化に
向けた取組みを紹介する。第1線はビジネス部門、第2線はリスク管理部
門、第3線は監査部門がそれぞれ担うが、図表5－3に示すMUFG Bankの
3線防御体制の組織図に照らせば、第1線は個人の顧客を担当する支店、法
人の顧客を担当する支社（現在は支店・支社が一体化されて運営している）、事
務を扱う部署、金融商品の提供を行う部署、営業推進を行う部署などが該当
する。第2線は信用リスク、市場リスク、コンプライアンスリスク、事務リ
スク、ITリスクなどリスク・カテゴリーに応じたリスク管理の専門部署が
担い、第3線はいずれの組織からも独立した監査部が担う。

図表 5 － 3　MUFG Bank（三菱UFJ銀行）の 3 線防御体制

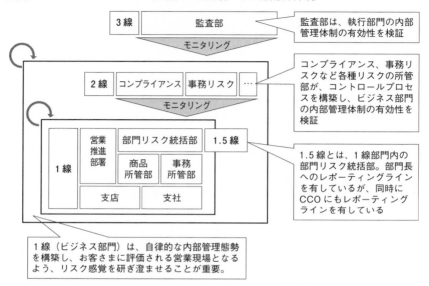

（出所）　吉藤茂（2018）「MUFG のRisk Appetite FrameworkとThree Lines of Defense」
（講演資料）より抜粋。

　1 線では、自律的な内部管理態勢を構築し、顧客に評価される営業現場と
なるようリスク感覚を研ぎ澄ませることが重要であるが、 2 線であるリスク
管理部署の整備・強化に伴い、逆にリスクのオーナーであるという意識が希
薄になり、不正を生む土壌をつくりだしてしまうおそれもあると感じている
（不正の問題に関しては、BOX20参照）。この懸念への対応もあり、MUFG
Bankでは 1 線のなかに部門リスク統括部という1.5線組織を置いている。彼
らは、ビジネス部門のなかにあって、牽制機能を発揮している。部門長への
レポーティングラインに加え、CCO（チーフ・コンプライアンス・オフィ
サー）へのレポーティングラインも有しているので、1.5線と定義している。
2 線は、市場、信用、コンプライアンス、事務などリスク・カテゴリーごと
の所管部がコントロールプロセスを構築し、ビジネス部門の内部管理態勢の
有効性を検証している。最後の砦として 3 線である監査部が、 2 線を含めた

274

図表 5 － 4 　国内拠点の内部統制

（出所）　吉藤／村上　（2017）「内部監査の態勢整備〜Three Lines of Defenseの再構築」（講演資料）より抜粋。

執行部門の内部管理態勢の有効性を検証している。

　かつては、自律的な管理として１線と３線による検査のみが存在していたが、1990年代後半以降リスク管理部門が整備・強化されるにつれ、１線・２線・３線の間で業務の重複がみられるようになってきた。図表５－４に示すとおり、拠点（支店および支社）は、１線内にある部門リスク統括部（MUFG Bankでは1.5線）、２線のコンプライアンス、事務、与信などの担当部、また３線の監査部などさまざまな部署から牽制を受けており、その負荷はきわめて重かった。また、監査部の監査も準拠性検証中心で、ガバナンス改革のなかで求められる役割には程遠かった。そこで、MUFG Bankでは、１線、1.5線、２線、３線の役割を再整理し、2015年10月に1.5線であるリスク統括部内に「部門検査室」を新設し、監査部の国内拠点検査・監査機能をシフトした。２線は、部門検査室の検証内容も活用することでモニタリング機能を強化した。そして、３線は準拠性監査から有効性監査へと大きく舵を切った（監査機能の高度化に関しては、次節で述べる）。

　国内拠点検査・監査機能をシフトするにあたり、懸念されたのは独立性・牽制力の低下だった。部門内に入ることで、検査結果等が部門長の意見に左右されてしまうのではないかということだった。これらの懸念に対しては、入口では検査計画策定プロセスの確認、中間では検査へのサンプルでの帯同

訪問、出口では検査判定会への陪席、被検査拠点アンケートなどの対策をとっている。（執筆時点で）３年弱が経過しているが、有効に機能していると思う。

BOX20 不正のトライアングル

〈後を絶たない企業不正〉

ここ数年、日本を代表する名門企業での企業不正が後を絶たない。安岡（2018）を参考に代表的な企業不正をリストアップした。図表１には記載していないが、商工中金[1]やスルガ銀行[2]など金融機関でも不祥事が相次いでいる。要因はさまざまであるが、不正を防ぐための３線防御体制やガバナンス態勢の脆弱性は、共通する課題といえそうだ。

図表１　企業不正の事例

	東洋ゴム	神戸製鋼所	三菱自動車	オリンパス	東芝
発覚年	2015	2017	2016	2011	2015
事案の概要	性能偽装（免震ゴムのデータを改ざん）	品質偽造（アルミ製部材などの品質データを改ざん）	燃費不正	不正会計（財テク失敗と飛ばし）	不正会計（利益のかさ上げ）
主な要因	・競争力の弱い事業で、コスト制約から体制が脆弱 ・２線（品質管理部	・収益評価に偏った経営 ・改ざん、捏造が可能な検査プロセス ・厳しすぎ	・数度におよぶ燃費目標の引上げ ・かたちだけのコンプライアンス頼み	・経営者不正 ・権力の集中（副社長がコーポレートセンター長と監査	・経営トップの不正 ・実力から乖離した予算（計画） ・強い収益プレッ

276

門）の独立性が弱く、1線（製造部門）の力が強い。	る社内規格と品質に対する誤った自信 ・3線の欠如	・1線（性能実験部、認証試験Gr）で不正 ・2線（技術検証部）は形式のみ	担当役員の兼務） ・取締役会、監査役会が形骸化	シャー（チャレンジ） ・かたちは立派なガバナンス体制（外見と中身の乖離） ・外部監査による統制が弱かった

〈**不正のトライアングル**〉

　人がなぜ、不正行為を実行してしまうかに関しては、実際の犯罪者を調査して導き出したD.R.クレッシーの「不正のトライアングル」理論が有名だ。①不正行為が起きうる「機会」を認識し、②不正行為に及ぶ「動機」（強いプレッシャー）をもつ者が、③自分は不正しても許される「正当化」理由（言い訳）があるとき、不正行為は起きる。当然に、不正を防ぐには、この3つに対し対策をとることになる。

図表2　不正のトライアングル

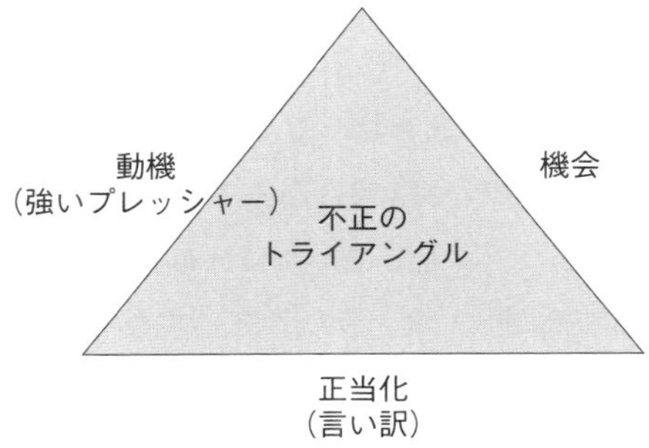

〈私案：メーカーにおける品質確保の方法を参考に〉

　安岡（2018）によれば、メーカーにおける品質確保、すなわち不適合品の発生を減らす方法は、３つ。図表３に示すとおり、製品の品質にはバラツキが生じる。ある基準以下のものが不適合品となるが、これを減らすためには、①製造の精度を高めバラツキを少なくする（右下図、グラフの分布の幅を狭める）、②品質の水準を全体的に底上げする（真中下図、グラフを右にシフト）、③検査で不適合品をはじく（左下）、という３つの方法に尽きる。

　この考え方は、金融機関における金融商品サービスの提供にも応用できる。FD（顧客本位の業務運営）が強く求められているが、前述した商工中金やスルガ銀行の事案のような不祥事が後を絶たない。そのため、金融各社は、企業倫理やコンプライアンスの徹底に取り組んでいるが、これは不正のトライアングルについて前述した①と②の取組みといえる（グラフでいえば、分布の幅を狭め、かつ右にシフトされる）。不正のトライアングルでいえば、従来は再鑑を徹底する、業務フローを一人で完結させない（権限を一人に集中しない）など「機会」を減らすことに力点が置かれていたが、最近では、「動機（強いプレッシャー）」と「正当化（言い訳）」にも焦点が当たっている。前者でいえば、過度な収益目標になっていないか等が重要なチェックポイントであるし、後者でいえば「性弱説」に立った視点が必要となる。私腹を肥やすためではなく会社のためにやっている、皆がやっているなどが正当化の理由になり、広く組織に蔓延してしまう。これを断ち切らなければならない。この取組みは非常に大事であるが、人が行う営業行為、すべての不正行為を完全になくすことは無理であろう（グラフでいえば分布の左裾に一定数が存在する、ということ）。言い方は悪いが、③の手法、すなわち「性悪説」に立ち、監視し悪事は罰するという仕組みも必要なのであろう。

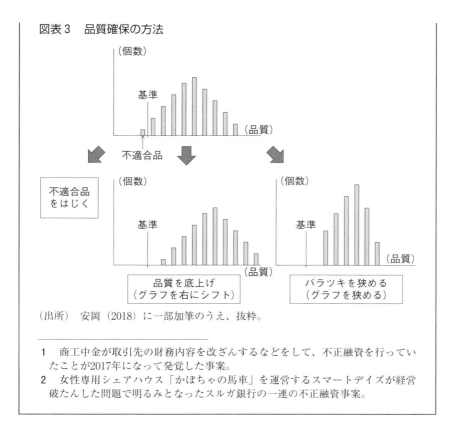

図表3　品質確保の方法

（出所）　安岡（2018）に一部加筆のうえ、抜粋。

1　商工中金が取引先の財務内容を改ざんするなどをして、不正融資を行っていたことが2017年になって発覚した事案。
2　女性専用シェアハウス「かぼちゃの馬車」を運営するスマートデイズが経営破たんした問題で明るみとなったスルガ銀行の一連の不正融資事案。

第2節　ガバナンス強化と内部監査

　コーポレート・ガバナンスの要は、「経営者を規律づけることができるか」である。図表5－5に改正会社法（2015年5月施行）で定められた3つの機関設計（上場大企業に適用）を示した。従来、本邦金融機関では「監査役会設置会社」（図表5－5の左上図）を採用する先が多かったが、松田（2015）

図表 5 − 5 　会社法上の 3 つの機関設計

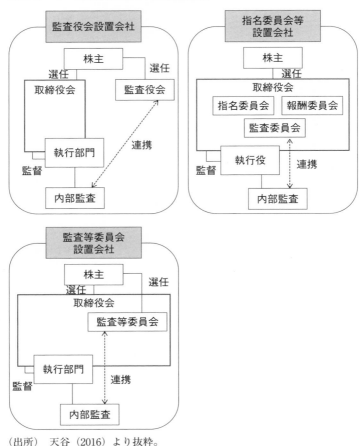

（出所）　天谷（2016）より抜粋。

は、その欠点を①執行役と取締役が分かれていない、すなわちアクセルとブレーキの両方を踏んでいる、②監査役には取締役会での議決権がない、すなわち取締役を効果的に監視できないこと、と指摘している。日本のコーポレート・ガバナンスが弱いのはこの制度のためであるとの批判を海外投資家から受けることが多かった。一方、2002年に導入された「指名委員会等設置会社」（図表 5 − 5 の右上図）[2]は、取締役会のなかに指名委員会、報酬委員

会、および監査委員会を設置するもので、社外が過半を占める各委員会が、取締役の選解任や報酬を決めるため、ガバナンスの強い機関設計といえるが、社内取締役にとって大きなプレッシャーになるためか、あるいは機関設計が大規模で企業規模に比べてバランスが悪いためか、あまり導入が進んでいなかった。そこで、2015年の改正会社法において、その中間的な形態として「監査等委員会設置会社」（図表５－５の下図）が新設された。この形態の場合、指名・報酬を社外取締役に委ねず、就任する社外役員数も最低限ですむため、監査役会設置会社から監査等委員会設置会社への移行は相当程度進んだようだ。

　いずれにせよ、機関設計のあり方は重要なので、まずMUFGを例に解説する。その枠組みのなかで社外取締役や監査委員会が実効的に機能するためには、内部監査の役割はきわめて重要である。監査機能の高度化に向けた取組みを最後に紹介したい。

⑴　MUFG（三菱UFJフィナンシャル・グループ）の例

　MUFGは、2015年６月、監査役会設置会社から指名委員会等設置会社に移行した。移行のねらいは３つ。第１にモニタリングモデルへ移行すること、すなわち執行と監督を分離し、取締役会の監督機能を強化することにあった。同時に、執行は大幅な権限委譲を受けることで、スピーディーかつダイナミックな対応が可能になる一方、アカウンタビリティ、すなわち取締役会への説明責任が求められることとなった。第２に、従来の監査役会と任意の委員会（ガバナンス、指名・報酬、リスク、監査）を４つの委員会（指名、報酬、監査、の３つの法定委員会[3]と任意のリスク委員会）に再編し、実効的で効率的なガバナンス態勢を構築すること。特に、従前は監査役会と任意の監査委員会が並存しており非効率であったが、これが一本化され効率的になっ

2　委員会設置会社、指名委員会等設置会社と名称が２度変更されている。
3　正式名称は、「指名・ガバナンス委員会」「報酬委員会」「監査委員会」。いずれも過半が社外取締役で構成され、委員長には社外取締役が就く体制。

図表 5 － 6　MUFG、指名委員会等委員会への移行

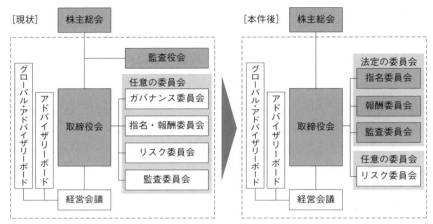

（出所）　吉藤茂（2018）「MUFG のRisk Appetite FrameworkとThree Lines of Defense」
　　　　（講演資料）より抜粋。

た。第３に、G-SIFIsとして海外のステークホルダーが理解しやすい態勢を
構築すること。後述するように、MUFGでは従前よりガバナンス強化の取
組みを進めていたが、実質面のみならず形式面においてもG-SIFIsの体制と
あわせることで、海外ステークホルダーが理解しやすいものとした。

　なお、MUFG Bank（商銀）、MUTB（信託）、MUSHD（証券）の主要３
子会社は、2016年６月、監査等委員会設置会社に移行した。子会社の主要な
経営陣に係る指名・報酬はMUFG指名ガバナンス委員会・報酬委員会で審
議されており、機能の重複を避けるために、監査等委員会設置会社の形態を
採用した。

　振り返ってみると、2012年11月、ガバナンス強化の勉強会（筆者も参加）
を少人数で立ち上げて以降、そこで議論したことを、時間をかけて「形」に
してきたといえる。その歩みを図表５－７に示す。2013年に、指名・報酬委
員会、監査委員会に加え、ガバナンス協議会（翌年、ガバナンス委員会へ改
組）およびリスク委員会を新設。前述したとおり、2015年には、指名委員会
等設置会社へ移行し４委員会へと再編した。その後も、リスク委員会の傘下

に米国リスク委員会を設置するなどの体制整備を行っている。また、社外取締役の数も当初の2名から徐々に増加、2017年にはグローバル人材（海外の社外取締役）も加わりダイバーシティを拡充、2018年にはメンバー構成を変更し、社外取締役の数が社内取締役を上回る状況までとなった。ただし、社外取締役が実効的に機能するためには、内部監査機能が強固である必要があり、その強化に向けた取組みについては後述する。

　ガバナンス態勢図のなかに監査部を位置づけると、図表5−8に示すとおりとなる。上段に親会社（MUFG）、下段に銀行・信託・証券の主要3子会社を示している（さらにその下段には、持株会社からみた孫会社を示している）。

　筆者は、本書執筆当時（〜2019年6月）グループCAO（Chief Audit Officer：内部監査担当役員）を担っていたが、グループCAOからは、監査委員会およびグループCEOへのダブルレポーティング・ラインが引かれている。日本内部監査協会は、2014年に「内部監査基準」を改定する際、図表5−9（2.2.1、下線部）のように定めた。従来は認めていた経営だけの下にある内部監査部門のかたちを認めず、取締役会または監査委員会への直接報告を確保しなければならないとした。すなわち、ダブルレポーティングである。

　さらに、バーゼル委の「銀行のためのコーポレート・ガバナンス諸原則」では、"without management filtering"つまり内部監査部門は経営者を通さずに直接取締役会なり監査委員会に報告することを求めている（図表5−9 Principle10、下線部）。MUFGではこれにならい、グループCAOからのレポーティングラインは、監査委員会をプライマリーなものと定めた。日本語の語感と異なり、レポーティングには人事権も含まれており、グループCAOの任命、罷免、評価は監査委員会が行うという建付けである。これは、CAOの役目は経営を支える側面よりも経営を監視する側面のほうが強いことを意味している。きわめて重い役回りである。

(2)　内部監査機能の高度化に向けて

　内部監査部門は、IIA[4]基準により5年ごとの外部評価の実施が求められ

図表5－7　MUFGにおけるガバナンス強化の歩み

	2012 年度	2013 年度	2014 年度
機関	監査役会設置会社		
社外取締役		社外取締役 2名→3名 社外20% 15名中3名	社外取締役 3名→5名 社外3分の1 15名中5名
取締役会傘下委員会	指名・ 報酬委員会	ガバナンス 協議会 新設	ガバナンス 委員会 新設
	監査委員会	リスク委員会 新設	
アドバイザリーボード	アドバイザリーボード		
		グローバル・アドバイザリーボ	
その他	持株会社の 経営管理機能 に関する 検討会 設置 （2012 年 11 月）	取締役会運営 の高度化	取締役会評価 実施

（出所）　吉藤茂（2018）「MUFG のRisk Appetite FrameworkとThree Lines of

ている。2017年、MUFGは外部コンサルティングファーム（PwC）による外部評価を実施した。PwCの監査成熟度モデルを図表5－10に示すが、「Minimum Contributor（準拠性検証者）」から「Trusted Advisor（信頼されるアド

4　The Institute of Internal Auditors（内部監査人協会）。

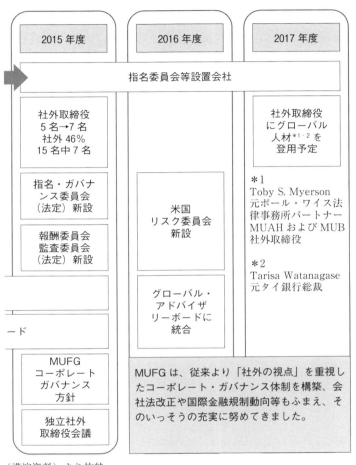

2015 年度	2016 年度	2017 年度

指名委員会等設置会社

| 社外取締役
5名→7名
社外 46%
15名中7名 | | 社外取締役
にグローバル
人材[1・2] を
登用予定 |

指名・ガバナンス委員会（法定）新設

報酬委員会
監査委員会
（法定）新設

米国
リスク委員会
新設

グローバル・アドバイザリーボードに統合

[1]
Toby S. Myerson
元ポール・ワイス法律事務所パートナー
MUAH および MUB
社外取締役

[2]
Tarisa Watanagase
元タイ銀行総裁

ード

MUFG
コーポレート
ガバナンス
方針

独立社外
取締役会議

MUFG は、従来より「社外の視点」を重視したコーポレート・ガバナンス体制を構築、会社法改正や国際金融規制動向等もふまえ、そのいっそうの充実に努めてきました。

（講演資料）より抜粋。

バイザー）」までの6段階で構成される。

　PwCの評価によれば、MUFGの現状は「Assurance Provider」、すなわち組織の内部統制の有効性に対する客観的なアシュアランスを提供しているというレベルだ。前述したように、MUFGの主要子会社であるMUFG Bank（銀行）では、2015年10月に1～3線の役割を再整理したうえで、国内拠点

図表 5 − 8　MUFGのガバナンス態勢

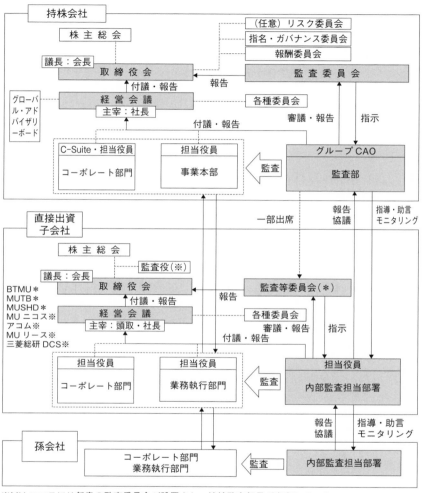

※MU ニコスには任意の監査委員会が設置され、持株監査部長が出席している。

（出所）　吉藤茂（2018）「MUFG のRisk Appetite FrameworkとThree Lines of Defense」
　　　　（講演資料）より抜粋。

図表5－9 「内部監査基準」と「銀行のためのコーポレート・ガバナンス諸原則」（抜粋）

「内部監査基準」（日本内部監査協会）
第2章 内部監査の独立性と組織上の位置づけ
2.2.1 内部監査部門は、組織上、最高経営者に直属し、職務上取締役会から指示を受け、同時に、取締役会および監査役（会）または監査委員会への報告経路を確保しなければならない。

「銀行のためのコーポレート・ガバナンス諸原則」（バーゼル委員会）
Principle10：Internal audit
142. The board and senior management should respect and promoto the independence of the internal audit function by ensuring that：
- internal audit reports are provided to the board or its audit committee without management filtering and that the internal auditors have direct access to the board or the board's audit committee；
- the head of the internal audit function's primary reporting line is to the board (or its audit committee), which is also responsible for the selection, oversight of the performance and, if necessary, dismissal of the head of the function；

検査・監査機能を1.5線にシフトし、3線は準拠性監査から有効性監査へと大きく舵を切った。これにより監査人の意識も変わり、大きく成長できたと思う。

　では、次にどこを目指すのか。MUFGは、外部評価のなかでマネジメント宛てのインタビューを実施し、経営が監査に期待することを確認したうえで、米国G-SIFIsがすでに達成しているレベルといわれる「Insight Generator」、すなわち組織のパフォーマンスや品質の向上に有益な示唆を積極的に提供しているというレベルを当面（中期経営計画最終年度である2020年度末）の目標に掲げた。もちろん、最終的には「Trusted Advisor（信頼されるアドバイザー）」を目指したいと考えている。そのために、内部監査部門が実施しなければならない高度化施策は多々あるが、それは専門書に譲るとし、ここではリスクアセスメント（事前）とフォローアップ（事後）の2つに絞り、

図表 5 −10　監査の発展段階

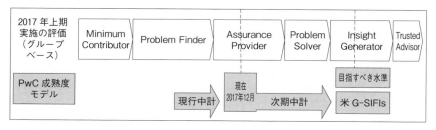

内部監査の成熟度モデルの定義

段階		定義
6 Trusted Advisor	信頼されるアドバイザー	ビジネス活動に対する付加価値の高い戦略的なアドバイスを実施している
5 Insight Generator	洞察提供者	組織のパフォーマンスや品質の向上に有益な示唆を積極的に提供している
4 Problem Solver	問題解決者	根本的な原因分析に基づき課題を抽出し、組織の問題解決を支援している
3 Assurance Provider	アシュアランス提供者	組織の内部統制の有効性に対する客観的なアシュアランスを提供している
2 Problem Finder	問題発見者	内部統制上の問題を提起している
1 Minimum Contributor	準拠性検証者	定められたルールの運用状況を検証している

（出所）　吉藤茂（2018）「金融規制とガバナンス強化の潮流」（講演資料）より抜粋。

紹介する。

①　リスクアセスメントの高度化

　内部監査のレベルアップに向けて、リスク認識の明確化は最初の一歩になる。組織内のリスクを洗い出し、リスクに対する認識を明確にしてはじめて、どこに何の目的で監査に入るのかを決められ、どのような提言をするべきかを考えながら監査を行うことができるようになる。図表 5 −11に 2 軸のリスクアセスメントの枠組みを示した。最初のステップで、業務軸と統制軸

図表5−11　2軸のリスクアセスメントの枠組み

オンサイト監査実施前のリスク認識明確化とコストへの意識

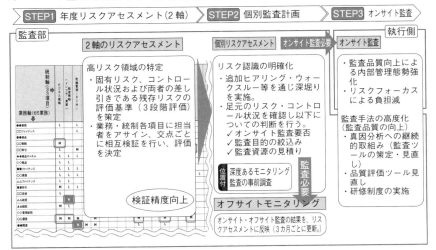

（出所）　吉藤茂（2018）「MUFGのRisk Appetite FrameworkとThree Lines of Defense」（講演資料）より抜粋。

という2つの軸でリスクアセスメントを行い、高リスク領域を特定する。次に、追加ヒアリングやウォークスルー等を通じて、高リスク領域に関する詳細な調査を行い、オンサイト監査の要否を判断する。これを束ねたものが監査計画となる（Step2）。現在は、真に監査が必要なところに絞って、オンサイト監査を実施している。資源制約があるなかでは、監査をする側、監査を受ける側の負担を考えることも必要であり、モニタリングの深度を深めれば十分なエリアは、オンサイト監査は見送り、オフサイトでのモニタリングを強化している。リスク・ベースのアプローチである。

②　フォローアップの強化

　オンサイト監査を経て、指摘や提言を行うわけだが、執行がこれを実行しなければ、まったく意味がない。したがって、監査指摘事項がどう実践され、実務に定着されたかを事後的にフォローすることは重要である。そのた

めの手段を図表5−12にまとめた。軽微な指摘内容であれば、通常のモニタリング活動のなかでフォローすれば十分であろう。一方、非常に重い指摘であれば時間を置いて再度監査する必要がある（フォローアップ監査）。この中間領域をカバーするための手段がバリデーション（Validation）である。監査指摘事項の改善状況のみに対象を絞った簡易的な実監査であり、欧米では定着している方法である。内部監査においては、指摘や改善提案といったアウトプットよりもアウトカム、すなわち改善提案がその組織にプラスの効果を生み出したかが重要であり、フォローアップによる確認は、内部監査の強化・高度化にとってきわめて重要なステップである。

　最終的なゴールである「Trusted Advisor（信頼されるアドバイザー）」を目指すために、本書の最後に「経営に資する監査」とは何かを考えたい。「経営に資する監査」が強く意識されるようになったきっかけは、2017年1月のIIA（The Institute of Internal Auditors）の国際基準（内部監査の専門的実施の国際基準）改定であろう。図表5−13にモデル・チャーターを示したが、内部監査の役割は組織体の目標の達成に役立つことにあり、その活動は客観的なアシュアランスの提供とコンサルティング活動である、と定義された。

　金融庁の天谷元検査局審議官は、「平成28事務年度　金融行政方針」と題する講演のなかで、変化する問題意識として、3つの防衛線について述べている。「経営に資する内部監査を考えたとき、ディフェンス・ラインという言葉から連想される内部監査では狭くなりつつある」という問題意識の変化である。天谷氏のイメージは、「内部監査は、最後に迎え撃つ第3の防衛線

図表5−12　フォローアップの手段

図表 5 −13　IIA国際基準

> 「Model Internal Audit Activity Charter」
> (内部監査の使命、および目的)
> 1．内部監査は、<u>組織体の運営に関し価値を付加し、また改善するために行われる</u>、<u>独立</u>にして、<u>客観的なアシュアランスおよびコンサルティング活動</u>である。
> 2．内部監査は、<u>組織体の目標の達成に役立つ</u>ことにある。
> 3．このために、<u>リスク・マネジメント、コントロールおよびガバナンスの各プロセスの有効性の評価、改善を、内部監査の専門職として規律ある姿勢で体系的な手法をもって行う。</u>

というイメージではなく、フロントラインを縦横無尽に動き回り、戦略の遂行を立ち止まって考えるための材料を提供する」、こんな役割のようだ。戦略の妥当性、戦略リスクにまで踏み込んだ監査を考えたとき、邦銀においては3つの領域でのチャレンジが必要だ。第1に権限が強い企画部や人事部の領域、第2に専門性が高いITや財務の領域、そして第3に1線と2線が未分化な領域（リスク計量化やAML）だ。これらの領域に関して、1線・2線・3線の役割を再整理し、3線としてチャレンジすることが必要だと感じている。

　コンサルティング機能をしっかり果たせた時に、「Trusted Advisor（信頼されるアドバイザー）」のレベルに到達できるのだと思う。最後に、リチャード・F・チャンバースがいう「信頼されるアドバイザー」の9つの特徴を紹介して、筆をおくこととする。①倫理的な強靭さ、②成果重視、③知的好奇心の強さ、④寛容さ、⑤活力に満ちたコミュニケーター、⑥洞察に富んだ人間関係、⑦心を揺さぶるリーダー、⑧批判的思考の持ち主、⑨技術的専門知識、の9つ。ハードルは高く、道のりは険しいが、トライしていきたい。

BOX21　三様監査

　内部監査を担当していると人に話しても、私の役割をすぐに理解してくれる人は少ない。それは、"監査"という名称がつく役職が多いからではないか、と思う。そこで、本書のBOXの最後として、「三様監査」を取り上げる。

　通常、株式会社の「監査」と呼ばれるものには3つある。1つ目は「監査役監査」で、主に株主のために行う法定監査（会社法）である。取締役の職務遂行に違法性はないか、会計監査報告は適正かを監査する。2つ目が「会計監査人監査」。主に株主、投資家のために行う会社法および金融商品取引法に基づく法定監査で、財務諸表の適正性、内部統制に対する経営者評価は適正かを監査する。3つ目がこれまで説明してきた「内部監査」で、（一般的には）経営陣に直属し、リスクがどこに存在するのか、内部統制は有効か、等を監査する（法定ではないので、任意の位置づけ）。これら3者による監査を「三様監査」という。この3者が、相互に連携することで、有効な監査が行われると期待されている。

　しかしながら、前出の「平成28事務年度　金融行政方針」と題する講演のなかで、天谷氏は変化する問題意識として、三様監査のありようにも疑問を投げかけている。図表1は、三様監査を説明する際によく用いられる図であるが、これは監査役会設置会社を前提としたものである。指名委員会等設置会社における監査委員会に当てはめるとしっくりこない。監査委員会は、取締役会のなかにあって、取締役会の監督機能の発揮、これを支えるための一定の役割を担うものである。そして、前述したように内部監査部門は監査委員会に対してプライマリーなレポーティングラインを引いている。すなわち、監査委員会は内部監査部門の上司

となる。この場合、両者は連携という関係ではなく、報告および指示（図表5－8）という関係に変わる。

　一方で、八田（2016）は、「留意すべきは、監査役等の監査、会計監査人の監査、そして内部監査部門等の監査は、いずれもが、それぞれに異なる明確な目的を有しており、またそれぞれに権限と責任の範囲も異なることから、不用意に「連携」を強調するという傾向は、国際的な視点とは整合しない。「連携」とは、少なくとも現時点での状況をふまえるならば、「円滑な双方向でのコミュニケーション」を促進することと解すべきであろう」と述べている。連携を越えた報告および指示という関係がよいのか、三様監査のあるべき姿とは何か、立ち止まって考える必要があるのかもしれない。

図表1　三様監査（監査役会・監査委員会監査、内部監査、外部監査）

・取締役会による監督のほか、三様監査（監査役会・監査委員会監査、内部監査、外部監査）による自立的ガバナンス
・金融機関の場合には、上記に加え、金融庁による検査・監督（モニタリング）

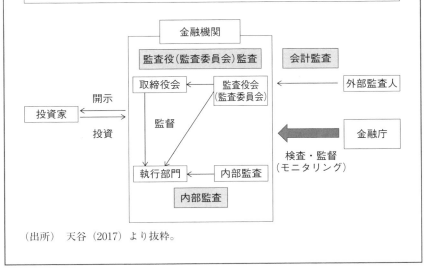

（出所）　天谷（2017）より抜粋。

あ と が き

　2018年の暮れ、この頁を執筆している。第1章の論文を執筆（初稿）したのが2009年ゴールデンウィークの頃だったので、かれこれ10年近い月日が流れている。10年かかってこれだけかという思いと、10年間もよく続けてこれたなぁという思いが交錯する。この書は、筆者がこの10年間に経験したことの集大成である。合併により新銀行ができた際、財務企画の次長の職に就き、その後にリーマンショックを経験。危機対応に奔走し、資本の重要性、ストレステストの重要性を痛感した。2010年からは、CPM部長としてリーマンショックで傷んだクレジット・ポートフォリオ・マネジメント業務の再興に取り組んだ。2012年、再びリスク管理の業務に部長として取り組んだ。RAFの構築や変わりゆく金融規制に対して民間サイドから意見発信することが最大の任務だ。そして、2016年よりグループCAOとして、第3線＝内部監査を担当している。この書には、そこでの経験が詰まっている。各部署でともに働いた人々のお陰でこの書は成り立っている。名前をあげればきりがないが、すべての方々に厚くお礼を申し上げたい。

　前著『金融工学とリスクマネジメント』を読まれた方のなかには、本書の内容にがっかりされた方がいるかもしれない。金融工学というサブタイトルがついている割には、工学的な内容の影が薄くなっているためだ。これは、私自身の関心が担当する業務や役割の変化により、変遷したことによる。専門性の高いリスク管理部署（2線）、リスクオーナーシップをもったフロント部署（1線）、信頼される内部監査（3線）、このすべてが強固なコーポレート・ガバナンスのなかで構築された時、はじめてERM（全社的リスクマネジメント）は完成する。リーマンショックから10年、次の危機がどんなかたちでやってくるかはわからないが、ERMを早く完成させその危機に備えたい。

　最後に、一つ。本書を書き終えた後、私自身に大きな変化があった。再

び、1線である市場業務に戻ることとなった。そして、原稿の最終チェックを終えたいま（2020年のゴールデンウィーク）、さらに大きな変化が起きている。世界はこれまでに経験したことのないコロナウィルスという危機と戦っている。この危機が、どういうかたちで収束するのか、現時点ではまったく見通せないが、ポスト・コロナの世界では大きなパラダイムシフトが起きているのではないだろうか。足元では、危機に苦しむ企業や個人を救うために金融機関が果たすべき役割は大きいが、これを担うために、リーマンショック後に強化された各種規制（バランスシートの規模に対する制限や資本に対する厳格な規制）が、一部緩和され始めている。この厳格化された規制ゆえに、金融機関の健全性が強化されたとの評価もあるが、シャドーバンクへの規制も含む金融規制全体の枠組みが再度見直されるのではないだろうか。

　さらに大きな視点で眺めれば、WFH（ワーク・フロム・ホーム）を経験したことによる働き方改革の加速、これらを支えるデジタル化の加速、行動制限というかたちで大きな権力を再び手にした国家とグローバリゼーションの関係変化、コロナ対策として各国が内向き志向を強めた結果としてグローバリゼーションが後退する可能性、コロナ禍の原因で揉める米中関係のさらなる悪化が世界の分断を加速する可能性、コロナ禍の遠因かもしれない気候変動への取組み強化、等々その可能性をあげれば枚挙に暇がない。

　こういった大きなパラダイムシフトも頭の隅に置きながら、いまの危機に、一銀行員として、一市場参加者として取り組んでいきたい。

【参考・引用文献】

［第1章］

・池尾和人／池田信夫（2009年）『なぜ世界は不況に陥ったのか』日経BP社
・倉橋透／小林正宏（2008年）『サブプライム問題の正しい考え方』中央公論新社
・小林正宏／大類雄司（2008年）『世界金融危機はなぜ起こったか』東洋経済新報社
・下田知行「将来の危機再発防止のためバランスのとれたパッケージづくりが課題」『金融財政事情』2009年3月
・竹森俊平（2008年）『資本主義は嫌いですか』日本経済新聞出版社
・氷見野良三（2003年）『BIS規制と日本』金融財政事情研究会
・宮内惇至（2015年）『金融危機とバーゼル規制の経済学』勁草書房
・吉藤茂／大嶽文伸「商品流動性リスクの計量化に関する一考察ーストレステストに焦点を当ててー」『現代ファイナンス』2000年9月
・吉藤茂／大嶽文伸（2002年）「商品流動性リスクの計量化に関する一考察（その2）ー内生的流動性リスクを考慮したストレステストー」『金融研究』
・吉藤茂／宮本健／山下篤志（2009年）「自己資本規制強化議論と邦銀」『金融財政事情』
・Allen Franklin／Carletti Elena "Mark-to-Market Accounting and Liquidity Pricing", Journal of Accounting & Ecomics, 45(2)、2008年
・Badertscher, B., J. Burks, and P. Easton "A Convenient Scapegoat: Fair Value Accounting by Commercial Banks during the Financial Crisis", Accounting Review, 87(1)、2012年
・Bhat, G., R. Frankel, and X. Martin "Panacea, Pandora's Box, or Placebo: Feedback in Bank Holdings of Mortgage-Backed Securities and Fair Value Accounting", Journal of Accounting and Economics, 52(2-3)、2011年
・Basel Committee on Banking Supervision（バーゼル銀行監督委員会）"Comprehensive strategy to address the lessons of the banking crisis（「銀行危機の教訓に対処するための包括的戦略」)"、2008年11月
・FASB（米国財務会計基準審議会）"SUMMARY OF BORD DECISIONS"、2009年4月
・Freixas, X., and C. Laux "Disclosure, Transparency and Market Discipline", The Crisis Aftermath: New Regulatory Paradigms, Centre for Economics Policy Research、2012年
・FSA "The Turner Review—A regulatory response to the global banking crisis—"、2009年3月
・FSF（Financial Stability Forum）"FSF Working Group on Institutional Resil-

ience"、2008年 2 月

・FSF（Financial Stability Forum）"Report of the Financial Stability Forum on Enhancing Market and Institutional Resilience"、2008年 4 月
・Tobias Adrian／Hyun Song Shin "Liquidity and Leverage", Federal Reserve Bank of New York Staff Reports、2008年 5 月

[第 2 章]
・上田祐介（2010）「ソブリンCDSの常識」『金融財政事情』
・内田善彦（2012（未定稿））「経済資本を活用した金融機関の経営効率向上策」日本銀行主催フィナンシャル・ワークショップ討議用資料
・川橋仁美（2010）「コミュニケーション・ツールとしてのリスクアペタイト」Financial Information Technology Focus
・倉橋透／小林正宏（2008）『サブプライム問題の正しい考え方』中央公論新社
・クレジット市場研究会（2008）「クレジット市場研究会　報告書」
・小林正宏／大類雄司（2008）『世界金融危機はなぜ起こったか』東洋経済新報社
・小宮清孝（2003）「CDOのプライシング・モデルとそれを用いたCDOの特性等の考察：CDOの商品性、国内市場の概説とともに」『金融研究』
・新谷幸平／山田哲也（2010）「信用リスク移転機能の発展と最適ローンポートフォリオ選択」日本銀行DPS
・富安弘毅（2010）『カウンターパーティーリスクマネジメント』金融財政事情研究会
・日本銀行（2010）「社債スプレッド・CDSプレミアムと株価の関係について」『日銀レビュー』
・日本銀行（2009）『金融システムレポート（2009年 3 月号）』
・与信ポートフォリオ・マネジメントに関する勉強会（2007）「わが国の金融機関における与信ポートフォリオ・マネジメントの現状と課題」

[第 3 章]
・浅井太郎（デロイトトーマツ）（2015）「バーゼルⅡ再来：BCBSによる標準的手法の見直し」
・あずさ監査法人金融本部（2011）『概説金融機関のためのIFRS』金融財政事情研究会
・生田浩也／山田隆人（2018）「レバレッジ比率規制に関する最終文書の概要」『金融財政事情』
・石原哲夫（2011）「段階的廃止が示されたものの、難航する米GSE改革」『金融財政事情』
・磯部昌吾（2017）「今後の行方が注目されるLIBOR改革─金利指標改革の最近の

動向―」『野村資本市場クォータリー2017 Autumn』
・岩井克人／佐藤孝弘（2011）『IFRSに異議あり』日本経済新聞出版社
・大山剛（2011）『バーゼルⅢの衝撃』東洋経済新報社
・尾崎寛（CAMS）（2009）「経済制裁の日米比較～マネーロンダリング規制を例にして」
・金本悠希（大和総研）（2017）「「バーゼルⅢ」、ついに最終合意」
・鎌田康一郎／那須健太郎（2010）「レバレッジ規制の有効性に関する一考察」『日本銀行ワーキングペーパーシリーズ』
・河合康弘／大川圭美（2011）「IFRS基礎講座第14回金融商品会計の改訂：減損にかかわる改訂動向およびヘッジ会計公開草案」AZ Insight Vol. 45
・危機対応業務にかかる第三者委員会／商工組合中央金庫（2017）「調査報告書（要約版）」
・金融審議会（2016）「市場ワーキング・グループ（第10回）」参考資料
・金融庁／日本銀行（2009）「バーゼルⅡの枠組みの強化～マーケット・リスクの枠組み関連の概要」
・金融庁／日本銀行（2012）「トレーディング勘定の抜本的見直し　市中協議文書の概要」
・金融庁／日本銀行（2015）「バーゼル銀行監督委員会による市中協議文書「銀行勘定の金利リスク」の概要」
・金融庁／日本銀行（2015）「バーゼル銀行監督委員会による市中協議文書「資本フロア：標準的手法に基づく枠組みのデザイン」の概要」
・金融庁／日本銀行（2016）「バーゼル銀行監督委員会による第二次市中協議文書「信用リスクに係る標準的手法の見直し」の概要」
・金融庁／日本銀行（2016）「バーゼル銀行監督委員会による「オペレーショナル・リスクに係る標準的手法の見直し（第2次市中協議文書）」の公表について」
・金融庁／日本銀行（2018）「バーゼルⅢの最終化について」
・金融庁告示（2014）「平成26年金融庁告示第60号」
・金融庁（2018）「金融行政のこれまでの実践と今後の方針（平成30年度事務年度）
・国際金融情報センター（ワシントン事務所）（2010）「金融規制改革法（ドット・フランク法）の成立」
・小立敬（2016）「トレーディング勘定の抜本的改訂（FRTB）に関するバーゼル委員会の最終規則の概要」『野村資本市場クォータリー2016 Spring』
・小立敬（2016）「日本のG-SIBsを対象とするSPEに関する論点整理」『野村資本市場クォータリー2016 Summer』
・小立敬（2016）「第2の柱で決着したバーゼル委員会による銀行勘定の金利リス

ク（IRRBB）の取扱い」『野村資本市場クォータリー2016 Summer』
・小立敬（2016）「信用リスクに係る内部格付手法（IRB）の制限を図るバーゼル委員会の市中協議文書」『野村資本市場クォータリー2016 Spring』
・小立敬（2016）「内部モデル手法の廃止を提案するバーゼル委員会のオペレーショナル・リスクに関する市中協議文書」『野村資本市場クォータリー2016 Spring』
・佐藤雄次郎（みずほ総合研究所）（2015）「G-SIBs向けTLAC規制の最終基準」
・佐藤雄次郎（みずほ総合研究所）（2017）「銀行の金利リスクへの規制強化」
・島村侑子／河内茂雄／矢内佳奈（2018）「オペレーショナルリスク計測手法の見直し」『金融財政事情』
・鈴木顕英（みずほ情報総研）（2014）「カウンターパーティリスク計測方法の改定案に関するバーゼル委員会文書とその影響」
・鈴木利光（大和総研）（2015）「TLACの最終報告」
・鈴木利光（大和総研）（2015）「流動性カバレッジ比率（LCR）の告示」
・鈴木利光（大和総研）（2015）「バーゼル委、CVAリスクの取扱いの見直しへ」
・鈴木利光（大和総研）（2016）「バーゼル委、内部格付手法（信用リスク）の見直しへ」
・スルガ銀行第三者委員会報告書（2018）
・全国銀行協会（2011）「国際会計基準審議会（IASB）公開草案ヘッジ会計に対する意見について」
・全国銀行協会（2016）「バーゼル銀行監督委員会市中協議文書「信用リスクアセットのバラつきの削減―内部モデル手法の利用の制約」に対するコメント」
・全国銀行協会（2016）「バーゼル銀行監督委員会による第二次市中協議文書「信用リスクに係る標準的手法の見直し」に対するコメント」
・全国銀行協会（2017）「欧州銀行規制改革案（IPU提案）に対する提案」
・田中弘（2010）『国際会計基準はどこへ行くのか』時事通信社
・仲山泰弘（みずほ情報総研）（2013）「バーゼルⅢ　流動性規制への対応」
・丹羽文紀（2011）「バーゼルⅢにおけるCVA資本賦課手法の概要」『証券アナリストジャーナル』
・野崎浩成／斎藤佳奈（Citigroup Global Markets Japan Inc.）（2010）『バーゼル読本〔第3版〕』
・野村総合研究所IFRSタスクフォース（2010）『Q&A 金融機関のIFRS対応』金融財政事情研究会
・橋本卓典（2017）『捨てられる銀行2 非産運用』講談社現代新書
・深谷羊子（2011）「規制強化への対応急ぐ米金融機関」『金融財政事情』
・藤原初美（2014）「IFRS第9号「金融商品では金融資産の分類はどのように決定されるのか」『KPMG Insight Vol. 9』

・本庄資（2006）『米国マネーロンダリング』税務経理協会
・別所昌樹／北野淳史（2009）「バーゼルⅡの枠組みの強化に関する市中協議文書について（その1）～マーケット・リスクの枠組み強化案の概要～」『金融 2009.3』
・秀島弘高／椎名康（2009）「バーゼルⅡの枠組みの強化に関する市中協議文書について（その2）～「バーゼルⅡの枠組み強化案」の概要～」『金融 2009.4』
・秀島弘高／椎名康（2009）「バーゼルⅡの枠組みの強化に関する市中協議文書について（その3）～「バーゼルⅡの枠組み強化案」の概要～」『金融 2009.5』
・水野裕二（Moody's ANALYTICS）（2014）「金融機関の不正行為へ対応する（相次ぐ巨額罰金事例に怒りをあらわにする欧米当局）」
・みずほ証券バーゼルⅢ研究会（編）（2012）『詳解 バーゼルⅢによる新国際金融規制』中央経済社
・みずほ総合研究所（2017）「国際的な金融規制改革の動向〔11訂版〕」
・宮内惇至（2015）『金融危機とバーゼル規制の経済学』勁草書房
・森信親（2016）「静的な規制から動的な監督へ」―国際スワップ・デリバティブ協会第31回年次総会における森金融庁長官基調講演（仮訳）
・山井康浩／吉羽要直（2001）「バリュー・アット・リスクのリスク指標としての妥当性について」『金融研究』
・山岡浩巳（2011）「新しい規制枠組みの中でのリスク管理」Risk Japan 2011講演資料
・山田辰巳（2011）「IFRSに関する批判について」『金融財政事情』
・Badertscher, B., J.Burks, and P.Easton（2012）"A Convenient Scapegoat: Fair Value Accounting by Commercial Banks during the Financial Crisis", Accounting Review, 87(1)
・Basel Committee on Banking Supervision（2000）"Sound Practices for Managing Liquidity in Banking Organizations"
・Basel Committee on Banking Supervision（2010）"BaselⅢ: A global regulatory framework for more resilient banks and banking systems"（「バーゼルⅢ：より強靭な銀行および銀行システムのために世界的な規制の枠組み」～全国銀行協会事務局仮訳案）
・Basel Committee on Banking Supervision（2010）"BaselⅢ: International framework for liquidity risk measurement, standards and monitoring"（「バーゼルⅢ：流動性リスク計測、基準、モニタリングのための国際的枠組み」～全国銀行協会事務局仮訳案）
・Basel Committee on Banking Supervision（2010）"Assessing the macroeconomic impact of the transition to stronger capital and liquidity requirements"
・Basel Committee on Banking Supervision（2010）"An assessment of the long-

term economic impact of stronger capital and liquidity requirements"

- Basel Committee on Banking Supervision（2013）"Analysis of risk-weighted assets for credit risk in the banking book—Regulatory Consistency Assessment Programme（RCAP）"
- Basel Committee on Banking Supervision（2014）"Basel Ⅲ: The Net Stable Funding Ratio"
- Basel Committee on Banking Supervision（2015）"Revisions to the Standardised Approach for credit risk—Second consultative document"（「信用リスクに係る標準的手法の見直し」～全国銀行協会事務局仮訳案）
- Basel Committee on Banking Supervision（2015）"The Interplay of Accounting and Regulation and Its Impact on Bank Behaviour: Literature Review", BCBS Working Paper 28
- Basel Committee on Banking Supervision（2016）"Standards Interest rate risk in the banking book"（「銀行勘定の金利リスク」～全国銀行協会事務局仮訳案）
- BIS Working Papers No. 291（2009）"The US dollar shortage in global banking and the international policy response"
- Diamond D., and R.G. Rajan（2011）"Fear of Fire Sales, Liquidity Seeking, and Credit Freezes", Quarterly Journal of Economics, 126（2）
- Ernst & Young　新日本（2015）「IFRSを巡る世界と日本の動向」
- FSA（2009）"The Turner Review, A Regulatory Response to the Global Banking Crisis"
- FSB（2014）"Adequacy of loss-absorbing capacity of global systemically important banks in resolution" Consultative Document（「グローバルなシステム上重要な銀行の破綻時の損失吸収力の充実」～全国銀行協会事務局仮訳案）
- IFRS（2011）ED／2009／12「金融商品：償却原価及び減損」への補足（日本語訳）
- Laux, C.（2012）"Financial Instruments, Financial Reporting, and Financial Stability", Accounting and Business Research, 42（3）

［第4章］
- 大山剛（2012）『これからのストレステスト』金融財政事情研究会
- 小立敬（2011）「システム上重要な金融機関（SIFIs）の破綻処理制度－リビングウィルとレゾルバビリティー－」『野村資本市場クォータリー2011 Autumn』
- 小立敬（2016）「米国の厳格なSIFI規制と規模に応じた銀行規制－銀行規制システムにおける階層アプローチ－」『野村資本市場クォータリー2016 Winter』
- 水野裕二（Moody's ANALYTICS）（2013）「流動性ストレステストのベスト・プラクティスを考える」

- 水野裕二（Moody's ANALYTICS）（2013）「ECBによる欧州銀行の包括的審査」
- 水野裕二（Moody's ANALYTICS）（2014）「英国における銀行のストレステスト」
- 水野裕二（Moody's ANALYTICS）（2014）「EUストレステスト2014の概要について」
- 森信親（2016）「静的な規制から動的な監督へ」―国際スワップ・デリバティブ協会第31回年次総会における森金融庁長官基調講演（仮訳）
- 吉藤茂（2014）「RAFにおけるストレステストの活用」日本銀行金融高度化セミナー講演資料
- 吉藤茂（2016）「金融規制の潮流と銀行ERM」日本価値創造ERM学会　創立10周年記念シンポジウム（第2回）講演資料
- 吉藤茂（2017）「金融規制の潮流と3線防御体制」エイファス・セミナー講演資料
- COSO（Committee of Sponsoring Organizations of the Treadway Commission）（2017）『COSO全社的リスクマネジメント：戦略およびパフォーマンスとの統合』（日本内部監査協会監訳）同文館
- Farrell, John Michael and Angela Hoon（2009）"What's Your Company's Risk Culture?"
- Financial Stability Board（2014）"Guidance on Supervisory Interaction with Financial Institutions on Risk Culture―A Framework for Assessing Risk Culture―"
- pwc（2015）「リスクカルチャーの醸成―リスクカルチャーとコンダクトリスク管理―」

[第5章]

- 天谷知子（2016）「（講演録）平成27事務年度　金融行政方針」『月刊 監査研究』
- 天谷知子（2017）「（講演録）平成28事務年度　金融行政方針」『月刊 監査研究』
- 今井祐（2014）『経営者支配とは何か』文眞堂
- 花崎正晴（2014）『コーポレート・ガバナンス』岩波新書
- 八田進二（2016）「三様監査の誤解を解く」
- 藤川信夫（2017）「3つの防衛線とリスクガバナンス」JAIRO
- 日本金融監査協会（2013）『内部監査入門』金融財政事情研究会
- 松田千恵子（2015）『コーポレートガバナンスの教科書』日経BP社
- 安岡孝司（2018）『企業不正の研究』日経BP社
- 吉藤茂（2018）「MUFGのRisk Appetite FrameworkとThree Lines of Defense」ガバナンス改革・フォローアップセミナー（日本銀行金融高度化センター）講演資料

・吉藤茂（2018）「金融規制とガバナンス強化の潮流」金融リスクマネジメントフォーラム（G-MAC）講演資料
・渡邊隆彦（2016）「日本企業のガバナンス―金融機関の取組から得られる示唆―」『月刊 監査研究』
・IIA Position Paper（2013）"The Three Lines of Defense In Effective Risk Management and Control"
・IIA（2017）"International Standards for the Professional Practice of Internal Auditing"
・IIA（2017）"Model Internal Audit Activity Charter"
・Richard F.Chambers（2017）『信頼されるアドバイザー』日本内部監査協会

事項索引

【マ行】

【ラ行】

【著者略歴】

吉藤　茂（よしふじ　しげる）

三菱UFJ銀行 取締役専務執行役員 市場部門長、東京工業大学博士（工学）

1985年3月東京工業大学工学部社会工学科卒業、1987年3月同大学院社会理工学研究科修士課程修了、2001年12月同大学院同研究科博士課程終了、博士（工学）。1987年三菱銀行（現、三菱UFJ銀行）入行、資金証券部にて債券のディーリング、ポートフォリオ運用業務に携わった後、1996年日本銀行金融研究所に出向。1997年より銀行に復職、リスク管理業務に約6年、財務企画業務に約3年半携わり、2009年6月よりCPM部長、2012年6月より執行役員リスク統括部長、2016年5月より三菱UFJフィナンシャル・グループ執行役常務グループCAO兼監査部長、2019年4月より現職務。2002〜2005年の各前期、東京工業大学非常勤講師委嘱。主な論文に「銀行勘定における市場リスク」（ジャフィージャーナル）、「商品流動性リスクの計量化に関する一考察」（共著、金融研究）、「自己資本規制強化議論と邦銀」（共著、金融財政事情）など。主な著書に『図説　金融工学とリスクマネジメント』（金融財政事情研究会）。1962年6月生まれ。

図説　金融規制の潮流と銀行ERM
──続・金融工学とリスクマネジメント

2020年9月1日　第1刷発行

著　者　吉　藤　　　茂
発行者　加　藤　一　浩

〒160-8520　東京都新宿区南元町19
発　行　所　一般社団法人 金融財政事情研究会
企画・制作・販売　株式会社きんざい
出　版　部　TEL 03（3355）2251　FAX 03（3357）7416
販売受付　TEL 03（3358）2891　FAX 03（3358）0037
URL https://www.kinzai.jp/

校正：株式会社友人社／印刷：株式会社太平印刷社

・本書の内容の一部あるいは全部を無断で複写・複製・転訳載すること、および
磁気または光記録媒体、コンピュータネットワーク上等へ入力することは、法
律で認められた場合を除き、著作者および出版社の権利の侵害となります。
・落丁・乱丁本はお取替えいたします。定価はカバーに表示してあります。

ISBN978-4-322-13496-4